日本对华直接投资对中国产业
结构升级影响研究

李 颖 著

中国财经出版传媒集团

经济科学出版社
Economic Science Press

图书在版编目（CIP）数据

日本对华直接投资对中国产业结构升级影响研究/李颖著.—北京：经济科学出版社，2020.11
ISBN 978-7-5218-2110-9

Ⅰ.①日⋯　Ⅱ.①李⋯　Ⅲ.①对华政策-直接投资-研究-日②产业结构升级-研究-中国　Ⅳ.①F833.134.8②F269.24

中国版本图书馆 CIP 数据核字 (2020) 第 229671 号

责任编辑：李晓杰
责任校对：王苗苗
责任印制：范　艳　张佳裕

日本对华直接投资对中国产业结构升级影响研究
李　颖　著
经济科学出版社出版、发行　新华书店经销
社址：北京市海淀区阜成路甲 28 号　邮编：100142
总编部电话：010-88191217　发行部电话：010-88191522
网址：www.esp.com.cn
电子邮箱：esp@esp.com.cn
天猫网店：经济科学出版社旗舰店
网址：http://jjkxcbs.tmall.com
北京密兴印刷有限公司印装
710×1000　16 开　14.75 印张　220000 字
2020 年 12 月第 1 版　2020 年 12 月第 1 次印刷
ISBN 978-7-5218-2110-9　定价：58.00 元
(图书出现印装问题，本社负责调换。电话：010-88191510)
(版权所有　侵权必究　打击盗版　举报热线：010-88191661
　QQ：2242791300　营销中心电话：010-88191537
　电子邮箱：dbts@esp.com.cn)

天津市哲学社会科学研究规划项目"京津冀协同发展战略下外商直接投资与天津产业结构升级研究"(TJYY17-016)

前　言

1978年改革开放以来，中国进出口贸易总量不断增加，如今我们已经成为向世界开放、在世界市场上占有举足轻重地位的国家。我国政府不断地鼓励对外开放，采取政策优惠等手段不断吸引外商直接投资，鼓励将"引进来"和"走出去"结合起来。在一系列优惠政策的吸引和保障下，外商直接投资在我国不断发展和壮大起来，为中国经济发展弥补了建设资金的缺口和生产技术的缺口，促进了产业结构的调整，在一定程度上有利于我国产业结构不断走向高级化。

外商对华直接投资开始于20世纪70年代末期，在我国改革开放政策的指引下有了长足发展，特别是20世纪90年代以来，外商直接投资无论是流量还是存量上都明显大幅度增加。日本对华直接投资开始于1979年，至今已有了40余年的发展。日本在地理位置上与中国紧密相邻，人均收入水平较高，生产技术世界领先，管理经验丰富，是中国引进外资的优选国家。长期以来中国是日本在亚洲范围内最重要的对外直接投资国家，在世界范围内也是继美国之后主要的对外直接投资国家，在中国的经济发展和产业结构调整中产生了一定的影响。本书详细论述了日本对华投资的历程，分析了不同阶段的特点，通过理论和实证的研究，探析日本对华直接投资对中国产业结构升级的影响，并为今后如何进一步利用好日本对华直接投资、促进中国产业结构升级提出建议。

本书以外商直接投资的一般理论作为研究的基础，通过整理和分析国内外文献，探究外商直接投资的概念、投资战略、投资原因、投资模式等，为全书的研究奠定基础，进而从不同角度全面剖析日本对华直接投资对中国产业结构升级的影响，主要围绕以下六个方面进行研究。

第一，整理外商直接投资与东道国产业结构升级的相关理论及相关文献综述。从国际经济学和产业经济学的角度，阐述外商直接投资与产业结构升级的相关理论。分析外商直接投资对东道国产业结构升级影响的因素。作为理论基础章节，主要梳理了外商直接投资对东道国产业结构升级产生影响的基础理论，进而为后文全面分析日本对华直接投资对中国产业结构升级的影响奠定基础。

第二，日本对华直接投资的历程、特点及对中国产业结构升级的影响。日本对华直接投资开始于1979年，根据日本对华直接投资的特点，将其分成试探性阶段（1979~1989年）、快速增长阶段（1990~1999年）、稳定增长阶段（2000~2009年）、结构调整阶段（2010~2015年），在查阅文献数据的基础上，总结不同时期日本对华直接投资的特点以及投资战略的变化过程，结合战略的演变讨论日本对华直接投资对中国产业结构升级的影响。

第三，日本对华直接投资对中国产业结构升级的效应分析。主要从技术溢出效应、就业效应、产业关联效应三个方面，探究日本对华直接投资在中国产业结构升级中的具体作用途径。日本跨国公司的投资弥补中国早期建设资金的不足，给中国带来了先进的技术和管理经验，通过技术溢出效应促进了中国企业技术水平的提高，同时带动了相关产业不断提高技术水平、产品质量和产品结构，一定程度上有利于劳动力从农业走向工业。在增加就业的同时，提高了工人的技术水平，有利于我国推动就业结构和产业结构的高级化发展。

第四，日本对华直接投资对中国产业结构升级的实证分析。主要通过数据的整理，使用计量经济学的分析方法进行检验。首先利用向量自相关（VAR）模型来探究日本对华直接投资总额以及其他因素与中国产业结构升级之间的相关性，然后利用分行业的面板数据，就日本对华直接投资影响我国产业结构升级的敏感性进行判断，对日本对华投资产业结构升级的就业效应、技术溢出效应和产业关联效应进行了定量敏感性测度。

第五，日本对华直接投资对中国制造业产业结构升级的实证分析。主要构造中国制造业产业结构升级的指标体系，论述中国制造业产业结构的现状以及日本对华直接投资对中国制造业产业结构升级的影响。利用相关数据建立时间序列模型进行实证检验，进一步研究其对我国主要的投资领域制造业的产业结构升级的作用。

第六，在前文研究的基础上提出研究结论和政策建议。在总结全书基本观点的基础上，对日本对华直接投资真正快速促进中国产业结构升级提出切实可行的对策，并说明研究展望。

李 颖

2020年11月

目　录

第一章　绪论 …………………………………………………………… 1
　　第一节　选题背景 ………………………………………………… 1
　　第二节　研究目的和意义 ………………………………………… 3
　　第三节　核心概念的界定 ………………………………………… 7
　　第四节　研究方法 ………………………………………………… 9
　　第五节　本书结构 ………………………………………………… 11
　　第六节　创新点及不足之处 ……………………………………… 13

第二章　基本理论及文献综述 ………………………………………… 16
　　第一节　外商直接投资的基本理论 ……………………………… 16
　　第二节　产业结构升级的基本理论 ……………………………… 19
　　第三节　外商直接投资对东道国产业结构升级影响的作用机理 …… 27
　　第四节　外商直接投资与东道国产业结构升级的文献综述 …… 32

第三章　日本对华直接投资对中国产业结构升级的影响 …………… 51
　　第一节　日本对华直接投资的历程、特点及对中国产业结构
　　　　　　升级的影响 …………………………………………… 52
　　第二节　日本对华直接投资战略的变化 ………………………… 79
　　第三节　日本对华直接投资的结构调整对中国产业结构升级的
　　　　　　影响 ……………………………………………………… 86

1

第四章　日本对华直接投资对中国产业结构升级的效应分析 …………… 100
第一节　技术溢出效应 …………………………………………… 100
第二节　就业效应 ………………………………………………… 109
第三节　产业关联效应 …………………………………………… 116

第五章　日本对华直接投资与中国产业结构升级的实证分析 ………… 123
第一节　影响中国整体产业结构升级的实证分析 ……………… 124
第二节　分行业面板数据的 GMM 模型分析 …………………… 147

第六章　日本对华直接投资对中国制造业产业结构升级的实证分析 …… 158
第一节　日本对华制造业直接投资的变化 ……………………… 159
第二节　中国制造业发展的现状 ………………………………… 167
第三节　日本直接投资促进我国制造业产业结构升级的
　　　　　 实证分析 ………………………………………………… 174

第七章　研究结论和政策建议 …………………………………………… 187
第一节　主要研究结论 …………………………………………… 188
第二节　加大日本对华直接投资促进中国产业结构升级的建议 …… 198
第三节　研究展望 ………………………………………………… 206

参考文献 …………………………………………………………………… 208

第一章 绪 论

第一节 选题背景

改革开放40多年来中国经济发展取得了举世瞩目的成就,不仅国内生产总值成为世界第二,维持较高的经济增长速度,人均国民收入大有提高,同时产业结构也在向合理化和高级化迈进。如今中国已经成为向世界开放、在世界市场上占有举足轻重地位的国家。中国政府不断地鼓励对外开放,采取政策优惠等手段不断吸引外商直接投资,鼓励将"引进来"和"走出去"结合起来。在一系列优惠政策的吸引下,外商直接投资不断增加,在改革开放的初期很大程度上解决了中国建设资金不足的难题,更为重要的是在中国工业化进程中带来了先进的技术和管理经验,促进了中国经济快速发展,拉动了产业结构的不断升级。因此中国应重视外商直接投资在中国产业结构升级以及经济发展中的作用,在产业结构调整的关键时期,合理利用外商直接投资推动中国产业结构升级。

日本对华直接投资开始于20世纪70年代末期,20世纪80年代乘改革开放之风有了长足发展,特别是20世纪90年代以来,外商直接投资无论是流量还是存量上都明显大幅度增加。中国经济增长迅猛,市场飞速变化,给外商直接投资带来了巨大的市场,外商利用中国广阔的市场和优惠的政策,投资规模不断扩大。改革开放以来跨国公司对华直接投资早期主要是利用中国廉价的劳动力资源,后来随着中国市场在世界市场中的作用不断突出,外商也开始关注并抢占中国市场。虽然各投资国的投资目的不尽相同，但是从结果来看，投资国的收益颇为丰厚，他们不断加大对华直接投资力度，同时作为东道国，中国的收益也是可观的，外商直接投资使中国与世界接轨的速度大大提升，使中国成为世界上最重要的贸易伙伴国，有利于国内生产总值的快速增加，也加速了中国的工业化进程。

日本对华直接投资开始于1979年，正值中国改革开放刚刚起步。1979年日本对华直接投资只有0.14亿美元，直到2015年日本对华直接投资达到了32.1亿美元，较1979年增长了228倍，增幅居于世界首位。几十年来中国一直是日本在亚洲最重要的对外直接投资国家，在绝大多数年份中国都是日本在亚洲对外直接投资总额最高的国家。从世界范围来看，日本对外直接投资总额虽然并不是很多，但是主要以美国、英国、中国等国家为其主要的投资对象，其中中国多年位列日本对外直接投资前五位。可见中国是日本在亚洲最重要的投资国，几十年来，中日两国经济关系愈发紧密，彼此的关联性和依赖性越来越强，日本已经成为中国在亚洲乃至世界范围内较大的贸易合作伙伴。

本书研究日本对华直接投资对中国产业结构升级的影响，主要基于五个方面的原因：第一，日本是中国重要的贸易合作伙伴，曾助力中国产业结构升级。第二，目前中国的产业结构状况已经成为束缚经济增长的"瓶颈"，中国政府要着重加大结构性调整，在经济全球化的今天，充分利用日本对华直接投资是中国产业结构升级的出路之一。第三，虽然近年来日本经济低迷，日本对华直接投资有趋于下降的趋势，但是毋庸置疑的是东亚在世界经济中的地位不断提高，中日两国乃至世界经济发展越来越依靠中日贸易，中日经济关系必然会越来越紧密。第四，日本经济的复苏迫在眉睫，中国产业结构升级势在必行，日本需要中国这个巨大的市场，中国也需要日本先进的技术和管理经验，日本政府会加强对华直接投资，而中国也需要利用好日本对华直接投资，以达到双赢的目的。第五，影响产业结构升级的因素很多，如经济体制、资源禀赋等，但是这些因素刚性较大，不易改变，而对于资本和技术这两个影响产业结构的重要因素则可以通过及时吸引外商直接投资实现，所以从外商直接投资的角度研究中国产业结构升级可以为产业结构升级的研究另辟蹊径。日本对华直接投资在资本和技术两个方面起到至关重要的作用，随着中国经济实力的不断增强，中国市场不断扩大，日本必然会加大对华直接投资，目前正值日本对华直接投资的结构调整阶段，日本为了增强其在中国市场的竞争力和投资收益，渐渐将低端产品的投资撤出中国，将优势产品投资于中国市场，在这一过程中必将新的技术带入中国，因此我国需要借此东风，助力中国产业结构走向新的高度。

第二节　研究目的和意义

一、研究目的

2012年，中国国际贸易总额达到3.87万亿美元，超过美国的3.82万亿美元，成为世界上贸易总额最高的国家。2015年，中国国内生产总值达到了67.7万亿元，比1980年增长了148倍；中国进出口总额为24.59万亿元，比1980年增长454倍。[①] 随着中国经济规模的不断扩张，国际化程度也在不断加深，中国已经成为世界最重要的市场，相信在未来，中国在世界舞台上的重要性会与日俱增。但是，经济发展不仅需要量的提高，更重要的是质的改变，目前中国已经到了从数量扩张到经济结构转型的关键时期，必须进行经济体制的深化改革，促进产业结构的不断升级。

目前中国和日本已经成为亚洲重要的经济体，中日两国的贸易情况、投资状况以及经济合作关系不仅关系到两个国家的发展前途，更关系到整个亚洲乃至世界的经济发展，在世界市场中起到举足轻重的作用。根据《中国统

---

① 中国统计年鉴（2016年）。

计年鉴》（2013）统计数据显示，从20世纪80年代起，中国实际利用日本外商直接投资总额交错式不断攀升，2012年总额达到73.5亿美元，是1979～2015年间最高的一年。在亚洲，中国实际利用日本外商直接投资总额继中国香港之后排在第二位，2012年实际利用日本外商投资总额已经占到亚洲的8.8%，占中国吸引世界直接投资的6.3%。由此可见，日本对华直接投资给中国经济发展带来了巨额资金。

日本作为世界发达经济体，其对外直接投资战略的改变，将会带动东道国分工格局的改变，影响东道国的产业结构升级。中国作为日本最大的贸易伙伴国，日本对华直接投资的变化必将影响中国吸引和利用外资的状况，进而影响中国产业结构升级。在经济全球化的大背景下，研究日本对华直接投资的变化与中国产业结构升级不仅关系到日本经济的复苏、中国经济的强大，而且关系到后危机时代世界经济的发展。因此，本书研究目的就是全面系统地研究中国改革开放以来，日本对华直接投资变化对中国产业结构升级的影响，通过分阶段研究日本对华直接投资的特点、投资战略的改变等，探究日本对华直接投资对中国产业结构升级的影响。另外2013～2015年日本对华投资趋势风云突变，投资总额大幅度下降一定程度上影响了中日两国的经济发展，对于未来的中日经济合作前景众说纷纭，因此本书也关注2012年以后日本对华投资总额下降的主要原因以及未来的发展趋势。通过全面搜集翔实的数据，利用Eviews等计量经济学软件，实证检验日本对华直接投资对中国产业结构升级的具体影响，分析中国如何更好利用日本对华直接投资，在经济全球化的新形势下，提出加快日本对华直接投资促进中国产业结构升级的对策。

二、研究意义

（一）理论意义

美国经济学家西蒙·库兹涅茨曾经说过："如果不去理解和衡量生产结

构中的变化,经济增长是难以理解的。"① 由此可见,研究产业结构升级对经济增长是至关重要的。但是影响产业结构升级的因素有很多,王岳平(2004)将决定产业结构升级的因素总结为以下七个方面:需求变化与部门间需求弹性的差异;资本积累等要素密集度的变化;内生性的技术进步;主导部门的变化;分工深化和技术进步的外部经济(技术扩散度);风险差异和生产要素流动性差异;发展战略和政策的作用。② 可是这些因素中并没有涉及外商直接投资这一重要因素。从现代经济增长理论来看,劳动力、资本、土地、技术、知识是决定经济增长速度的主要因素,但是在全球化的背景下,一个国家的产业结构升级除了依靠本国国内经济增长的诸多因素以外,也受国际因素影响,外商直接投资是其中一个非常重要的因素。

日本对华直接投资开始于20世纪70年代末期,起初日本企业只是试探性的投资,规模不大,直到20世纪90年代中国改革开放进一步深化以及2001年中国加入世界贸易组织(WTO),为外商直接投资带来了更多机遇,日本对华直接投资有了大幅度的增长。虽然从2005年开始连续3年日本对华直接投资有下降趋势,但是从2008年开始日本对华直接投资又开始大规模提升,近些年来日本对华直接投资对中国经济的发展起到促进作用,极大地推动了中国产业结构的升级。日本以赤松要和小岛清为代表的一批经济学者,在产业结构方面拥有很多代表性的理论,全面系统地分析这些理论,对进一步研究经济全球化条件下日本对华直接投资对中国产业结构升级的影响具有很强的理论指导意义。

本书以日本为例研究外商直接投资对中国产业结构升级的重要影响,在理论上将外商直接投资理论和产业结构升级理论相结合,不仅使产业结构理论更加完整,而且将外商直接投资作为产业结构升级的重要变量,使外商直接投资理论更加完整,为东道国合理引进外资从而促进本国产业结构升

---

① 西蒙·库兹涅茨. 各国经济的增长[M]. 北京:商务印书馆,1985:107.
② 王岳平. 开放条件下的工业结构升级[M]. 北京:经济管理出版社,2005:137-138.

级提供重要的理论支持。特别是本书从国别角度出发，更加细致地研究日本对华直接投资对中国产业结构升级的影响，可以不断丰富和完善国别经济学的理论，为其他相关国别经济研究提供一定的借鉴作用。

（二）现实意义

改革开放40多年来，中国在贸易、投资领域已经逐步实现了开放，经济增长速度居于世界领先地位，国际竞争力显著提高，为了实现经济腾飞，当务之急是剔除束缚经济发展的"绊脚石"。目前产业结构不合理已经成为束缚中国经济增长的关键问题。党的十八大报告明确指出："经济体制改革是全面深化改革的重点；加快经济增长方式转变，推动产业结构升级；适应经济全球化新形势，必须推动对内对外开放相互促进、'引进来'和'走出去'更好结合，促进国际国内要素有序自由流动、资源高效配置、市场深度融合，加快培育参与和引领国际经济合作竞争新优势，以开放促改革。要放宽投资准入，加快自由贸易区建设，扩大内陆沿边开放。"[①]

中日两国受地理、经济、文化等众多因素的影响，在投资贸易领域关系密切，改革开放以来日本对华直接投资已经对中国产业结构调整产生深远影响。所以，本书从理论和实证角度，总结近些年来日本对华直接投资对中国产业结构升级的影响，这不仅可以探究二者的密切联系，更重要的是充分发挥外商对华直接投资对中国产业结构升级的积极作用，尽量避免外商直接投资的消极影响，助力中国早日实现产业结构合理化、高级化以及中国经济快速健康发展。

---

① 中国共产党十八届三中全会公报（全文），新华网，http：//news.xinhuanet.com/house/tj/2013-11-14/c_118121513.htm.

第三节 核心概念的界定

一、外商直接投资

外商直接投资（foreign direct investment，FDI），也被称为对外直接投资、外国直接投资、国际直接投资等，很多组织对其下过定义。联合国贸易与发展会议指出：外商直接投资是指一国（地区）的居民实体（对外直接投资者或母公司）在其本国（地区）以外的另一国的企业（外国直接投资企业，分支机构或国外分支机构）中建立长期关系，享有持久利益，并对之进行控制的投资。《新帕尔格雷夫经济学大辞典》对外商直接投资的定义为：直接投资是"涉及工厂和土地等生产资料所有权"，或"股票所有权使股东控制了厂商的经营活动的投资"。[①]

国际直接投资涉及两个国家——资本的流入国和资本的流出国。资本的流入国就是所谓的"东道国"，指吸收投资的国家；资本的流出国称为"投资国"或者"母国"，指输出对外直接投资的国家。联合国贸易与发展会议的《世界投资报告》指出：对于某一目标国家而言，将外国资本流入目标国称为外商直接投资。[②] 本书所涉及的日本对华直接投资就是指日本是投资国也是母国，中国是东道国也是目标国，日本对华直接投资即日本对中国的外商直接投资。

二、产业结构升级

产业结构这个概念产生于 20 世纪 40 年代，随着学者对产业经济研究的不断深化，产业结构的概念和研究范围逐渐明确。所谓产业结构是

---

① [英] 伊特韦尔约等. 新帕尔格雷夫经济学大辞典 [M]. 北京：经济科学出版社，1987.9.
② 王英. 对外直接投资与中国产业结构调整 [M]. 北京：科学出版社，2010：4-5.

指国民经济中各个产业之间和产业内部的比例关系，以及产业和部门之间的技术变动和扩散的相互联系，是经济结构的关键组成部分。具体来说有两层含义：从狭义上说，是指国民经济中各产业的要素分布状态，即技术水平和经济效益的分布状态，主要从加工深浅度、附加值高低、资本集约度、高新技术产品比重、规模效益、国际竞争等角度考察，这些主要体现在质的方面；从广义上说，是指国民经济中各产业之间和各产业内部的比例关系，即产业间"投入"与"产出"的量的比例关系，从而形成产业关联理论，主要体现在量的方面，量的关系主要表现在国民经济中三次产业的构成；三次产业各自的内部构成，如第二产业的内部结构主要是指制造业的内部结构等；三次产业内部的行业构成以及产品结构等方面。本书主要从实证上考察日本对华直接投资对中国产业结构升级的影响，因此主要是从广义上探讨产业结构。

产业结构升级是产业结构调整的目标，也是产业结构调整的必然。从既有的研究来看，提出了产业结构优化、产业结构升级、产业结构优化升级等很多相似概念，学者们并没有严格区分这些概念，本书统一采用产业结构升级这一普遍概念。大量学者研究了产业结构升级的含义及包含的主要内容，也提出了不同的相关定义。笔者研究既往学者的观点发现，学界基本认定产业结构升级是一个动态的发展过程，是产业结构由不协调逐步向协调发展，由不合理逐步向合理发展，由低级逐步向高级发展的过程。产业结构升级内涵非常丰富，大多数学者都认为产业结构升级主要由产业结构合理化和产业结构高度（高级）化构成。苏东水（2000）认为，产业结构升级是指推动产业结构合理化和高度化发展的过程。吴进红（2007）认为，产业结构升级就是使产业结构趋于协调、合理，然后在此基础上，通过制度创新推动产业升级，实现产业结构合理化和高度化的统一。杨建文（2004）认为，产业结构升级就是产业结构不断调整之后，各产业向着协调发展不断迈进的过程，同时使社会需求增长得到进一步满足。

我国目前仍然是发展中国家，产业结构升级迫在眉睫。我国产业结构升级的主要任务就是提高产业技术水平、自主创新、发展高新产业、提升服务业水平等等，使三次产业结构趋于合理，使每个产业中的结构趋于高级，从而推动中国经济体制改革，使中国经济健康稳定发展。

第四节 研究方法

本书的研究主要涉及国际经济学、产业经济学等相关知识，在研究方法上也采用经济学基本的研究方法。主要有规范分析和实证分析相结合、定量分析和定性分析相结合、理论分析和实践分析相结合以及计量分析和统计分析相结合的方法。

一、规范分析和实证分析相结合

规范分析是对经济现状进行价值判断的分析方法；实证分析是在分析经济现状的时候，研究经济现象的本来面貌，通过数据来解释经济现象。本书从技术溢出效应、就业效应、关联效应三个角度规范分析了日本对华直接投资对中国产业结构升级的影响。运用时间序列建立向量自回归（VAR）模型、运用面板数据建立高斯混合模型（GMM）等计量经济学方法，从实证角度验证日本对华直接投资对中国产业结构升级特别是对中国制造业产业结构升级的影响。全书既有规范分析又有实证分析；既有研究者的价值判断，又有根据数据的实证分析，从多重、不同角度探析日本对华直接投资对中国产业结构升级的影响。

二、定性分析和定量分析相结合

定性分析是根据社会现象或者事物的属性，从事物的内在规律来研究事物的一种方法；定量分析是根据社会现象的数量特征、数量关系以及数量变化进行分析，得出普遍结论的一种方法。本书从日本对华直接投资与中国产业结构升级的基本现状出发，探求规律，属于定性分析，同时注重对 1979~2015 年的具体数据进行搜集整理，使用计量经济学的回归分析法、时间序列分析法、面板数据分析法等进行定量分析。本书基于数十年来的日本对华直接投资与中国产业结构的实际数据，利用 Eviews 等计量经济学方法进行定量分析来验证相关理论观点，使理论研究结合实际，更有说服力。

三、理论分析和实践分析相结合

理论联系实际是众多研究方法中普遍使用的分析方法。本书坚持马克思唯物主义，坚持理论联系实际，先通过文献综述讨论大多数学者的相关理论，借鉴国际经济学、产业经济学等相关理论，构造本书的研究模型，将相关理论运用到中国国情中，在实践中检验日本对华直接投资对中国产业结构升级的影响。

四、计量分析和统计分析相结合

计量分析和统计分析是现代经济学中最为普遍的研究方法。从根本上讲，两者都是从现实数据出发，通过数理方法定量地研究经济现象。本书将这两种研究方法有机结合起来，首先通过统计的方法，搜集整理数据，同时将一些无法直接使用的数据，如产业结构高度化测量以及高技术制造业的相关统计数据等，选取一定的测算方法间接进行计算，然后再使用计量分析方法，分析各个不同因素对于日本对华直接投资对中国产业结构升级以及对中国制造业产业结构的影响。

五、文献分析方法

本书还采用文献分析方法，通过文献研究外商直接投资对东道国产业结构升级的影响。在此领域，如小岛清、赤松要等一些日本学者的理论贡献极大，对此我们进行了全面综述。本书从大量的中外学者文献中选取相关文献作为参考，从中找到了既往学者研究比较薄弱的地方，确定了研究主题和研究方向。

第五节 本书结构

一、内容安排

按照发现问题、分析问题、解决问题的思路进行研究，本书既有理论部分也有实证检验部分，大体分为以下七个部分。

第一章绪论，概括性地介绍了本书的研究背景、研究目的和研究意义，界定了外商直接投资和产业结构升级这两个核心概念，总结本书所使用的研究方法，介绍本书的结构安排，并且点明本书的创新点。

第二章基本理论及文献综述。这部分主要是理论阐述，即从国际经济学和产业经济学的角度，借鉴既往学者的研究成果介绍外商直接投资以及产业结构升级的基本理论，明确本书的研究对象。作为理论基础章节，主要梳理外商直接投资对东道国产业结构升级的相关理论，为进一步研究日本对华直接投资对中国产业结构升级的影响打下坚实基础。另外，本书还梳理了国内外学者的既有研究文献，对相关文献进行述评，从文献中找到本书写作的突破点。

第三章日本对华直接投资对中国产业结构升级的影响。1979～2015年，按照日本对华直接投资的规模变化，将其分成试探性阶段（1979～1989年）、快速增长阶段（1990～1999年）、稳定增长阶段（2000～2009年）、结构调整阶段（2010～2015年），在查阅文献数据的基础上，总结不同时期日本对华直接投资的不同战略，结合战略的演变过程讨论日本对华直接投资对中国产业结构升级的影响。

第四章日本对华直接投资对中国产业结构升级的效应分析。主要从技术溢出效应、就业效应、产业关联效应三个方面，通过数据统计，探究日本对华直接投资在中国产业结构升级中的具体作用途径。通过不同的效应分析，从不同的侧面把握日本对华直接投资对中国产业结构升级的影响。日本对华直接投资在一定程度上给中国带来了资金和技术，带动了相关产业不断优化产品质量和产业结构状况，也在很大程度上有利于劳动力从农业走向工业，增加就业的同时，有利于我国就业结构走向合理化和高级化。

第五章日本对华直接投资与中国产业结构升级的实证分析。本章主要通过数据的整理，使用计量经济学的分析方法进行检验。首先利用VAR模型来探究日本对华直接投资总额以及其他因素与中国产业结构升级之间的相关性，试图预测日本对华直接投资未来的走势；然后利用分行业的面板数据，就日本对华直接投资影响我国产业结构升级进行了判断；再基于前一章所论述的日本对华直接投资对中国产生的技术溢出效应、就业效应和产业关联效应三个方面，本章对此进行了定量敏感性测度检验。

第六章日本对华直接投资对中国制造业产业结构升级的实证分析。本章主要构造中国制造业产业结构升级的指标体系，详细总结了中国制造业产业结构的发展现状，根据相关数据深入分析日资的引入对中国制造业产业结构升级产生的影响；通过构建时间序列模型，实证检验引进日资对中国制造业产业结构升级的作用。

第七章研究结论和政策建议。首先，总结基本观点。其次，结合相关理论分析，对新形势下如何更好地利用日本对华直接投资加快中国产业结构升级提出合理建议。最后，指出今后的研究方向。

二、结构框架

本书的结构框架如图1-1所示。

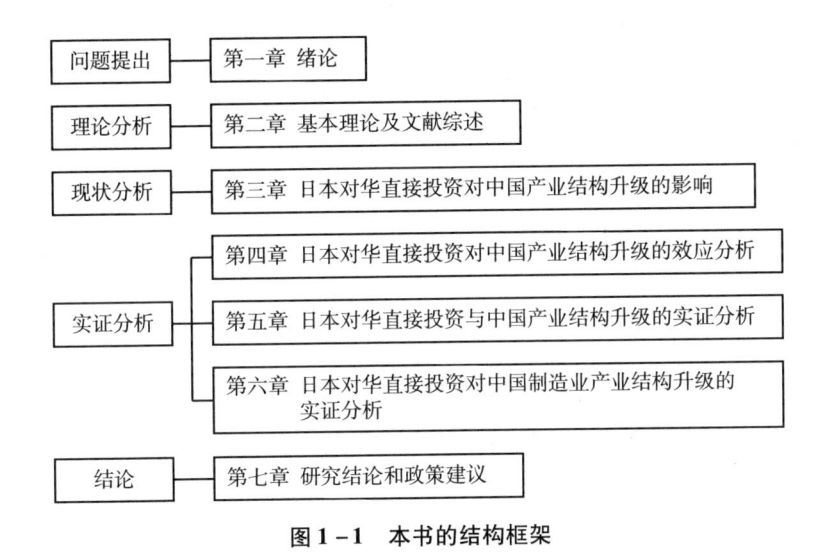

问题提出	第一章 绪论
理论分析	第二章 基本理论及文献综述
现状分析	第三章 日本对华直接投资对中国产业结构升级的影响
实证分析	第四章 日本对华直接投资对中国产业结构升级的效应分析
	第五章 日本对华直接投资与中国产业结构升级的实证分析
	第六章 日本对华直接投资对中国制造业产业结构升级的实证分析
结论	第七章 研究结论和政策建议

图 1-1 本书的结构框架

第六节 创新点及不足之处

一、创新点

（一）选题上的创新

通过对历史文献的考察，我们发现很多学者做了大量的外商直接投资对东道国产业结构升级的研究，但是分国别来研究投资国对东道国产业结构调整的影响的文章较少，专门研究日本对中国产业结构升级影响的文章就更少了。所以从选题上来讲，本书尽量缩小范围，全面研究日本对华直接投资对中国产业结构升级的影响。

（二）研究角度的创新

本书根据日本对华直接投资规模的大小，将日本对华直接投资分成四个时期，论证不同时期日本对华直接投资战略的改变对中国产业结构升级的影响，力求详细而全面地分析其作用。另外本书通过对2013~2015年日本对华直接投资大规模下降的原因进行分析，研究并考察其对中国产业结构升级的影响。最后依据前文的现状以及日本对华直接投资大规模下降的原因为今后中国如何更好地利用日本对华直接投资促进我国产业结构走向高级化提出一些建设性意见。

（三）实证模型的创新

本书的实证研究具有较强的创新性。首先，通过文献的梳理发现学者对于产业结构升级的测算指标不能整体而全面地反映产业结构升级的状况，本书根据既往学者的研究成果，探索性地制定了产业结构升级的测算指标。这是本书最重要的创新之处。其次，本书的实证主要分为两个部分，一是从整体入手，利用时间序列和面板数据模型检验日本对华直接投资对中国产业结构升级的影响；由于中国产业结构升级既表现在三次产业之间合理性的提升，又表现在各个产业内部结构合理性的提升，特别是第二产业中制造业产业结构合理性的提升，而日本对华直接投资主要集中在制造业，所以在整体检验之后再进一步检验日资对中国制造业产业结构升级的影响。实证部分首先利用VAR模型来探究日本对华直接投资总额以及其他因素与中国产业结构升级之间的相关性，试图预测日本对华直接投资未来的走势；然后利用分行业的面板数据，就日本对华直接投资影响我国产业结构升级的敏感性进行了判断，并对此进行定量敏感性测度检验。设定中国制造业产业结构升级的测算指标，同样使用VAR模型，将影响制造业产业结构升级的日本对华制造业投资总额、劳动力就业人数、固定资产投资等变量引入模型中，实证检验日本对华直接投资对中国制造业产业结构升级的影响。

（四）对策研究的创新

在对策分析中，从2013~2015年日本对华直接投资大幅度下降的原因入手，有针对性地提出相应对策，力图全面分析国内投资环境，找准日本对华投资方向和领域，提高投资质量，充分发挥中国政府的作用，注重高新领域和高新技术的引进等，除此以外还探寻中国对日本直接投资对拉动中国产业结构升级的补充作用。近年来，中国企业开始走出国门，日本对华直接投资在中国的产业结构调整中起到的作用也越来越大。

本书在对策研究中，除了既往研究角度以外，还紧密联系中国的实际国情和国家战略选择，结合"一带一路"和"供给侧结构性改革"等重大战略，探究如何充分发挥日本对华直接投资的作用，进一步促进中国的产业结构升级。

二、不足之处

第一，本书的研究只是围绕日本对华直接投资展开的，并没有涉及其他国家对华直接投资对中国产业结构升级的影响比较，没有全面考察外商直接投资对中国产业结构升级的作用。

第二，在研究过程中，虽然本书将日本对华直接投资进行了阶段划分，也详细叙述了每个阶段的特点、对华直接投资的战略演变以及对华产业结构升级的影响，但是由于搜集数据的限制，没有针对各个不同阶段进行对比性的实证检验分析。

第三，在实证分析部分，本书只选用了较为宏观的分析方法，设定了中国产业结构升级和制造业产业结构升级的指标，并没有从价值链等微观角度进行分析，使得实证检验部分略显欠缺。

第四，本书主要使用了计量经济学方法对相关问题进行了实证检验，但没有选取相关案例进行分析，案例分析的部分较为欠缺。

上述这些不足需要在今后的研究中继续展开。此外，在新的形势下会有一些新的问题出现，在中国经济结构性调整的过程中，我们需要与时俱进，继续对日本对华直接投资与中国产业结构升级进行深入研究。

第二章　基本理论及文献综述

第一节　外商直接投资的基本理论

一、外商直接投资的概念

关于外商直接投资的定义，不同组织和经济学者从不同角度提出了相关定义。国际货币基金组织（IMF）认为，外商直接投资是指一个国家（地区）的企业将自有资本在本国以外的国家（地区）进行投资，在国外的企业中进行生产经营活动，并掌握一定的生产经营权，通常，投资者在该企业内拥有25%以上的投票权。《新帕尔格雷夫经济学大辞典》中对于外商直接投资的定义是：外商直接投资是围绕工厂和土地等生产资料所有权、股票所有权等方面的直接投资活动，出资的股东可以根据出资份额管理企业的经营活动。

根据日本的外汇和外国贸易法规定，日本对外直接投资行为须满足以下几点规定：第一，在国外企业的股票所得中，日本的跨国公司应该占到10%以上；第二，出资比率10%以上的外国子公司应获得股票收益或资金贷款（贷款期限超过1年）；第三，有职员的派遣以及原材料的长期供给等持续行为，应获得外国企业的股票收益或资金贷款（贷款期限超过1年）；第四，应支付在国外设置的分店、工厂等相关费用。

我国学者也对外商直接投资的概念做了研究，蒋瑛（1995）认为，外商直接投资是指投资方以获取经营利润为目的，以在东道国绿地投资、合资、合作经营为主要形式，在不放松企业经营权的前提下，对本国以外的国家进行直接投资。① 这种国际直接投资的形式是多元化的，最初主要表现为简单的资本投资，在东道国直接投资办厂，后来也出现了技术投资的形式，资本和技术投资并不是孤立的，伴随着资本投资的过程，跨国公司的技术、管理经验、生产模式等渐渐地转移到东道国企业。

我国外商直接投资特指国外企业和经济组织按照中国的相关政策、法律法规，用资金、技术或者实物（机器设备等）在中国的领土上投资建厂，投资的形式丰富多样，主要采取外商独资、中外合资、中外合作等，现在主要采取中外合资这种形式。外商对华直接投资中的外商包括两大部分，一部分是中国以外的投资者，另一部分是我国港澳台地区的投资者，特别是中国香港的投资者成为我国外商直接投资最主要的来源。

由于统计口径的不同，我国的外商直接投资统计数据和其他国家、机构的统计数据有一定差异，但各统计结果的年度变化趋势基本一致。

二、外商直接投资的相关理论

外商直接投资理论形成于1960年，随后不断发展完善，既往的学者们对外商直接投资的理论和实践都进行了研究，根据各国的不同特点，学者们研究了直接投资的动因，对投资国和东道国的影响等等，也通过数据进行了实证检验。

（一）垄断优势理论

1960年，海默（Hymer）在《国内企业的国际化经营：一项对外直接投资的研究》一文中详细研究了外商直接投资的动因，形成了影响广泛的垄断优势理论（the theory of monopolistic advantage）。海默认为，投资国进行

---

① 蒋瑛. 国际直接投资 [M]. 成都：四川大学出版社，1995：25 - 27.

对外直接投资的主要原因是完全竞争的市场竞争模式并不存在，市场竞争并不充分。投资国对外直接投资的原因是投资国具备强大的优势，可以说这种优势具有一定的垄断性，这种垄断优势主要表现在四个方面。一是技术优势，投资国的跨国公司大多数拥有领先的技术水平和较强的科研团队，注重不断开发新技术，在东道国的市场上拥有较强的竞争能力；二是管理经验优势，跨国公司往往都是历史比较悠久的企业，在长期的生产过程中积累了独特的管理经验和人才培养方式，东道国在引进外资的时候极为看重；三是规模经济优势，跨国公司企业规模较大，经济实力雄厚，在直接投资的过程中还可以避免本国和东道国对规模经济的一些限制，使规模经济的优势更加突出；四是综合优势，投资国企业独具信息、市场、品牌、国际口碑等优势。垄断优势理论指出，投资国在上述各个方面都具有较为突出的优势，因此在东道国市场上有很强的竞争力，拥有控制东道国市场的能力，从而谋取高额利润。

（二）内部化理论

内部化理论（the theory of internalization）最早由科斯在1973年所著的《企业的性质》一书中提出。后来巴克利（Buckley）和卡森（Casson）两位学者深化了该理论，他们所著的《跨国公司的未来》一书丰富了科斯的既有理论，针对内部化理论进行了详细的研究和阐述。内部化理论认为，市场由内部市场（国内）和外部市场（国外）两部分构成，通常情况下，外部市场的失灵或者因为某些产品的特殊性而导致的外部市场内部化，可以降低市场失灵给企业造成的损失。当内部化超越了国界时，外商对外直接投资自然而然就产生了。外商直接投资就是投资国企业的外部市场内部化的过程，可以规避风险、减少交易成本、提高管理效率、产品开发也更加适应市场需求、企业的垄断优势更为明显。该理论针对外部市场内部化的因素进行了详细论述，指出国别、产业、区位、企业四大因素是构成企业外部市场内部化的主要因素。同时指出，产业和企业因素是最重要的因素；而其中的技术是最关键的因素，基于知识的技术是市场内部化的根基，是提高产品竞争力的源泉，是提高企业利润的关键。

(三) 国际生产折衷理论

邓宁（Dunning，1977）在《贸易、经济活动的区位与跨国企业：一种折衷方法的探索》一文中更加详细而客观地分析了外商直接投资的优势，提出了著名的国际生产折衷理论（the eclectic theory of international production），简称 OIL 理论。OIL 理论强调投资国企业若要对东道国进行资本投资，自身需要具备三大优势，这些优势并不一定是绝对的，可以是相对的，即所有权优势（O）、内部化优势（I）和区位优势（L）。所有权优势指投资方拥有在企业所有权控制方面高于被投资国企业的优势，如技术、组织管理、企业规模优势等等。内部化优势指投资国企业本身具有技术等一些垄断优势，为了避免外部市场失灵，该企业可以通过外商直接投资，降低企业的交易成本，避免一些贸易壁垒，减少其在投资过程中的风险。区位优势指投资国的对外投资环境，不同投资国家的投资策略不同，导致了其对外直接投资的区域不同，而且也导致了其对外直接投资的产业也是不同的。

第二节 产业结构升级的基本理论

一、产业结构升级的概念

产业是社会分工的产物，在经济学领域，产业主要是指经济社会的物质生产部门，包括产品和服务的生产部门，如农业、工业、服务业等。产业有狭义和广义之分。狭义上的产业可以称之为"行业"，即直接从事同类或具有密切替代关系的产品或服务的生产经营活动的企业集合。广义的产业可以称之为"市场",即围绕某种产品或服务的生产和经营活动所发生的各种市场关系的集合。更为广义的产业就是指同类属性企业的集合,主要表现为从性质上看同一产业中企业的经济活动都是相同或者相似的。本书所涉及的产业就是广义的产业概念,是众多门类和层次构成的一种经济系统,产业中每个部门或企业生产的产品和服务采用同类的原材料和技术,生产出来的产品或服务性质也是相同的。

产业结构指国民经济中各个不同产业间的组合、技术经济联系和比例关系,以及产业和部门之间的技术变动和扩散的相互关系。产业结构受本国的自然资源、经济制度、科学技术水平、国际形势等众多因素影响。产业结构也有狭义和广义之分。狭义的产业结构是指各个产业中的技术状况、经济效益状况;而广义的产业结构是指国民经济中三次产业之间及其内部的比例关系,即投入产出量的比例关系。考察广义产业结构时,主要考察国民经济中三次产业产值分别占国内生产总值的比例、三次产业内部的具体各个行业产值构成比例、三次产业产值所占比例的动态演变过程等方面。

产业结构升级是以最优化国民经济效益为目标,通过产业结构不断调整,使产业结构构成更加合理,效率不断提高。产业结构升级是一个动态过程,其目标就是优化资源配置、提高经济效益、协调供求结构、促进经济增长。产业结构升级没有统一的内容和标准,综合既往研究者们的观点,主要包括产业结构的高度化、合理化、高效化三个方面。这三个方面是息息相关,互相影响,相辅相成的。

高秀艳(2004)和赵惟(2005)指出产业结构升级大多数情况下可以带来总产量的快速增长,但有时总产量不增反降,因此总产量的增加并不是判断产业结构升级的唯一标准,更重要的是关注产业结构的高度化[①]。产业结构高度化主要表现为:第一,三次产业在国内生产总值中所占比例,第一产业越来越少,第二和第三产业越来越大;第二,劳动密集型的企业越来越

---

① 全书将产业结构升级与产业结构高度化看作等同。

少,资本密集型和技术密集型的企业越来越多;第三,低附加值的产品逐步被高附加值的产品所替代;第四,低加工水平的产品逐步被高加工水平的产品所替代。

关于产业结构升级的定义,很多学者已经从不同方面进行了说明,但是并没有统一的表述,本书主要考察日本对华直接投资对中国产业结构升级的影响,主要集中在我国产业结构高度化方面。这是因为高度化是一个可以测量的指标,有利于本章后面的实证分析。本书在研究日本对华直接投资与中国整体产业结构升级关系的时候,主要考察其对中国产业结构的影响,在考察对制造业产业结构影响的时候主要考察高新技术产业在全部制造业中所占比例不断提高的过程。

二、产业结构升级的主要表现

(一) 产业结构高度化

产业结构高度化的基本含义包括三个方面:一是产业的高附加值化和高技术化,即有更多的高新技术应用到原产业中,产品的科技含量大幅度提高;二是产业的高度集约化,即产业的集中度提高,形成规模效益,产业的竞争力大幅度提高;三是产业的高度加工化,产品的加工深度不断提高,初级加工品越来越少,深加工产品不断增多。产业结构高度化的实质是在国民经济结构中需求收入弹性较高的行业以及密集使用高新技术行业的比例不断扩大的过程,其实就是第一产业所占比例不断缩小,同时第三产业所占比例不断扩大的过程。

产业结构高度化的主要特征表现在以下几个方面:第一,技术水平不断提高。产业结构高度化必然伴随着高科技企业不断涌现,新兴产业的科技水平不断提高,主导产业的科技水平大幅度提升。第二,信息产业所占比例逐渐增大。信息产业所占比例是产业结构高度化的一个主要衡量指标,产业结构高度化要求从事信息产业的人员数量和素质大幅度提高,信息产业拥有重要的战略地位，信息产业运用到各个生产和服务领域。第三，企业竞争高度化。企业竞争的方式过去主要是价格竞争为主，产业结构升级要求企业竞争方式发生改变，主要以质量、产品差异化、产品科技含量为主，随着分工越来越细，产业的技术水平不断提升。

产业结构高度化是一个动态发展的过程，也是经济发展的必然要求，产业结构高度化与一个国家的国情要相适应。如，劳动密集型的产业逐渐走向技术密集型产业，初级品的生产逐渐走向制成品的生产，产品的质量和差异性都要有所提高。三次产业间的产值变化，是反映产业结构高度化最主要的指标。产业结构高度化也是一个漫长的过程，中间也会出现短期内反复的情况，因此，我们不能基于短期内的数值就断定产业结构高度化就已经实现。

（二）产业结构合理化

产业结构合理化是指对产业结构相关要素进行调整，提高生产要素效率，实现资源有效配置，使得产业配置更加合理。判断产业结构合理化主要有三大准则，即现有资源是否得到充分利用；产业比例是否协调；产品是否适应市场需求。随着社会不断发展，人们的收入水平逐渐提高，人们的需求层次呈现不断提高的趋势，产品的需求结构明显提高，所以这也从客观上推动了产品供给结构的改变，进而使得产业结构不断升级，产成品更加满足人们高层次的需求。

产业结构的发展以人们需求结构的发展为基础，反之又促进需求结构的提高。随着人们收入水平的不断提高，需求结构会进一步提高，而落后的产业结构因不能满足人们的需求，会迫使产业结构调整，与高度化的需求结构相适应。

产业结构合理最重要的是要与本国的国情以及经济发展阶段、经济发展水平相适应。产业结构的高度化是经济发展的必要条件，但是和高度化相比较而言，适合国情的合理的产业结构更为重要。也就是说，高度化过度的产业结构可能与本国的经济发展阶段并不相符，亦不能促进经济发展，因此与国情相符的合理的产业结构配置显得尤为重要。

（三）产业结构高效化

产业结构高效化是指资源在各产业间逐渐趋于配置优化，生产效率和产出效益均有所提高。产业结构高效化也是动态发展的，随着产业结构进一步调整，社会对于产业结构效率必将提出更高的要求。

产业结构高效化的主要指标是：第一，低效产业比例不断下降。低效产业一般都表现为高投入低产出，一般都是对社会造成环境污染比较严重的企业，往往给社会带来负面影响。第二，所有企业的效率普遍提高。无论是高效企业还是低效企业，其生产效率都有所提高，这主要是因为改进了生产技术、提高了管理水平。第三，高效企业的效率提高大于低效企业的效率提高。高效企业本身就处于高于低效企业的平台上，其效率的大幅度提高，更加有利于推动产业结构升级。

三、产业结构升级的相关理论

产业结构升级理论起源于20世纪三四十年代，大批的产业经济学者对其进行了全面深入的研究，无论是从基本概念到具体产业分类以及产业结构升级的测算方法等方面都有所建树，为本书的相关研究提供了宝贵的资料。

（一）配第—克拉克定律

17世纪初，英国经济学家威廉·配第就提出产业结构的不同是世界各国形成不同经济发展阶段的关键因素，他指出通常情况下第二产业工人的收入大于第一产业农民的收入，第三产业职员的收入大于第二产业工人的收入；也可以从产品附加值的侧面来看，第二产业产品的附加值高于第一产业产品的附加值，第三产业产品的附加值高于第二产业产品的附加值。克拉克在威廉·配第理论的基础上，收集整理了二十多个国家和地区的数据，进一步研究发现劳动力人口的转移和收入是密切相关的，劳动力会顺着收入增加的方向转移，于是第一产业的农民转变成第二产业的工人，第二产业的工人又逐渐转变成第三产业的职员。威廉·配第和克拉克两位学者都研究了产业结构调整和收入之间的关系，这一规律被称为"配第—克拉克定律"。

配第—克拉克定律说明，人们总是从低收入的产业转移到高收入的产业，也验证了人均收入水平高的国家其农业劳动力所占比例比较小，工业和服务业劳动力所占比例比较大。通过对时间序列数据的整理分析，可以从劳动力在各产业部门之间的分布变动说明产业结构的变动，也说明劳动力的转移带动了国家的产业结构升级，另外随着产业结构的升级，劳动力也不断地流向高收入水平的产业甚至国家。

（二）库兹涅茨法则

库兹涅茨在1941年出版的著作《国民收入及其构成》一书中，用现代统计学的方法，解释了产业结构升级的一般趋势。他首先用农业、工业、服务业替代了前面所提的第一、第二、第三产业，然后指出在工业化进程中，随着人均国民收入的增加，第一产业占国内生产总值的比例不断减少，而第二、第三产业占国内生产总值的比例不断上升，三次产业比例最后会趋向于服务业最大，工业其次，农业最小。

工业化进程也可以用产业比例这一指标来衡量。工业化初期阶段农业占有绝对的比例，工业比例比较低，服务业基本没有。工业化中期阶段要求农业比例降到20%以下，而且工业要超过服务业。工业化后期阶段要求农业比例降到10%以下，工业比例达到最高，服务业比例也有所提高。

（三）霍夫曼工业经验法则

在霍夫曼（1931）的经典论文《工业化的阶段和类型》中，他选取了20个国家的时间序列数据，分析了有代表性的消费品工业和资本品工业的内部结构演变规律，提出霍夫曼系数不断递减。霍夫曼系数即消费品工业的净产值与资本品工业净产值之比。霍夫曼也计算了工业化不同阶段霍夫曼系数指标。如表2-1所示,霍夫曼系数第一阶段,消费品工业占主导,其净产值平均为资本品工业净产值的5倍;霍夫曼系数第二阶段,资本品工业快速增长,但规模小于消费品工业,消费品净产值平均为资本品净产值的2.5倍;霍夫曼系数第三阶段,资本品工业快速增长,规模与消费品工业持平;霍夫曼系数第四阶段,资本品工业占主导,实现工业化。

表2-1　　　　　　　　霍夫曼系数与工业化阶段

阶段	霍夫曼系数	阶段特点
第一阶段	5（±1）	消费品工业占主导
第二阶段	2.5（±1）	资本品工业快速增长,但规模小于消费品工业
第三阶段	1（±0.5）	资本品工业快速增长,规模与消费品工业持平
第四阶段	1以下	资本品工业占主导,实现工业化

资料来源:张培刚. 农业与工业化 [M]. 武汉:华中工学院出版社,1984:105-106.

霍夫曼系数的出现为人们定量分析工业化结构升级提供了有力的支持,成为研究工业化问题的重要分析工具。虽然霍夫曼只是研究了工业化结构的升级,但是其研究方法可以为今后关于产业结构升级的研究提供借鉴。

四、钱纳里一般标准工业化模型

钱纳里根据人均国内生产总值将工业化划分为四个不同阶段,被称为"钱纳里一般标准工业化模型"。第一阶段为不发达经济阶段,产业结构以农业为主,生产力水平低。第二阶段为工业化初期阶段,产业结构从以农业为主的传统结构逐步向以现代化工业为主的工业化结构转变。第三阶段为工业化中期阶段,制造业内部由轻型工业的迅速增长转向重型工业的快速增长,非农业劳动力开始占主体,第三产业迅速发展。第四阶段为工业化后期阶段,在第一产业第二产业协调发展的同时,第三产业开始由平稳增长转入持续高速增长。由于美元汇率变动,不同阶段具体数值会有所出入。钱纳里认为准工业化国家的水平一般为第一至第三阶段,如表2-2所示,1970年准工业化国家人均GDP为350美元,但是到了1996年则提高到1860美元。所以说,随着社会的发展,进入准工业化国家的门槛也是在不断提高的。

表2-2　　　　　　　　钱纳里一般标准工业化模式　　　　　　　　单位:美元

人均GDP	1964年	1970年	1982年	1996年	1998年
第一阶段	200~400	280~560	728~1456	1240~2480	3010~5350
第二阶段	400~800	560~1120	1456~2912	2480~4960	5350~8590
第三阶段	800~1500	1120~2100	2912~5460	4960~9300	8590~11530
第四阶段	1500~2400	2100~3360	5460~8736	9300~14880	11530~16850

资料来源:周叔连,郭克莎.中国工业增长与结构变动研究[M].北京:经济管理出版社,2005:35.

后来赛尔奎因和钱纳里又对产业结构和就业结构模式进行了进一步研究,如表2-3所示,他们指出在工业化初级阶段第一产业的人均GDP比例高于第二、三产业,此时是以农业为主导,到工业化中期阶段第二产业的人均GDP比例不断提高,到工业化后期阶段第二、第三产业的人均GDP比例继续提高,农业所占比例明显下降。对于就业结构来说,也是有规律可循的,在工业化初级阶段第一产业劳动力人数将会达到60%以上,工业化进程会增加第二、第三产业劳动力的需求,于是大部分劳动力会转移到第二、第三产业中,最终在工业化结束的时候,第一产业的就业人数将会降到20%左右。

表2-3　　　　　赛尔奎因和钱纳里产业结构与就业结构模式

人均GDP（美元）	产业结构比例（%）			就业结构比例（%）		
	第一产业	第二产业	第三产业	第一产业	第二产业	第三产业
300以下	48.0	21.0	31.0	81.0	7.0	12.0
300	39.4	28.2	32.4	74.9	9.2	15.9
500	31.7	33.4	34.9	65.1	13.2	21.7
1000	22.8	39.2	37.0	41.7	19.2	29.1

续表

人均GDP（美元）	产业结构比例（%）			就业结构比例（%）		
	第一产业	第二产业	第三产业	第一产业	第二产业	第三产业
2000	15.4	43.4	41.2	38.1	25.6	36.3
4000	9.7	45.6	44.7	24.2	32.6	43.2

资料来源：Syrquin M. and Chenery HB. Three Decades of Industrialization [J]. The World Bank Economic Reviews, Vol.3：152 – 153.

钱纳里一般工业化模型以及赛尔奎因和钱纳里关于产业结构和就业结构模型，量化分析了工业化进程中产业结构和就业结构的比例变化。为后人研究产业结构升级提供了量化标准，具有很强的指导意义。

第三节 外商直接投资对东道国产业结构升级影响的作用机理

一、双缺口理论

钱纳里和斯特劳特（H. Chenery & A. Strout，1966）提出了"双缺口模型（dual gap model）"，该理论基于结构主义原理，认为结构变化是经济发展的关键，这里的结构既包括产业结构也包括经济结构，现实中结构变化很难、变化周期也很长，轻易不会改变，国家的经济发展就会受到这种结构刚性的制约，其中最主要的制约因素就是储蓄和外汇的不足，即储蓄缺口和外汇缺口。这两大缺口的存在导致东道国建设资金匮乏，影响东道国的经济发展，解决建设资金的问题除了依靠本国政府财政支持以外，依靠外商直接投资也是很重要的一个途径。通过引进外资，东道国可以在一定程度上缓解建设资金不足的困难，弥补上述两个缺口，从而有利于东道国经济发展和产业结构升级。

赫尔希曼（Hirschman）从技术的角度完善了"双缺口模型"。他指出建设资金的不足可以通过国内投资得以缓解，与其相比较而言，东道国产业结构调整过程中更急需的是技术和管理经验，这尤其是广大发展中国家面临的最严重的缺口。这两方面自主研发的成本很高并且伴随高风险，而技术引进则可以大大降低成本和风险，且还可以在引进的过程中再进行学习和开发。20世纪80年代左右，丹尼森（E. F. Denison）、肯德里克（J. H. Kendrick）和乔根森（D. W. Jorgenson）等学者着重研究了技术进步对产业结构演进的影响，后来以索罗（R. M. Solow）为代表的新古典经济学派的学者更加强调技术的作用，他指出在经济增长过程中，外商直接投资对东道国产业结构升级和经济增长的作用是有限的，长期的增长只能是技术和知识提升的结果。这些理论发展并丰富了"双缺口模型"理论。

二、四缺口理论

美国经济学家托达罗（Todaso，1970）在钱纳里的双缺口模型的基础上，更加全面地考察影响因素，不断完善该理论，形成了更为完整的"四缺口模型"。托达罗将政府和生产因素纳入研究体系，特别指出外商直接投资对于弥补东道国缺口的作用。"四缺口模型"中的四缺口，主要指储蓄缺口、外汇缺口、政府税收缺口和生产要素缺口。[①] 政府的税收是东道国政府投资的重要来源，税收缺口是政府计划税收和实际税收之间的差额，当实际税收远远低于计划税收的时候会导致政府的计划投资无法实现。生产要素缺口是指东道国的技术、企业家才能、管理经验等方面的不足，类似于赫尔希曼提出的双缺口模型中的技术缺口，这也是制约东道国企业快速发展，产业结构升级的一个重要因素。托达罗同时强调了外商直接投资的巨大作用，他指出四大缺口可以通过外商直接投资得到一定程度的弥补，从而促进发展中国家的产业结构升级和经济发展。这是学者将外商直接投资作为产业结构升

---

① Michaek P. Todaro. 黄卫平译. 经济发展（第6版）[M]. 北京：中国经济出版社，1999：584.

级的一个重要因素进行系统研究的理论，不断完善了外商直接投资理论和产业结构升级理论。

三、产品生命周期理论

弗农（Vernon，1966）详细研究了美国企业的对外直接投资案例，提出了著名的"产品生命周期理论"。弗农根据产品的阶段性特点，在国际市场上将其生命周期做了阶段性划分，主要划分为如图2-1所示的创新、成熟和标准化三个阶段，每一个阶段各不相同、特点突出，可以借用不同阶段的特点来解释国际产业转移的趋势。每个国家都要首先经历创新阶段，这个阶段会有新产品的出现，而新产品在市场中会不断地完善，逐渐进入产品的成熟阶段，于是开始进行标准化生产，这一生产过程在时间上继起，在空间上并存。由于产品不可能一成不变，新产品的出现是客观要求，当本国将无法容纳所有产品的生产过程的时候，一些标准化的产品生产过程将走出国门，于是出现对外直接投资的过程。特别是发展中国家通过对外贸易把本国产业结构体系融入世界经济体系中，发挥后发优势，从而不断提高本国产业的国际竞争力，加快产业结构调整步伐，最后促进产业结构的优化升级。

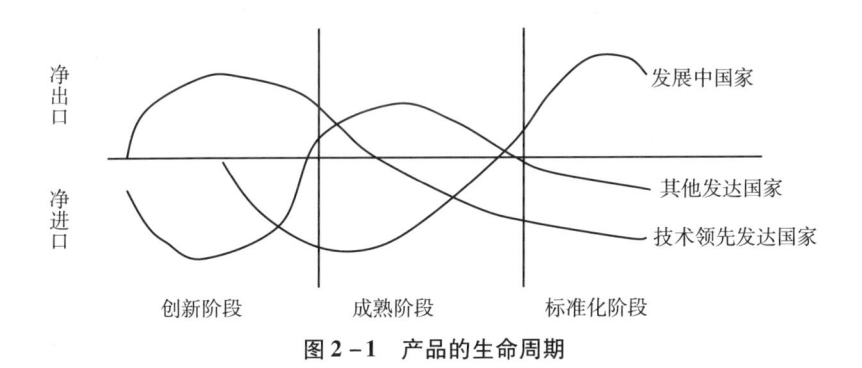

图2-1 产品的生命周期

如图2-1所示，发展水平不同的国家在不同产品不同生命周期阶段进出口状况是不同的。技术领先的发达国家在创新阶段和成熟阶段的前半期是以净出口为主的,在成熟阶段的后半期和标准化阶段则减少出口,转为进口以及研发新产品。其他发达国家则在创新阶段主要是进行进口,学习技术领先国家的生产工艺,提高国内生产能力,进入成熟阶段开始以出口为主,到标准化阶段逐渐减少出口。发展中国家有所不同,他们在创新阶段和成熟阶段以进口发达国家的产品为主,标准化阶段开始转向出口本国产品,而且在标准化阶段后期又开始减少本国产品的出口。如此不断循环,其他发达国家承接了技术领先发达国家不具优势的产品,发展中国家又承接了其他发达国家不具优势的产品,遵循产品周期的规律,直至产品退出市场以及新产品进入市场。

四、雁行模式理论

日本学者赤松要（Kaname Akamatsu, 1932）总结分析了日本的对外直接投资的案例,提出了著名的"雁行形态发展模式"。雁行模式理论解释了外商直接投资是如何促进东道国产业结构升级的,现在广为学者们所使用。该理论详细说明了后进国家如何通过参与国际分工,进而实现其产业结构升级的过程。该理论根据日本的经验将后进国家的产业发展分为进口、国内生产、出口三个阶段,这三个阶段在时间上是继起的,在空间上是并存的,而且是在不断地循环。一个国家通过进口提高了本国产品的技术和质量,进而在国内生产生产过程中不断完善产品,通过出口换回收入,再次循环进口更高层次的产品,如此一来,产品不断高级化,随之产业结构也在不断升级。每个国家所处的阶段不同,主要采取的形式也不同,但是都会经历一个从学习模仿到自主生产,再到出口这个阶段的过程,周而复始的循环,产业结构也随之不断走向高级化。

随后日本学者山泽逸平（Yanazawa Ippei）不断丰富并完善了赤松要的雁行模式理论,提出一个国家产业的发展大致经历五个阶段,即引进、进口替代、出口成长、成熟以及逆进口阶段。较赤松要的雁行模式理论比较而言,山泽逸平动态化描述了后进国家如何发展自己赶超先进国家的过程,雁行模型更加细化了。

五、边际产业扩张理论

日本学者小岛清（Kojima，1987）全面分析了日本对外直接投资企业的案例，以此为基础提出了边际产业扩张理论（the theory of the marginal industry expansion），也有学者将其与垄断优势理论对比，称之为比较优势理论。1980年以后日本加大对外直接投资的力度，小岛清搜集并研究了当时日本跨国公司的对外直接投资案例，发现跨国公司的对外投资需要依靠自身的比较优势，除此以外国际分工状况也是一个重要影响因素。就日本的具体情况而言，日本制造业的生产技术在世界范围内较为领先，是比较优势产业，属于"贸易型"投资，应该大力发展。从日本的对外直接投资结果来看，跨国公司的投资并没有取代日本本国的出口，相反促进了本国相关产品的出口，对外直接投资和对外贸易有相互促进的作用。日本一般都是将在本国内已经失去比较优势部门的生产基地迁移到国外，在日本国内加快产品创新、加快具有比较优势的产业的生产，虽然日本转移到国外的产业对于日本来说是边际产业，但是对于东道国来说又成为优势产业，边际产业的转移可以给日本国内腾出更多的生产资源，有利于本国其他优势产业的进一步发展，而对于那些发展中的国家来说，资金和技术的支持则促进了其产业结构的升级。

边际产业扩张理论指出投资国应该利用比较优势原理，筛选国内的边际产业（无比较优势的产业），将其排序，依次转移到国外。影响边际产业转移最重要的因素是投资国与东道国产业之间的技术差异，差异越大转移的速度越快，效果也越明显。

边际产业扩张理论直接解释了投资国以及东道国产业结构变更的过程，通过经济学中的比较优势原理，解释了发达国家对发展中国家的外商直接投资有利于促进投资国和东道国产业结构升级的原理。

六、动态比较优势投资理论

日本经济学者小泽辉智（Ozawa，1992）首次提出动态比较优势理论，将外商直接投资理论由静态带到了动态领域，小泽辉智试图结合开放经济发展理论动态地考察外商直接投资对经济发展的推动作用。小泽辉智认为世界各个国家的经济发展状况不同，但是有一定的联系，表现为一种阶梯式的关系。正因为各个国家经济发展水平不同，普遍情况下发达国家的经济发展状况要好于发展中国家，发展中国家内部经济发展状况也是参差不齐，于是发达国家或是经济状况较好的发展中国家可以向其他国家进行投资，主要是技术转移。在世界直接投资的过程中，发展中国家最为受益，他们可以利用发达国家的技术转移，解决产业结构升级以及经济发展中的众多问题，发展中国家可以将自身的优势与技术转移相结合，创造更多的价值，从而缩小与发达国家之间的差距。为此发展中国家要充分利用外商直接投资，将其与自身的比较优势进行结合，实现自身的产业结构升级。

根据动态比较优势理论，发展中国家从发达国家身上学习了先进的技术，也得到了一定的资金支持，发展中国家在吸引外资以后自身的经济实力提高，为了提高自身的竞争能力，也会加大对外直接投资力度，这充分体现了动态发展趋势。动态发展过程主要分为四个阶段：第一阶段发展中国家引进外资；第二阶段发展中国家开始对外直接投资；第三阶段发展中国家着重技术投资；第四阶段发展中国家着重资本投资。

第四节　外商直接投资与东道国产业结构升级的文献综述

一、外商直接投资的效应分析

跨国公司对外直接投资对东道国的产业升级既有促进作用，同时也有一定的负面影响。一方面，跨国公司的直接投资给东道国带来充裕的建设资金，可以在一定程度上缓解东道国建设资金不足的困难，另外可以给东道国带来一定程度的技术支持，直接带动东道国产业结构升级。另一方面，跨国公司进入东道国市场，由于具有比较优势，在东道国市场具有较强的竞争力，从而加剧了东道国产业和市场的竞争，东道国一些传统优势产业不再具有优势，一些规模较小技术水平比较落后的企业也面临巨大挑战，受到外资企业进入的强大冲击，东道国模仿以及接受能力有限，产业结构调整过程中也可能出现某种偏离或者不适合东道国产业结构调整的问题，从而影响产业结构升级。

卢阳春、吴凡（2009）按照我国利用外商直接投资规模的大小，将我国引进外商直接投资大致分为起步、发展、快速发展、调整、再次发展五个阶段，指出外商直接投资主要通过资本效应、技术溢出效应、示范效应、竞争效应等实现，阶段不同，其对于优化产业结构的具体效应是有差异的。严武、丁俊峰（2013）通过广东省1979~2010年的数据进行实证分析，指出外商直接投资确实可以优化广东省产业结构，主要通过技术溢出效应实现，认为技术溢出效应可以将技术和资本转化为实际生产力，在众多影响因素分析中起到最关键的作用。王岳平（2002）指出中国的工业产业结构升级要实现多层次发展，不同行业升级的模式也会各有不同，强调既要立足国内市场，也要重视国际市场的作用，中国既要充分利用跨国公司的技术等资源，又要培育自己的跨国公司，从水平分工走向垂直分工。提出对外直接投资中技术转移有高新技术转移和次新技术转移两种模式，中国必须要纳入国际生产体系，利用跨国公司领先技术的支持，快速拉动我国技术水平提高以及高技术产业部门的突破，使得中国在国际市场上的竞争力日益增强，对于高成长而缺乏技术的部门依靠外资可以大大节省成本，也会降低风险。引进外资促进了我国体制的创新，带动了中国产业结构升级。郑澎（2009）从外商直接投资在中国的存量、产业行业投向和区位选择等方面进行研究，指出外资的引入对中国产业结构升级产生的影响有正负两方面。正面效应主要体现在：增加了我国的建设资金，加快了工业化进程，有利于外贸经济的发展，提高了工人的素质和技术水平等。负面效应主要体现在：外商直接投资带来了产业发展和区域发展的不平衡，资源短缺的现象更加严峻，一定程度上造成了环境污染，在某些行业限制了企业自主创新的发挥。该研究比较完整地分析了外商直接投资对中国产业结构升级的正负效应，指出正面效应要远远大于负面效应，所以在实践中应该扬长避短，趋利避害，充分发挥外商直接投资的正面效应。刘宇（2007）对1984~2003年我国的合同利用外资总额和工业增加值的数据进行计量分析，研究发现引进外资确实大大促进了我国三次产业中工业产值的增加。同时也通过数据分析指出较美、日等发达国家而言，外商直接投资的产业结构与我国产业结构升级的需求严重不协调，一定程度上对中国产业结构升级具有一定的负效应。提出要加大外商直接投资对第三产业的促进作用，从而使得三次产业的不平衡现象有所缓解。钟昌标、黄远浙、刘伟（2013）利用中国1998~2007年的中国制造业数据分析了外资溢出水平与行业渗透水平之间的关系，通过实证检验量化地指出当跨国公司与东道国企业的竞争程度接近70%的时候，内资的效率明显下降，提出政府不能让外资企业随意进入我国市场，要严格引导有利于东道国产业结构升级的外资企业进入我国市场，对制造业更是要控制进入的质量，对不同行业的外资企业要采取不同的政策。

（一）技术溢出效应

技术溢出效应是外商直接投资直接影响东道国产业结构升级，和资金相比较而言，跨国公司的先进技术更加具有持续性，技术升级会加快东道国的产业升级速度。

根据相关文献的研究，技术溢出效应具体表现在四个方面：第一，竞争效应。竞争效应发生在投资国企业与东道国企业之间，并且取决于市场环境，母国子公司与东道国厂商在相互竞争中，取长补短。母国子公司在东道国与东道国企业争夺市场资源，加剧了既有市场的竞争度，客观上会刺激东道国的企业，使其不断挖掘有限的资源，推动东道国企业的技术水平快速提高。第二，示范效应。投资国占有技术领先的优势，东道国需要学习其先进技术和管理经验，所以投资国发挥了示范作用，东道国企业通过模仿并且结合本地实际情况加以改进，可以大大提高东道国的生产效率，改善产业结构低级化的现状。第三，培训效应。外商直接投资一般都是以绿地投资的形式出现，发达国家的企业往往都会在东道国投资建厂，不仅提供资金，而且跨国公司总部都会派遣专业技术人员和管理人员与东道国的员工一起工作，在实际工作中通过授课和现场教学等手段亲自培训东道国的员工，使得东道国员工的技术和管理经验都有较大幅度的提高。第四，关联效应。投资国与东道国的企业有着千丝万缕的联系，主要表现为上游企业和下游企业的关系，在实际工作中会发生向前或者向后的一体化关系。这种联系会促进东道国快速赶上发达国家，其生产效率、产业结构等必将有所提高。

技术溢出效应的效果取决于东道国和投资国之间的技术差距。很多学者对此进行了大量研究，大多数学者认为技术溢出效应大小与两国之间的技术差距大小正相关，少数学者持相反观点，认为技术溢出效应大小与两国之间的技术差距大小负相关。芬德利（Findlay，1978）提出发展中国家的技术进步率是其与发达国家之间技术差距的增函数。达斯（Das，1987）认为外商直接投资带来的技术溢出效应绝非偶然，而是普遍加剧了东道国市场的竞争，在竞争中优胜劣汰，有利于东道国产业结构升级。但是，简科夫和霍克曼（Djankov & Hoekman，1998）两位学者给出了相反的结论，他们通过对捷克制造业的数据进行研究，指出其企业和行业均不存在技术溢出效应。张晖明、丁娟（2004）研究了技术溢出效应对我国产业结构升级的影响，首先总结了我国产业结构中现存的主要问题，如生产技术水平不高、自主研发能力不足、产业结构层次不高、加工工艺落后等，然后指出解决上述问题的方法是可以利用外资带来的先进技术和管理经验。蒋殿春、张宇（2008）结合中国经济转型的背景，指出我国外商直接投资的技术溢出效应不足的主要原因是知识和技术的价值被低估，从企业角度来看其技术革新不断探索学习的动力和能力不足，从经济转型中的国家制度角度来看，还有一些束缚国内企业探索创新的禁锢。孙永江、冼国明（2011）通过中国9个省市的纺织业非均衡面板数据，实证检验了外商直接投资对中国纺织业的技术溢出效应，指出要重视制度因素对技术溢出效应的影响，而且外资与内资企业技术差距越小，技术的溢出效应应该越明显。刘翠翠、卫平（2012）利用中国省际面板数据，验证了外商直接投资的技术溢出效应的具体路径有两个，主要包括进口贸易以及跨国公司在东道国进行现地生产，指出带来技术溢出效应的同时也加大了我国收入水平的差距，但是更为重要的是带来了技术创新以及因此而导致的产业结构升级。杨湘玉、程源（2012）使用国际技术溢出模型实证检验了贸易与外商直接投资的相互关系，指出外商直接投资在发展中国家中产生的技术溢出效应非常明显，此效应一般都是间接地通过进口贸易而实现的，所以要重视贸易环节，减少进口保护政策，充分发挥外商直接投资的技术溢出效应。邓丽娜、范爱军（2014）用图示明细了外商直接投资给我国带来的技术溢出效应的机理，选取2001~2011中国制造业28个分行业的面板数据进行回归，指出国际技术扩散促进了中国制造业技术进步，国际技术溢出对三类制造业产值占比的影响依次增大，证明外商直接投资确实促进了中国制造业产业结构升级。

（二）就业效应

外商直接投资具有明显的扩大东道国就业总数的效应，跨国公司的建立提供了大量的就业岗位，最重要的是需要一些专业技术人员和管理人员，提升东道国员工的专业水平和素养，促进东道国劳动力市场更加合理、更加高度化，为产业结构升级提供了良好的劳动力基础。但是，就业效应也有劣势的一面，外商直接投资对就业具有一定的指导性，外商直接投资比较集中的地方，劳动力的专业水平和素质较高，但是外商直接投资较少的地方，并没有这样的就业效应，在一定程度上拉大了东道国国内地区就业的差距，从而也导致了收入不平衡现象的加剧。

罗良文（2007）首先从就业组合效果和就业结构优化论、公司战略论、就业替代与就业补充理论等方面全面解读了外商直接投资与就业效应的相关理论，然后选取 1984~2005 年数据进行计量检验，指出外商直接投资对我国就业影响最大的就是第二产业，而第三产业发展滞后，就业效应并不明显，并且提出充分发挥外商直接投资的就业效应要根据内部化优势来构建对外直接投资主体，要做好外商直接投资的区域选择。毛日昇（2009）通过 1999~2007 年我国制造业的面板数据，使用高斯混合模型（Gaussian Mixture Model，GMM）分析方法进行实证检验，指出出口规模和出口开放度的提高有利于促进中国制造业劳动力就业水平，而外商直接投资则通过国内销售和出口两个途径增加了中国制造业劳动力人数，更重要的是通过技术溢出提高了中国制造业的生产效率。丁翠翠、郭庆然（2012）通过 1996~2011 年中国省际面板数据，使用 GMM 分析方法实证分析了外商直接投资对我国就业的影响具有非常明显的区域差异，而且除了在滞后一期有促进我国劳动力就业的效应之外，整体上看外资的进入挤出了我国劳动力就业量，劳动力就业量不增反降，因此提出我国不能依赖外商直接投资解决就业压力，而是要结合当地的就业效应，吸引适合的外资，充分发挥外商直接投资对东道国就业效应的积极引导作用。韩民春、张丽娜（2014）指出从 2008 年开始随着中国劳动力成本的不断攀升，众多制造业外商纷纷撤离中国，由于在中国外商直接投资的大多数是劳动密集型企业，大规模的撤离给中国的就业产生巨大负面效应，而打破劳动力市场的分割、缩小中国省际间的劳动力就业差异是缓解外商减少对中国制造业投资的根本出路，同时提出制造业直接投资的撤离对中国产业结构升级形成倒逼机制，有利于促进产业结构升级。李莺莉、王开、孙一平（2014）选取 1998~2010 年中国省际面板数据进行计量分析，指出外商直接投资对中国劳动力就业的数量和质量存在明显的促进作用，而外商直接投资对产业和区域分布则有明显差异，主要表现为"东中西"和"二三一"的格局，在促进中国劳动力平均工资上升的同时，也拉大了各个区域的工资水平差距，为了提升整体的就业效应，要在全国范围内合理引资，实现产业互补，提升劳动力素质。罗军、陈建国（2014）通过中国 2002~2012 年省际面板数据，实证检验了外商直接投资对中国劳动力就业存在明显的人力资本门槛效应。在人力资本水平较低的阶段，促进了低技能劳动力的就业而阻碍了高技能劳动力的就业，在人力资本水平较高的阶段则恰恰相反，促进了高技能劳动力的就业而阻碍了低技术劳动力的就业，指出中国要依据地域劳动力比较优势来引进外资，从而促进各地区的就业结构不断走向高级化。

（三）模仿效应

既往众多学者的研究已经表明在大多数情况下，外商直接投资有利于东道国的产业结构升级，而促进作用的大小不是跨国公司一方可以决定的，需要东道国进行配合，东道国模仿、学习的力度越大，吸收能力越高，外商直接投资对东道国的产业结构升级的作用越明显，当然有的学者也认为这二者之间的关系并不明显。

凯乌斯（Caves, 1974）等一些学者通过相关数据进行实证研究，发现在开放经济环境下，引进外商直接投资是要素禀赋较差的国家或者企业实现其经济快速增长的一个途径。这需要东道国首先模仿先进国家的技术，然后再进行自主创新。理查德和姚（Richard & Yao, 2014）研究发现重视创新是中国企业持久发展的根本，企业应该努力探寻技术创新能力的途径。为了提高本国的创新能力，先要吸收国外的先进技术和管理经验。减旭恒、孙文祥（2005）通过研究发现，产业结构升级受到三大因素制约：要素供给、市场需求和环境因素。若上述三大因素都有所改善的话，产业结构升级的效果就很明显，他们特别指出在升级的过程中最重要的因素就是创新，创新就需要首先去学习和模仿国外先进的技术和经验。赖明勇、包群、阳小晓（2002）首先将东道国对 FDI 吸收能力的国内外研究进展做了综述，用计量经济学的方法检验了我国对外商直接投资的吸收能力，认为人才在外商直接投资中起到了关键作用。政府、经济开放程度、研发、基础设施将成为东道国吸收能力大小的重要因素，我国也应该着重改善上述因素，不断提高自身的吸收能力，从而充分发挥外商直接投资对中国产业结构升级的促进作用。

葛顺奇、罗伟（2011）指出外商直接投资对东道国存在技术溢出、资本和资源竞争效应，其在一定程度上都会促进东道国的经济增长。外资企业和东道国企业之间技术差距越大，外资企业的技术保护越低，对于东道国来说模仿效应越大，通过模仿促进产业结构升级；反之模仿效应有限，更多的是要依靠创新促进产业结构升级。

（四）产业关联效应

外商直接投资拉动东道国产业结构升级主要表现在外资的进入改变了东道国的供给和需求结构，外资的进入改变了东道国的资源配置，提高了其生产效率，进而促进了其产业结构升级。外商直接投资一般都会选择与投资国优势产业相关联的产业，充分发挥投资国既有的技术、市场、管理优势，通过固定的产业链和技术传导将先进的技术带到东道国，东道国的企业可以模仿跨国公司的先进技术，并且结合自己的国情有针对性地学习并改造先进的技术。所以东道国产业与投资国优势产业关联程度越高越有利于东道国产业结构升级。石绍炳、吴和成（2014）适度放宽了外商直接投资的直接消耗系数等于国内资本的直接消耗系数的假定条件，使用新的测算指标，利用2003~2010年我国制造业面板数据进行实证分析，指出外商直接投资向前关联效应较大，但是向后关联效应比较差，外商直接投资确实对各个行业间发生显著的垂直溢出效应。杨亚平、于春晖（2011）利用2001~2007年我国制造业面板数据，实证检验了外商直接投资的向后产业关联效应长期显著存在，指出外资股权较国有股权更加有助于提高我国企业的生产效率，而外商直接投资的向后关联溢出效应对非国有企业的作用更加显著。唐艳（2011）指出产业关联效应是外商直接投资拉动东道国产业结构升级的关键因素，产业关联效应包括向前和向后两种效应，向前关联主要是成本关联，向后关联主要是需求关联，对产业结构升级的作用主要是向后关联，提出影响产业关联的主要因素包括：跨国公司在东道国投资产业的产业关联度，以及跨国公司对东道国投入品的需求大小，通过中间产品，增强了产业关联度，从而有利于东道国产业结构升级。提出通过强化政府的服务功能、提高我国企业的配套能力、发展中小企业集群等途径，提高外商直接投资拉动我国产业结构升级的产业关联效应。王文治（2008）将跨国公司、东道国上游企业、东道国下游企业三者建立理论模型，选取爱尔兰、新加坡等6个国家的企业作为案例，通过实证检验，指出当跨国公司与东道国下游企业相差不大时，跨国公司会加强东道国上游企业的技术支持，提高向后关联效应，在关联效应中最重要的因素就是技术水平。所以作为发展中国家来说，我们应该不断改善投资环境，缩小与投资国之间的差距，让外商直接投资的产业关联效应充分发挥，从而加快产业结构升级。

也有一些学者认为产业关联作用并不显著。如周、李和谢（Zhou，Li & Tse，2002）等一批学者从产业竞争力的角度研究跨国公司与东道国企业之间的关系，研究发现外商直接投资对东道国的非同行企业有促进作用，但是对东道国的同行企业则有一定的阻碍作用。对东道国同行企业的负面影响主要是因为跨国公司具有相对优势，给东道国的既有企业以巨大的冲击，投资国天然具备着优势，在同行业中是领先者，而东道国企业明显竞争力不足，于是对东道国同行企业带来巨大的挑战，产业关联的结果就是抢夺了东道国同行企业的人力资源和市场份额，对东道国带来了严重的负面影响。李建伟、冼国明（2010）指出外商直接投资的向后溢出效应显著存在，而且大于水平溢出效应，向后溢出效应受到投资国与东道国之间技术差距的影响很小，而且相对而言市场寻求型企业受到向后的溢出效应的作用更大，向后关联有助于技术溢出。

（五）贸易效应

随着外商直接投资的发展，在一定程度上缩小了各国产业结构的差距，世界分工形式也在不断改变，各国贸易越来越紧密，垂直分工形式也在不断深化。外商直接投资带来的贸易效应，使得投资国和东道国之间的差距不断缩小，加快了东道国产业结构升级。

王蕙、张武强（2011）研究了外商直接投资对我国商品出口结构升级的作用，通过实证检验发现具有积极的促进作用，指出政府要大力优化投资环境，提出相应的优惠措施吸引外资，利用跨国企业的技术优势，带动中国产业结构升级，优化我国出口商品的结构。马章良（2013）对我国外商直接投资的贸易效应进行了实证研究，指出外商直接投资促进了我国出口额和进口额的增长，而且对出口的贸易效应要高于对进口的贸易效应，提出政府要改善本国的投资环境，加大外商投资方面法律法规的建设，合理引进外资。李季、赵放（2011）研究发现日本对华直接投资在中日两国间已经建立了产业内垂直分工体系，提出在国际上一般资本充裕国对劳动力充裕国进行外商直接投资是建立两国间垂直贸易分工的渠道，而且两国要素价格差距越大，垂直型产业内贸易的规模越大。通过实证检验，指出无论长期还是短期，日本对华直接投资对产业内垂直型贸易都是正效应，所以中国政府应该加大高新技术领域的优惠力度，从而实现日本对华直接投资对中国产业结构升级的促进作用。查贵勇、陈碧琰（2007）选取了1988～2005年中日贸易数据，通过计量回归，指出短期内日资的引进对我国的出口创造效应很大，而进口引致效应很小，但是从长期来看进口引致效应会不断提高，最终超过出口创造效应，可以通过引进日资促进我国产业结构升级。我国政府要关注日本对华直接投资的贸易效应，需要进一步提高日本在华投资规模，需要加大对高新技术的引资力度等，从而促进我国产业结构升级。刘兴坤（2013）以电气机械产业为例探讨了日本对华直接投资的贸易溢出效应，指出日本对华直接投资对中日水平和垂直贸易以及中国竞争优势结构都具有较大影响，特别提出要大力促使劳动密集型的日资更多地投向我国中西部地区。

二、外商直接投资对中国产业结构升级的影响分析

我国学者对外资促进中国产业结构升级的实证研究主要包括外资对中国技术进步的影响，外资对中国市场结构的影响、外资对中国产业结构的影响以及外资对中国投资动因等方面。

（一）外商直接投资与中国技术进步

薄文广、马先标、冼国明（2005）从技术创新的角度研究了外商直接投资对我国的影响，研究结果表明外商直接投资对中国的技术创新有明显的促进作用。跨国公司在技术上优势明显而我国企业则明显处于劣势，中国处于学习模仿的位置。而内外资企业技术差距不同、企业的类型不同以及企业的学习模仿能力的不同，使得外商直接投资对中国技术进步的作用差异很大。两个国家的企业之间技术差距越小跨国公司直接投资带来的东道国技术进步越快；除此以外，跨国公司的投资目的也很重要，市场寻求型的跨国公司比出口导向型的跨国公司更加注重开发东道国市场，注重技术投资，因此带动东道国技术进步的效果更加明显。张勇（2006）关注外商直接投资的技术基础效应，通过实证检验指出外资确实对中国产生一定的技术挤出效应，影响了我国自主创新的步伐，为了降低这些负面影响，国家以及地方政府应该与时俱进，根据特定时期的产业发展特点，抓住重点，给予重点发展企业科研经费的大力支持，同时政府要适时制定产业政策，促进跨国公司的先进技术快速转化成实际生产力。江小涓（2002）通过研究外商在华投资制造业企业的案例，指出大多数跨国公司直接或者间接地给中国带来了先进的技术和管理经验，特别是20世纪90年代末期开始，在中国工业化进程中对外资企业的技术引进起到了举足轻重的作用，跨国公司加大对中国市场的投入，加大研发投资，使中国少走很多弯路，为中国培养了很多科技和技术人才，促进了中国制造业的产业结构升级。许冰（2010）使用路径收敛设计建模方法，指出外商直接投资促进中国中西部地区经济产业结构升级的路径，需要依赖于国内资本的挤入效应，而并不是技术溢出效应，对于大多数学者提出的技术溢出效应提出了相反的意见。张中元、赵国庆（2014）通过实证检验指出外商直接投资阻碍了各个地区的技术进步，但是如果将环境规制因素纳入模型的话，就可以促进各个地区的技术进步，因此指出环境规制对技术进步的重要作用，因此在引进外商直接投资的过程中要对不同类型的企业制定适合的环境规制,充分发挥外商直接投资对技术进步的促进作用。景维民、张璐(2014)在偏向性技术进步理论框架下,利用我国2003~2010年33个工业行业面板数据进行分析,指出目前我国环境管制较弱,在这一背景下,外商直接投资对我国的绿色技术溢出具有正效应,但是对于产品结构则具有负效应,强调中国政府要继续鼓励清洁生产和能源节约方面的外商直接投资,加大其对中国绿色技术进步的影响。

(二) 外商直接投资与中国市场结构

赵宝华、景建红(2001)研究了外商直接投资对我国市场结构变化的影响,他们认为外资的引入对中国的市场结构变化及产出具有极大的负面影响。由于跨国公司较中国国内具有明显的技术等比较优势,在中国市场上竞争能力突出,进入到中国市场以后给中国企业造成巨大冲击,我国一些技术较差、实力不足的企业在激烈的市场竞争中逐渐退出市场,该行业的产出水平大大降低,不得不将原有的市场份额让渡给跨国公司。中国诸如电子产品等多个行业存在着上述现象,产出水平不断下降,自主生产和创新能力明显不足,影响了中国产业结构升级。陈飞翔(2002)同样给出了悲观的结论,他认为在中国改革开放的政策下,外商直接投资规模不断扩大,有利于促进中国贸易的增长和国内生产总值的提高。同时带来的变化是国内市场结构也随之改变,国内企业面临外资企业的冲击,跨国公司在电子产品等行业逐渐显现优势,垄断了该市场,这种垄断给中国既有企业造成很大冲击,中国企业的生存岌岌可危。张琴(2012)利用1983~2007年外商直接投资的数据,分析国际产业转移对中国市场结构的影响,指出外商直接投资总额与第二和第三产业所占的市场份额成正相关关系,而且外商直接投资对市场结构的影响比其他间接影响更显著,所以要不断改善外资承接环境,进一步促进市场结构的转型。黄烨菁、彭培欣(2009)利用上海市1995~2003年的制造业相关数据进行计量分析,指出外商直接投资通过改变本地的市场竞争格局,对东道国一些企业特别是国有企业有一定的负面影响,但是从整体上看，促进东道国大多数企业提高生产效率，同时也影响东道国既有的国有企业为了竞争而不断提升技术水平、不断自主创新。

另外一些学者则相对乐观，提出外商直接投资可以促进中国市场结构不断走向高级化的结论。胡志宝（1998）指出在中国一些具有规模经济实力的行业，外商直接投资的溢出效应明显，他们充分利用跨国公司先进的技术，不断学习、创新，在这些合资企业中渐渐创造出中国特色，不断研发适合中国以及国际市场的新产品，也带动了中国相关企业不断创新，带领中国企业融入世界生产链条，挤入激烈的国际市场竞争，良性竞争大大激励中国企业自主创新，像海信这样的中国企业异军突起，有利于中国市场结构的调整。

（三）外商直接投资与中国产业结构

王洛林、江小涓和卢圣亮（2000）针对世界 500 强企业在中国的投资进行研究分析，强调世界 500 强的投资给我国企业带来充裕的建设资金和先进的生产理念，推动了技术进步，有助于我国产业结构升级，而且也有利于带动中国企业走进国际市场，参与世界竞争。张帆和郑京平（1999）研究了我国工业部门的外商直接投资状况，指出在工业部门跨国公司的投资主要集中在资本和技术密集型企业，有利于企业资源配置更加合理化，提高生产效率的同时有助于我国产业结构调整。郭克莎（2000）研究发现外资的引入给中国带来了资金、技术等资源，通过这些资源的引入，给我国企业提出更高的生产要求，有利于企业资源配置状况的改善，提高生产效率，促进产业结构趋于更加高级化。徐鑫、蒋毅一（2012）研究了外商直接投资给中国产业结构升级带来负面影响的原因，主要是因为外商对中国的三次产业的投资比例失调，在产业内部中的高技术和低技术水平的行业间投资比例也不合理，而且在我国的投资区域分布不合理，应相应地提出一些对应措施，为更合理的招商引资提出对策。王明益、毕红毅、张洪（2015）指出外商直接投资初期东道国资本密集型产品的出口数量越来越多，而在外资进入一段时间以后，外资企业会增加在东道国投资研发机构，随着技术水平的不断提高，东道国的出口产品结构也会不断升级，受技术进步的影响，东道国产业结构不断走向高级化。王双燕、魏晓平、赵雷英（2015）利用2000～2012年中国30个省市的面板数据，指出外商直接投资在时间维度上与东道国的产业结构升级存在"U"形关系，研究发现短期内外商直接投资对东道国产业结构升级有一定的阻碍作用，可以通过环境规制降低这一阻碍作用；在长期内，外商直接投资一定会促进产业结构升级，而环境规制的提升更有利于加强这一促进作用。因此，政府要制定更为合理的环境规制政策，对外商直接投资进行合理调控，注重引资数量和质量，促进产业结构不断升级。

（四）外商对华直接投资的动机

既往学者也针对外商对华直接投资的动机进行了研究，涉及日本、美国、欧盟等许多国家和地区。程义全、刘乃岳（2000）针对美国对华直接投资的动机进行研究，指出其主要目的是赚取更多的利润，提高中国市场的竞争力，同时防止日本公司过多的占领中国市场。王勇、王惠娜（2013）动态地分析了我国外资企业的投资动机，指出随着我国在世界市场中地位的不断提高，跨国公司来华投资目的更多是为了抢占中国市场，增强该企业在国际市场中的竞争能力。赵伟晶（2010）分析美、日对华直接投资的动机，指出美国对华直接投资主要符合邓宁的国际生产折衷理论，日本对华直接投资主要符合小岛清的边际产业理论，同时对两个国家的进入方式、投资的主要产业、投资区域等进行了比较，提出要整体改善中国引资环境的相关对策。

三、日本对华直接投资对中国产业结构升级的影响分析

很多学者分别研究了不同国家对华直接投资状况，探究其对我国产业结构升级的影响，其中一部分学者主要研究了日本对华直接投资的特点、模式等，也研究了日资的引入对中国产业结构升级的作用，虽然这些研究相对较少，但是研究的角度还是多方位的，从动机、效应、产业等不同侧面，全方

位考察了日本对华直接投资与中国产业结构升级问题，这些文献对于本书的研究具有很好的借鉴意义。

佟东（2011）分析了日本在华撤资的特点，通过数据分析提出撤资最多的是食品和纺织行业，其次是制造业。撤资最多的区域是环渤海地区，其次是长江三角洲地区。日本在华撤资的主要原因是成本上升、竞争激烈、政策变化等等。另外，他还通过一般静态分析和比较静态分析，提出日本撤资对华的严重影响。由于日本在华撤资，使得中国生产的产品数量大幅度减少、产品的技术含量急剧下降、中国产业结构走向产业链低端，严重阻碍了产业结构升级。通过日本在华撤资的实证，分析了日本对华直接投资对中国产业结构升级的重要性。改革杂志社专题研究部（2011）全面分析了近30年来日本对华直接投资的阶段特点，从区域分布看由零星散布到三大集聚区的形成，由此显示了边际产业转移的特点，同时指出2008年的金融危机对日本经济复苏以及对华直接投资扩大的影响都是有限的，指出未来日本对华直接投资依旧呈稳步发展趋势。边恕（2008）从外商直接投资对中国产业结构升级的作用途径进行考察，并且针对影响效果的因素进行分析，全面分析了日本对华投资战略的转变和不同分工体系的演进过程，提出从生产波及效果和生产诱发效果来看，中日两国之间垂直分工的体系已经不复存在，转向以注重资本、知识、技术等集约型产业为特征的水平分工。吴昊（2005）指出日本对华直接投资对中日贸易规模的影响主要通过替代效应、诱发效应、逆出口效应、贸易转向效应表现出来。总体来说，日本对华直接投资并没有替代中日贸易，反而更加推动中日贸易的进一步发展。日资的进入确实影响了我国商品的结构，日本对华直接投资不仅局限于最终产品，随着对制造业投资的增加，一些零部件的投资也随之被带到了中国，而直接的工业制成品的品种不断减少，这样中国企业不断提高工业制成品的加工技术，也学习了零部件的生产加工技术，有利于中国更深入地了解加工过程，为今后独立生产打下良好基础。刘昌黎（2012）全面考察分析了日本对华直接投资的新趋势和新特点，指出1990年以后，日本对华直接投资从非制造业转移到制造业，出资方式以日本独资为主，产品生产以中间产品为主，投资和经营规模不大。同时提出了促进日本对华直接投资的措施，主要有以下几方面：继续加大日本对华直接投资力度，中国要继续开放国内市场，改善投资质量和投资环境，要正确对待日资企业的撤出行为，引导日本企业到我国中西部和东北地区投资建厂等等。马凌（2006）主要研究了日本对华直接投资的目的，发现其阶段性的特点很突出，初期阶段主要以边际产品转移为目的，于是大批在日本国内不具优势的产业和产品开始转移到中国生产，然后再转销日本或出口其他国家。而后期则改变目的，主要以占领中国市场为目的，采取比较优势战略，将一些在日本拥有优势的产业转移到中国生产，为了增强与其他国家在中国市场的竞争能力。吴铭（2012）根据日本对华直接投资的战略以及具体数据验证了小岛清的边际扩张理论，指出在日本对华直接投资的初始阶段主要以生产要素导向型为主，日本按照边际顺序对中国进行技术转移，转移到中国的技术大多是日本比较成熟的生产技术，通过数据检验表明，劳动密集型的投资产业日本的技术人员很快就会撤出中国，而技术密集型的投资产业则不会轻易撤出中国，反而会加大投资，在不断投资的过程中促进了中国的产业结构升级。陶涛（2010）通过对机械运输行业的数据进行研究，考察2000年以前日本对华直接投资的新趋势以及其带来的中日行业内的贸易结构的改变，指出日本对华机械行业投资在大多数的4位编码的行业中出现了水平行业内贸易而非垂直行业内的贸易特征，而这种水平行业内贸易恰恰促进了中国制造业的产业结构升级。2000年以后，大多数的4位编码行业确实出现了垂直行业内贸易特征，而这种贸易形式主要是由于要素禀赋差异造成的，而中国作为发展中国家在这一过程中不断地提高了产品的技术水平，对于发达国家的出口品也在不断地升级，从而促进了我国的产业结构升级。殷瑾、王琼山、井润田（2010）对1997～2005年日本在华跨国企业的投资动机进行了实证研究，发现劳动力成本低是最重要的因素，但在不同区域也略有不同，而这一主要因素并不利于中国产业结构升级。

四、文献评述

20世纪60年代开始,外商直接投资在世界各国广泛开展起来,随之,对外直接投资理论也开始萌生。纵观外商直接投资相关文献,无外乎理论创新和实证检验两个方面,特别是近年来理论创新的部分越来越少,大多数学者都在用计量经济学和统计学的方法在检验理论的实用性和局限性。

在外商直接投资理论方面,关于外商直接投资出现的原因,海默用垄断优势理论,巴克利和卡森用内部化理论,邓宁用国际生产折衷理论,分别解释了外商直接投资出现和不断发展的原因,近年来的快速发展主要是因为对于投资国和东道国来说都是有利的,两国的产业结构均得到了升级,两国的经济也得到了相应的发展。现在大家普遍使用邓宁的国际生产理论,也就是所有权、内部化、区位三优势理论,这个理论比较全面地解释了外商直接投资的主要原因。但是,近年来大家对外商直接投资的原因研究似乎越来越少,也没有什么新的理论出现。

在外商直接投资与东道国产业结构升级方面,钱纳里提出了双缺口模型,指出资金和技术对东道国的重要性,后来托达罗又提出了四缺口模型,在双缺口模型的基础上,还指出了政府税收和生产要素的重要性,全面解释了影响产业结构升级的要素。不管是双缺口模型还是四缺口模型,都是从宏观的角度分析外商直接投资对东道国产业结构调整的影响,说明东道国不仅需要通过外商直接投资来弥补资金和技术的不足,更需要不断模仿、创新以实现产业结构的升级。弗农的产品生命周期理论提出了产品生产要经历创新、成熟和标准化阶段三个阶段,不同阶段应该有不同的贸易特点。但是,弗农并没有给出如何划分国家所处阶段的标准,这给正确选择恰当的贸易战略带来一定的难度,这点还需要未来的研究者不断进行探索。赤松要的雁行模型可谓是外商直接投资与东道国产业结构升级理论中的经典模型,该模型将产业发展分为进口、国内生产以及出口三个阶段。从结果上看,越处于后期阶段越说明产业结构更加高级,同样面临的问题是如何划分本国所处的阶段。小岛清的边际产业理论围绕日本的实际投资情况，指出其母国的对外直接投资都是将本国即将失去优势的产业向国外转移，而对于被投资国来讲这些产业还是具有优势的，从而既有利于投资国的产业结构升级，更有利于东道国的产业结构升级。小岛清的理论是至今为止用于解释外商直接投资加速东道国产业结构升级最常见的理论，确实起到了指导作用。但是这个理论没有对其负面影响进行研究，其实外商直接投资对东道国产业结构升级有时会有一定的负面作用，这点需要学者再做进一步研究。小泽辉智的动态比较优势投资理论，第一次动态地考察了对外直接投资理论。这是一个崭新的角度和研究方法，它使我们在研究外商直接投资对东道国产业结构升级作用的时候，要运用动态经济模型，考虑上期变量对于当期行为的影响。但是该理论也有一些不足，动态比较优势理论主要从理论角度进行了论证，但是并没有涉及到动态模型，需要今后再去完善。

在外商直接投资拉动东道国的产业结构升级的效应分析中，学者们也从总体效应和各个具体效应做了全面研究，主要有技术溢出、就业、学习模仿、关联等方面。这些具体效应的分析，得出的一般结论是，外商直接投资给东道国在技术、就业等方面带来了巨大带动作用，确实在一定程度上促进了东道国产业结构升级。但是在研究中主要集中在技术溢出效应、就业效应等研究方面，而从东道国的角度出发，研究其学习、模仿效应方面则略显不足，其实东道国学习吸收能力的高低在其他效应能否实现以及实现程度中起到了关键作用，所以说技术溢出效应的研究固然重要，但是现在应该更加关注东道国学习模仿效应的研究，这就要求我国在利用外资的过程中，充分发挥主观能动性，不断提高学习、模仿、吸收能力，主动将我国的实际国情和外商直接投资联系起来，本书计划结合中国现阶段战略部署，研究中国如何提升自我学习能力，改善国内招商引资环境，有利于更加充分发挥外资对华产业结构升级的影响。

国内外学者对日本对华直接投资对中国产业结构升级的影响进行了多方位的研究，但是从文献来看，关于日本对华直接投资的研究无论是理论方面还是实证方面都比较少，而且深度也略显不足。关于日本对华直接投资对中国产业结构升级影响的研究就更少，而且在研究的过程中一般都采用了中国统计局和世界贸易组织、世界银行的数据，受语言文字的限制，直接引用日本官方数据的并不多见，这样使得数据的准确度大大降低，模型的说服力也略显不足。特别是在现有的文献中，没有将日本对华直接投资分成不同阶段去详细考察每个不同阶段对于中国产业结构调整的特点和根本动力。本书将从这一个崭新的视角，分析不同阶段日本不同发展战略下，日本对华直接投资对中国产业结构调整的影响，特别是探寻2013~2015年日本对华直接投资减少的原因及其对中国产业结构升级产生的负面影响，试图针对实际情况提出加快日本对华直接投资结构调整的步伐，有利于中国产业结构的升级。

在中国产业结构升级的进程中，日本对华直接投资起到了很重要的作用，中日两国的经济合作不能忽视，本书借鉴既往学者的研究成果，广泛搜集日本学者的相关文献，利用相关数据进行实证分析，考察引进日资与中国产业结构升级之间的关系，全面、深入地分析日本对华直接投资对中国产业结构升级的影响，探寻中国在利用日资过程中的一些问题，为中国产业结构升级开辟一个切实可行的新路径。

第三章　日本对华直接投资对中国产业结构升级的影响

1979年，日本开始了对华直接投资的脚步，至今已经走过40余个春秋。在这期间，日本对华直接投资从数额上看，呈震荡式上升，而投资领域、投资战略均有所变化。从整体来看，这些年来正值中国改革开放不断深化的时期，中国逐步打开国门，从计划经济走向中国特色社会主义市场经济，从亚洲走向世界。而我们的邻国日本是个发达的资本主义国家，经济实力一直位于世界前列，但是日本是个岛国，地域狭小、资源匮乏，不利的自然地理环境束缚了其进一步发展，特别是1985年"广场协议"① 以后，日元大幅度升值，日本的出口贸易大幅度下滑，日本陷入了"失去的十年"。日本为了本国经济复苏，开始加大对外直接投资的力度，瞄准了日益成熟的中国市场，日本对华直接投资成为日本近年来经济发展的一个重要途径。

中国改革开放以来，对引进和利用外资极为重视，国内投资环境日趋完善，政府引进外资政策的优惠幅度不断增大，对跨国公司的吸引力度越来越高，改革开放的步伐越迈越大。日本是中国引进外资中极为重要的国家，日本对华直接投资在很长一段时期内给中国经济发展注入了资金支持，更为重要的是，日本先进的生产技术和管理经验给中国的产业结构升级带来了不可忽视的影响。在这一历程中，日本对华直接投资出现了两次明显的投资总额

---

① 1985年9月22日，美、日、德、法、英五国在纽约广场饭店签订协议，五个国家达成共识共同干预外汇市场，使得美元对于主要国家实现货币贬值，解决美国巨额贸易赤字问题。广场协议的签订使得日元大幅度升值，出口贸易受到重大创伤，国内经济泡沫严重，最终导致日本经济急剧下滑，此协议签订了20年，也是日本经济出现严重不景气的20年。

下降的阶段，一个阶段是 1995~1999 年；另一个阶段是 2013~2015 年，而且后者的下降幅度远远大于前者，日本对华直接投资总额的不断下降，对于中国产业结构升级会产生一定的负面影响。

为了更好地研究日本对华直接投资对中国产业结构升级的影响，本章主要考察日本对华直接投资的现状，回顾 40 多年来日本对华投资的历程、战略演变过程以及对中国产业结构升级的影响，把握近年来日本对华直接投资总额下降的原因。

第一节 日本对华直接投资的历程、特点及对中国产业结构升级的影响

一、日本对华直接投资历程

（一）试探性阶段（1979~1989 年）

1979 年，日本开始对华直接投资。在 1979~1989 年这段时期，日本对华直接投资虽然刚刚起步，但是直接投资总额的增长速度比较快。从 20 世纪 70 年代末期开始，日本对华直接投资主要是因其本身受到全球化经济发展的冲击，使其认识到发展国内经济必须打开国门。当时日本国内已经出现了资本过剩的趋势，而且国际贸易摩擦越来越激烈，日本只能选择对外直接投资，一是日本国内的高耗能高污染的企业外迁，边际生产能力较差的产业外迁，优化了日本国内的产业结构；二是在一定程度上缓解了日本的国际贸易摩擦。

如图 3-1 所示，1979~1989 年，伴随着日本加大对外直接投资的步伐，日本对华直接投资总额也在不断地增加。根据日本贸易振兴机构统计数据显示，1979 年日本对华直接投资只有 1 项，投资额仅为 0.14 亿美元，到 1989 年日本对华直接投资总额已经达到了 3.08 亿美元，较 1979 年增长了

第三章 日本对华直接投资对中国产业结构升级的影响

21倍。这十年中，前五年增长较为缓慢，1984年以后开始较快增长，可谓是日本对华直接投资的"试探性阶段"。

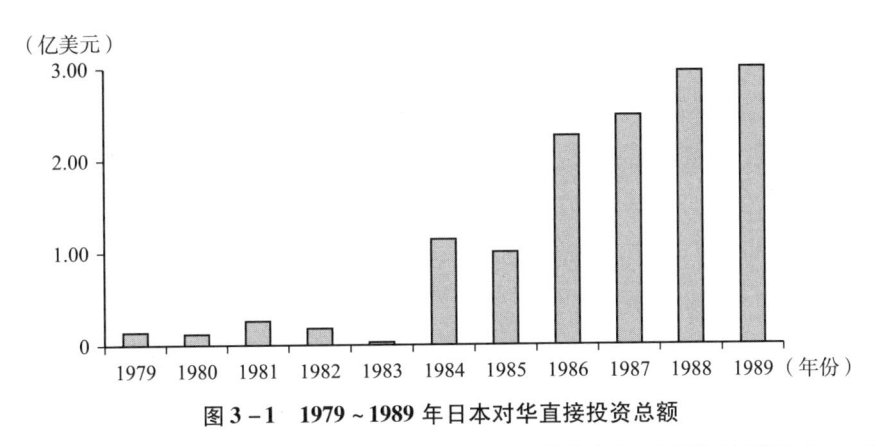

图3-1 1979~1989年日本对华直接投资总额

资料来源：日本贸易振兴机构（JETRO）．日本の国・地域別対外直接投資（国際収支ベース、ネット、フロー）．

1979~1983年，日本对华直接投资总额累计0.73亿美元，这五年是真正意义上的日本对华直接投资的"试探性阶段"。这一阶段正值中国改革开放刚刚起步，吸引外资规模很小，亦属于一种试探性行为，当时中国吸引外资的主要国家和地区是中国香港。从1984年开始，日本对华直接投资有了一定的发展，1984~1987年日本累计对华直接投资逾6亿美元，较上一个五年相比，投资总额有较大幅度的提高。1989年以后，日本对华投资快速增长，这是因为日本加大了对外投资力度，特别是在亚洲加大了对中国的投资力度。日本对华直接投资最初是试探性的，主要是由于本国的资源有限，生产规模扩大受到阻碍。

在这一阶段，日本对华直接投资主要是倚重中国廉价的劳动力和中国广博的资源。日本缺乏劳动力、物资短缺，随着日本经济的发展，老龄化逐渐加剧，劳动力以及物资短缺的现象越发严重，日本开始尝试对外直接投资。中国在地理位置上邻近日本，而且劳动力廉价，当时中国已经开始改革开放，在吸引外商直接投资方面，中国给出了很大的优惠力度，也兴建了一些开发区、保税区等，这些优势吸引了日本开始对华直接投资。日本对华直接投资首先采用在中国加工出口产品的方式，这属于一种出口外向型战略，主要利用廉价的劳动力生产产品，出口日本或者第三方国家。这期间日本对华直接投资主要集中在纺织业、电气机械业。从图3-2和图3-3的统计数据来看，1985年之前，纺织业在中国国内的销售只有20%～30%，而大部分的纺织品都出口至日本和其他国家；1984年之前，电气机械业在中国国内的销售大概占30%，而50%左右的商品都是销往其他国家，对日本的出口则只占20%。在日本对华直接投资的初期，这种出口外向型的对华直接投资方式主要是为了利用中国廉价的劳动力，将中国作为加工工厂，对于中国生产技术水平的促进是有限的。

从日本对华投资的主要产业比重来看（见图3-4），除了1983年和1988年以外，1980～1989年主要投资在非制造业，而且1985年以前，每年对非制造业的投资大多达到了总额的80%以上，可以说是绝对的投资重点；虽然从1985年开始，非制造业的投资占比有所下降，但大多达到了50%以上，特别是1987年高达94.28%。通过数据可以说明，日本初期来华投资主要集中在非制造业，制造业则主要投资在了纺织业。这主要是因为日本对华直接投资刚刚起步，投资在非制造业见效较快，风险相对低一些。

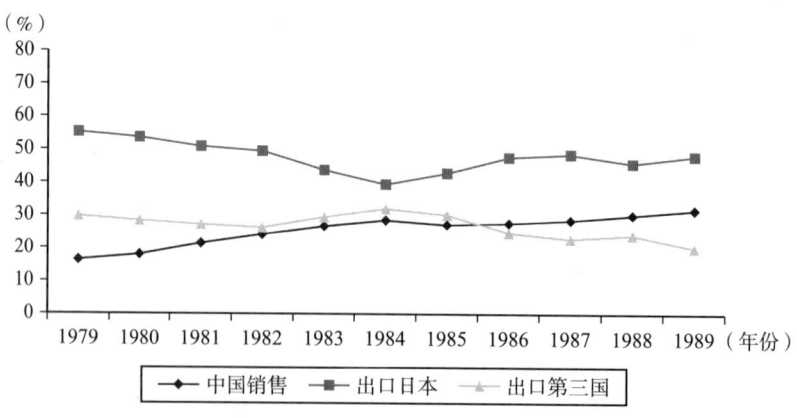

图3-2　1979～1989年日本对华纺织品直接投资企业的产品销售地状况

资料来源：松浦寿幸．日系海外現地法人の経済活動規模および販売、調達動向の推計［J］．経済統計研究，2004（32）．

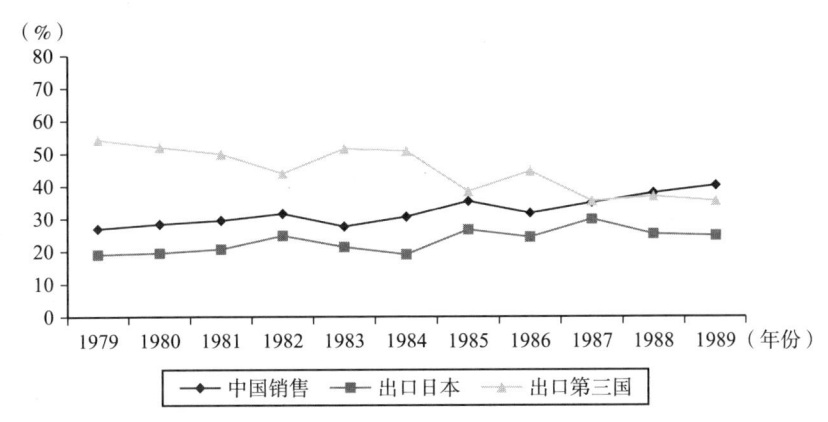

第三章 日本对华直接投资对中国产业结构升级的影响

图 3－3　1979～1989 年日本对华电气机械业直接投资企业的产品销售地状况

资料来源：松浦寿幸. 日系海外現地法人の経済活動規模および販売、調達動向の推計. 経済統計研究. 2004（32）.

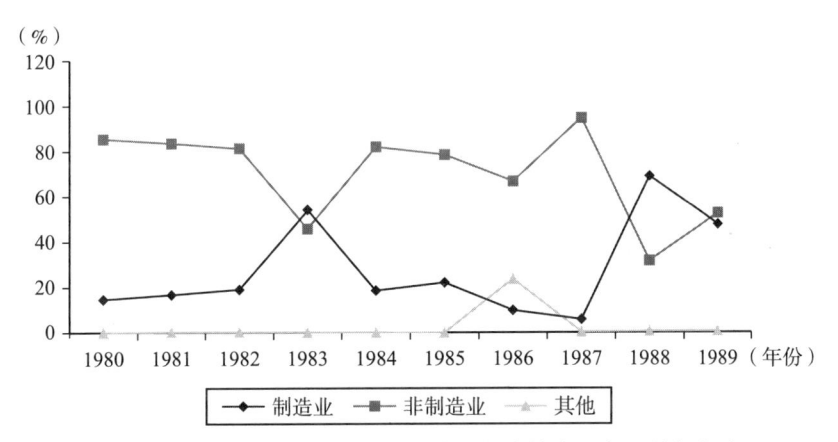

图 3－4　1980～1989 年日本对华直接投资的主要产业所占比重

资料来源：根据「財政金融統計月報」第 428、452 号中的「国別・年度別・業種別投資額」进行计算。

虽然从 1980 年开始日本对华直接投资已经起步，但是 20 世纪 80 年代，日本在世界范围内主要的投资国家并不是中国，而是美国、英国，从图 3－5 可以看出，日本主要的投资国家是美国，而且这十年间的投资总额一直在稳步提高。日本对中国的投资额只有其对美国投资额的 1% 左右。

55

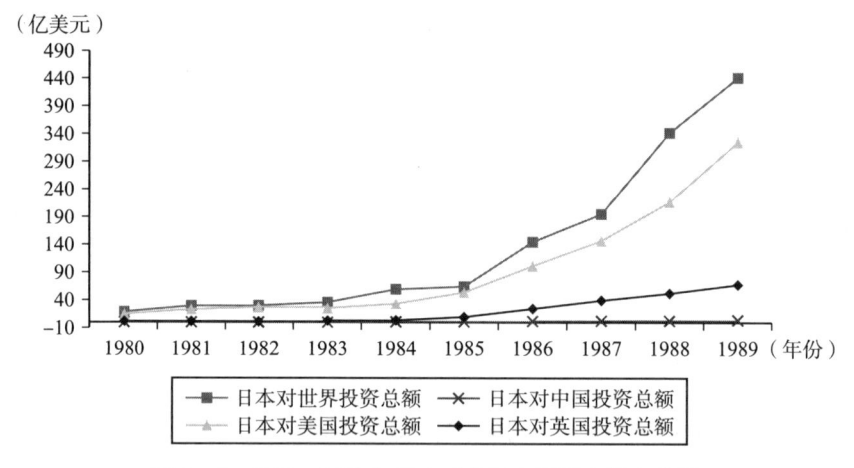

日本对华直接投资对中国产业结构升级影响研究

图 3-5 1980~1989年日本对世界主要国家投资总额

资料来源：日本贸易振兴机构（JETRO）．日本の国・地域別対外直接投資（国際収支ベース、ネット、フロー）．

（二）快速增长阶段（1990~1999年）

20世纪90年代是日本对华直接投资的第二个阶段，这个阶段投资总额先增长后下降。随着中国改革开放的不断深入，吸引了日本对华快速加大投资，日本也成为当时中国最主要的投资国。

1992年邓小平南方谈话进一步打开了中国的大门，长三角地区、珠三角地区的进一步开放，开发区、保税区的进一步建设，使得中国改革开放的步伐越来越大，开放政策吸引了日本加大对华直接投资。从图3-6可以看出，进入到20世纪90年代，日本对华直接投资额增加较快，特别是1995年，达到了20世纪90年代的顶峰44.78亿美元，较1990年相比增加了11.8倍，而且每年的增长幅度都在50%以上。但是从1995年以后，日本对华直接投资总额呈下降趋势，到了1999年只有3.6亿美元，少于1990年的投资额。日本对华直接投资总额不断下降，是因为随着本国的日元升值而导致其泡沫经济的破灭，日本的大多数企业面临着经营的困难，1995~1997年，日本对世界直接投资总额是上升的，但此期间，对中国直接投资总额却

第三章 日本对华直接投资对中国产业结构升级的影响

是下降的。而且1997年亚洲金融危机爆发，也影响了日本对外直接投资的力度，从而使1999年日本对华直接投资总额只有1995年的8.01%。

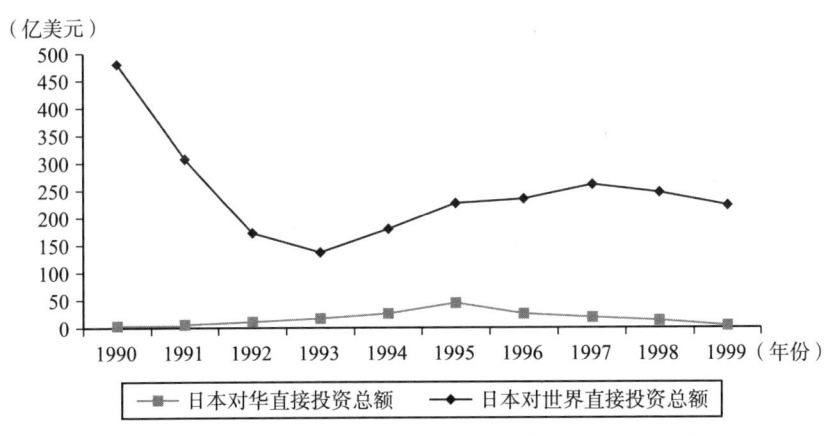

图3-6 1990~1999年日本对世界和对华直接投资总额

资料来源：日本贸易振兴机构（JETRO）．日本の国・地域別対外直接投資（国際収支ベース、ネット、フロー）．

20世纪90年代，随着中国改革开放的进一步发展，中国引资力度的加大和中国市场经济体制的不断改革，中国逐步走向世界，这十年间日本对华直接投资掀起了高潮，日本也逐渐成为继中国香港之后，中国最大的国外引资国家和地区。但是1997年亚洲金融危机爆发，日本对华直接投资趋于下降。

1990~1999年，日本对华直接投资总额经历了先上升后下降的震荡过程，但是从总体来看，这10年日本对华直接投资进入了发展的高潮期。虽然1990~1993年日本对世界直接投资总额不断下降，但是对华直接投资总额不降反升。20世纪90年代初期，日本对世界直接投资下降主要是因为随着泡沫经济的来临，日本企业经营状况每况愈下，日本不得不缩小对外直接投资力度，从图3-6的数据来看，1990年日本对世界直接投资总额472.22亿美元，但是1991年只有337.14亿美元，分别较上年相比下降了43.9%和20.4%。1992年较1991年相比，虽然日本对世界投资总额下降了17.9%，但是日本对华直接投资则增长了1.3倍，从此掀开了日本对华直接投资的序幕。1994年和1995年是日本对华直接投资增长速度比较快的两年,1994年较上年增长了1.18倍,1995年日本对华直接投资总额达到了44.48亿美元,较上年增长了74.6%。增长速度的加快一方面是由于日本改变了投资战略,日本政府开始意识到对华直接投资的重要作用;另一方面主要是因为1992年邓小平南方谈话打开了中国对外开放的大门,中国对外开放政策环境的变化、更加优惠的外商投资政策不断推出,都给日本加大对华直接投资提供了良好的机遇。

从1995年开始,日本对华直接投资开始走下坡路,呈现出逐年递减的趋势。从数据上看,日本对华直接投资额1996年较上年下降了27%,1997年较上年下降了19.6%,1998年较上年下降了30.1%,1999年较上年下降了72.3%。这四年的持续下降是因为1995年以后,日本泡沫经济爆发,经济一直不景气,其逐步缩小了对外直接投资力度;另外一个主要原因是1998年亚洲金融危机爆发,日元大幅度贬值,严重影响了对外直接投资力度,特别是对亚洲的对外直接投资力度。1999年日本对世界直接投资额增加了6.3%,但是对华直接投资额则下降了72.3%,可见亚洲金融危机对亚洲国家的重大影响。

在这10年间,日本对华直接投资虽然呈现先上升后下降的趋势,但是从数据总体来看,较上个10年相比,对华直接投资总额有大幅度增加。另外,日本对华直接投资战略也略有变化,起初日本主要是利用中国廉价的劳动力和其他自然资源,但是在快速增长阶段日本已经将目光转向了中国庞大的市场,日本开始增加投资,这期间诸如丰田、松下等世界500强的企业纷纷来到中国投资,制造业的投资比例明显增加,高新技术的投资比例也在大幅度提高,同时日本开始在中国兴建研发中心,在生产、销售、研发等领域都提高了投资力度,全面进军中国市场。

日本对华直接投资总额不断增加的同时,投资产业也有重大变化。从图3-7来看,进入20世纪90年代,日本开始逐渐减少对非制造业的投资,逐步增加对制造业的投资。从数据来看,1993年之前,日本对中国制造业的投资比重每年都以10%以上的速度不断增长,1993年更是达到了顶峰,其比重占到了81.21%。虽然从此以后，日本对华直接投资中制造业所占的比重有所降低，但是一直也维持在70%以上，占据了日本对华直接投资的主要地位。除此以外，日本对华直接投资在其他领域也呈现了稳步增加的趋势，其他产业主要集中在服务业、金融保险业等，所占比重从1990年的0.79%增加到1999年的4.17%，这说明日本投资的产业和行业呈现了不断丰富的趋势。日本在这个阶段加大对制造业的投资，主要是因为在世界范围内其制造业的技术都是领先的，但是国内资源有限，因此选择将一些在中国为技术领先，但在日本已经处于边际产业的产业转移到中国，同时可以使得日本不但在其国内能够开发或者生产更高端技术的产品，同时也能给中国带来较为先进的技术。在这个阶段，日本的投资除了利用中国的廉价劳动力之外，中国良好的政策和市场也成为其增加在华直接投资的关键因素。

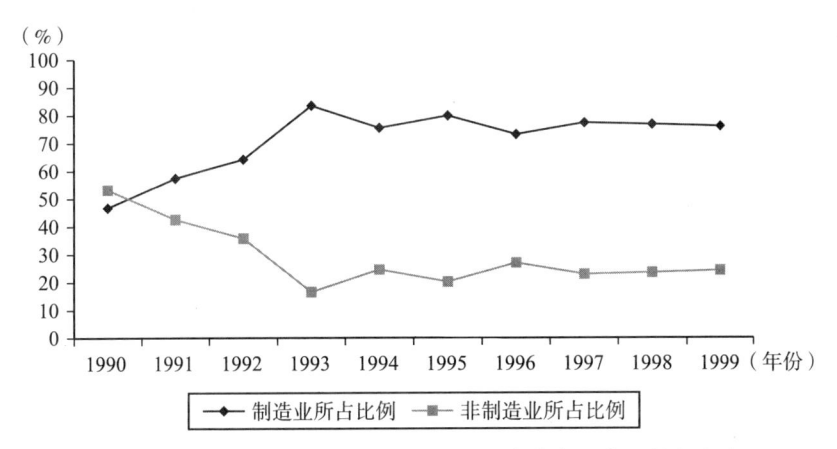

图3－7　1990~1999年日本对华直接投资的主要产业所占比重

资料来源：根据「財政金融統計月報」第548、645号中的「国別・年度別・業種別投資額」进行计算。

进入20世纪90年代以后，日本越来越重视在中国市场的销售状况，变产品出口为中国本土化销售。1985年开始的日元升值使得日本经济发展出现泡沫，20世纪90年代中期日本的经济泡沫开始破裂，日本国内的购买力不断降低，而中国则恰恰相反，经济增长速度加快，改革开放不断深化，国民收入快速提高，人均购买力不断增强。于是，日本看准了中国市场巨大的购买潜力，无论是纺织业还是电气机械业，还有其他一些行业，都在不断加大在中国的销售力度。从图3-8和图3-9的数据来看，1999年，日本对

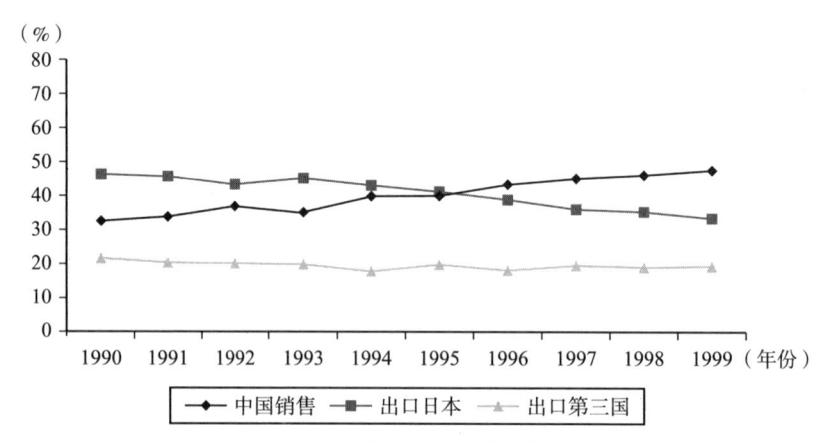

图3-8　1990~1999年日本对华纺织业直接投资企业的产品销售地状况

资料来源：松浦寿幸. 日系海外現地法人の経済活動規模および販売、調達動向の推計 [J]. 経済統計研究，2004（32）.

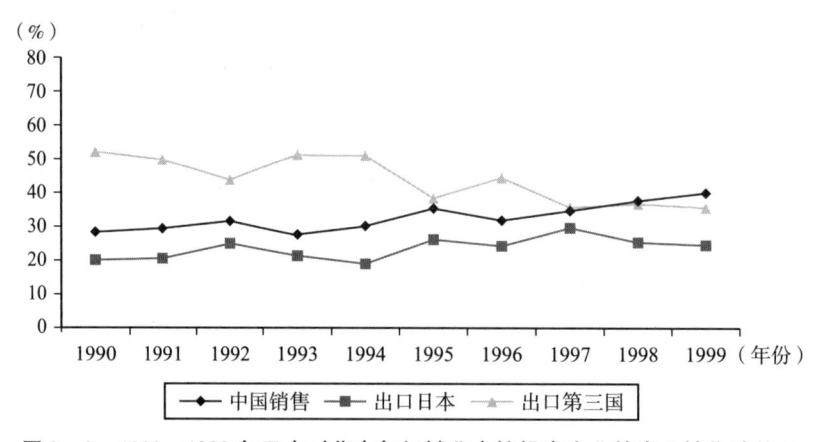

图3-9　1990~1999年日本对华电气机械业直接投资企业的产品销售地状况

资料来源：松浦寿幸. 日系海外現地法人の経済活動規模および販売、調達動向の推計.「経済統計研究」2004（32）.

华直接投资中纺织业在华销售比例接近50%，电气机械业在华的销售比例接近40%。可见在这10年中，日本开发了中国巨大的市场。

（三）稳定增长阶段（2000~2009年）

2000~2009年，日本对华直接投资进入第三个阶段，这个阶段呈现了稳定增长的趋势。2001年底，中国加入了WTO，并履行诺言进一步扩大开放领域。入世给中国和日本带来了巨大的机遇，日本也继而加大了对中国直接投资的力度。从图3-10的数据来看，2008年，日本对华直接投资总额略有回落，可是这并没有改变其继续增长的趋势，特别是2009年的投资总额达到了68.99亿美元，较2000年增长6.4倍。尽管2008年爆发了世界金融危机，各个国家都出现了经济下滑的状况，但是这并没有影响到日本对华直接投资的热情，相反出现了对华直接投资的一个新高潮，中国成为日本最重要的投资伙伴国。

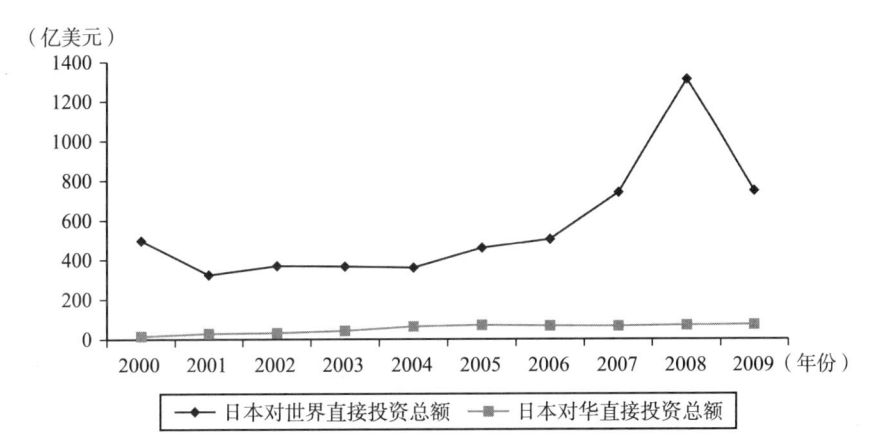

图3-10 2000~2009年日本对世界和对华直接投资总额

资料来源：日本贸易振兴机构（JETRO）. 日本の国・地域別対外直接投資（国際収支ベース、ネット、フロー）.

2000~2005年，日本逐年增加对华直接投资力度。2000年较1999年相比，日本对华直接投资增加了1.59倍，2001年较2000年相比，日本对华直接投资增加了 1.31 倍，直到 2005 年，日本对华直接投资力度每一年都在逐步增加。2005 年，日本对华直接投资额达到 65.75 亿美元，较 1979 年增加了 468 倍之多。但是这五年来，日本对世界的投资总额却呈现波动下降趋势，特别是 2004 年日本对外投资总额已经由世界第二位跌至第六位。也就是说，这五年来日本改变了对外投资战略，将对外直接投资的重点逐渐放到了中国，这是因为日资企业看到了中国日益完善的市场环境以及不断扩大的消费市场。2001 年末，中国加入世界贸易组织后进出口贸易发展更快，经济增长势头猛烈。日本政府看到了中国广阔的市场后，更加坚定了对中国增加投资力度的决心。

在世界金融危机爆发以前，日本对华直接投资就已经出现了徘徊不前的趋势。2006～2008 年，日本对华直接投资连续三年维持在 63 亿美元左右。从 2009 年开始，日本对华直接投资额开始恢复增长态势。从图 3-10 来看，2000～2009 年这十年来，除了 2001 年、2009 年以外，日本基本上每年都在加大对世界投资力度，一方面是因其为世界经济一体化的步伐越来越大所推动；另一方面日本为了复苏本国经济，需应用本国先进的生产技术和管理经验，不断加大对外投资力度。虽然 2009 年，受世界金融危机的影响，日本对世界的投资总额较上年下降了 42.9%，但是这并没有影响其对华投资力度的增强，2009 年日本对华直接投资较上一年相比增长了 6.2%。不断增加对华直接投资说明日本对外投资区域的转变，从那时开始，中国逐渐成为日本对外直接投资的重要之地。

这十年间，日本对华投资战略也在发生重大变化。投资领域除制造业以外，还发展到服务业等其他领域，当然制造业的投资总额在其中还是占绝大多数。日本的先进技术和管理经验是其对外直接投资的绝对优势，因此日本企业对华直接投资也开始向着高级化、综合化和多样化的方向迈进。据日本贸易振兴机构数据显示，2007～2008 年日本对华直接投资目的中，以研发为目的的占到 9.6%，超过美国的 8.1%，由此可见这个时期日本的投资不完全是以廉价劳动力的获得为主要目的，而是充分发挥本国的比较优势，投资战略发生了改变。

由图 3-11 所示,进入 21 世纪,日本对华直接投资的主要产业已经明显地转为制造业,虽然从 2001 年开始,这种投资的增加速度有所减慢,部分年份甚至呈现了下降趋势,但是这段时期,制造业投资所占比重都维持在了 70% 以上。日本加大对华制造业的投资,一时间日本的食品产业、机械生产业、电机产品加工业等纷纷在中国大地上落脚,为中国解决了就业难问题的同时,也带来了先进的生产技术。从 2006 年开始,日本对华制造业投资有下降趋势,同时对非制造业的投资有增长的趋势,但是幅度都不大,而对制造业的大规模投资确实成为 21 世纪初中国汽车、机械制造等产业快速发展的重要因素。

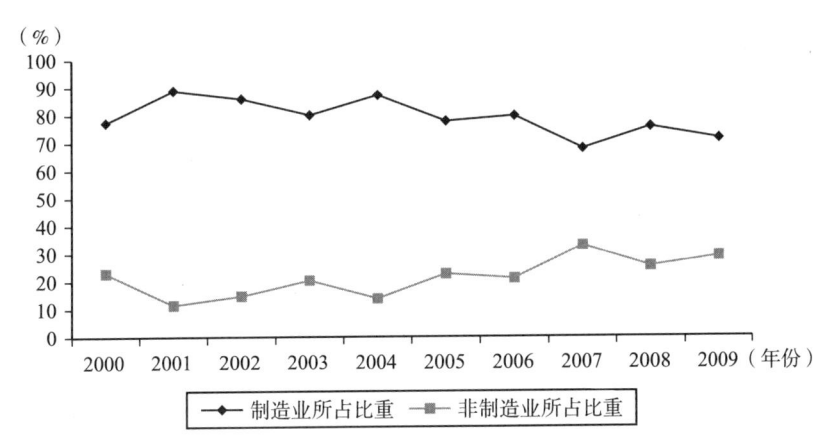

图 3-11 2000~2009 年日本对华直接投资的主要产业所占比重

资料来源:根据「財政金融統計月報」第 567、688 号中的「国別・年度別・業種別投資額」进行计算。

从 2000 年开始,日本对华直接投资已经全面转向了制造业,在制造业的主要行业中也出现了变化。从图 3-12 的数据来看,日本对华直接投资逐渐从食品、纺织、木材这些技术含量较低的行业,转向了机械、运输制造等行业。特别是运输机械行业,从数据来看,其从 2000 年的 10% 提高到了 2009 年的 23.94%,增加了一倍之多。投资主要行业的变化,体现了日本对华直接投资渐渐地从劳动密集型行业转到技术密集型行业，这对中国产业结构的升级具有很好的促进作用。

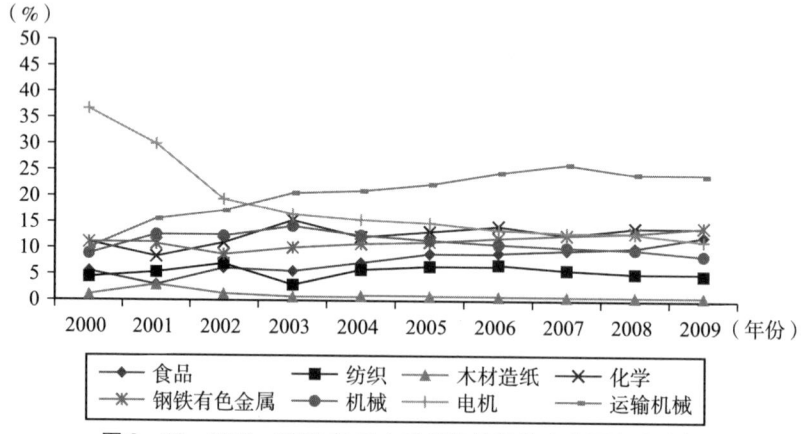

图 3-12　2000~2009 年日本对华直接投资中主要行业比例

资料来源：根据「財政金融統計月報」第 668、728 号中的「国別·年度別·業種別投資額」进行计算。

（四）结构调整阶段（2010~2015 年）

根据图 3-13 的数据来看，2010~2012 年，日本对华直接投资连续上升，其中在 2012 年达到了顶峰，为 134.79 亿美元，较 2010 年上涨了 85.9%，此时中国已经成为日本最重要的投资国。但是 2012 年以后，日本对华直接投资总额呈现下降趋势。按照日本贸易振兴机构统计的数据，2013 年较上年下降了 32.1%，2014 年较上年下降了 11.7%，而 2015 年较上年下降了 14.6%；而按照中国国家统计局的数据，2013~2015 年日本对华直接投资总额分别较上一年减少了 21.3%、38.2% 和 25%。[①] 由于 2013 年以后，日本统计局的统计

[①] 关于 2013~2015 年日本对华直接投资的统计数据，中国国家统计局和日本贸易振兴机构的统计数据相差很大，由于两个国家的统计口径和方法有所不同，每年的数据有所差别是没有问题的，但是每年增长和下降的趋势是完全相符的。而由于 2013 年开始，日本的国家收支统计口径发生了很大变化，因此 2013 年日本贸易振兴的统计数据与 2012 年的统计数据没有可比性。所以 2013~2015 年日本对华直接投资的统计数据我们参考了中国国家统计局的数据，即分别较前一年下降了 21.3%、38.2% 和 25%。

口径发生变化，使得日本统计局的数据不具有连续性，因此这部分选取中国统计局的数据。日本对华直接投资大幅度下降的原因主要是日本转移了在亚洲的主要投资对象。随着经济的发展，中国劳动力价格低的优势已经越来越弱了，而且从2012年开始，中日政治关系也开始恶化，日本方面由于国内经济不太景气，对外直接投资总额不断缩减，在亚洲日本选择了劳动力成本更低的越南等地成为其对外直接投资的主要地区。因此，2012年以后日本对华直接投资出现了大幅度的下降。

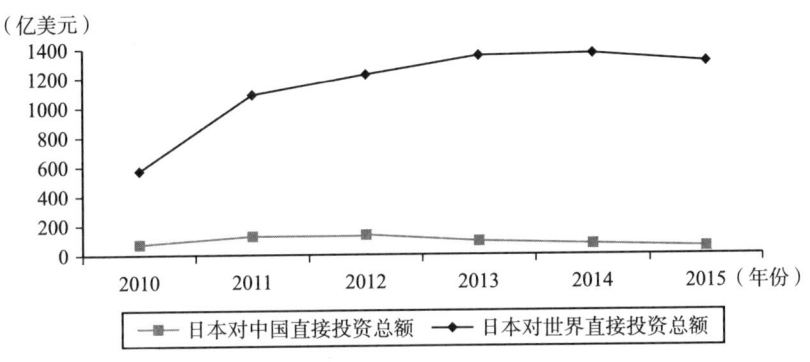

图3-13 2010~2015年日本对世界和对华直接投资总额

资料来源：日本贸易振兴机构（JETRO）．日本の国・地域別対外直接投資（国際収支ベース、ネット、フロー）．

2010年开始，伴随着2008年世界金融危机的好转，各个国家都在探讨后危机时代本国的发展战略，日本的战略也在发生改变，主要是加大对外投资力度，而对中国的直接投资出现了先增长后下降的趋势。2010年，日本对世界的直接投资总额较上一年下降了23.3%，但是日本对华直接投资总额则较上一年上涨了5.1%，在逆势中增加对华投资力度可见日本对中国市场的高度重视。从2011年开始，大多数国家开始走出世界金融危机的阴影，日本也在逐年增加对外投资力度，2011年较上一年增长了90.1%，2012年较上一年增长了12.5%，2013年较上一年增长了10.4%，其中2014年日本对世界投资总额达到1363.5亿美元，是近数十年来的最高水平。在日本加大对外投资力度的过程中，也在不断加大对华直接投资力度，2011年较上一年增长了74.4%，2012年较上一年增长了6.6%，但是2013年较上一年下降了32.4%。

2010～2012年，日本对中国直接投资总额上涨是由于日本对外投资政策的变化，2013年的下降主要是因为2011年开始中日关系恶化，日本很多跨国公司受到政治的影响，纷纷从中国撤资；同时，日本加大了对东南亚的投资力度，将一些制造型企业投资到东南亚地区，从而减少了对中国的投资总额。如，日本企业2013年在新加坡、泰国、印度尼西亚、马来西亚、菲律宾和越南投资2.33万亿日元（228亿美元），投资总额为中国的2.5倍。[①] 日本从中国撤资，主要是由于日本企业认为中国的经济和政治风险较高，而且中国近年来劳动力价格和其他原材料成本快速上涨，日本跨国公司的利润日趋下降。据日本贸易振兴机构数据显示，2010年以后中国平均工资上涨迅速，到2013年年末，中国平均工资水平已经全面高于泰国、菲律宾、印度尼西亚等国家，其中菲律宾和印度尼西亚的平均工资水平大概是中国的70%，越南的平均工资水平不及中国的50%，这些因素大大影响了2013年日本对华直接投资力度。本书将在后面的章节详述2012年以后日本对华直接投资大幅度减少的原因。

如图3-14所示，2010年，日本对华直接投资主要还是集中在制造业，虽然从2012年以后，制造业的投资逐年下降，但是2010～2014年的总体水平依然维持在60%以上，与之相对应的是对非制造业的投资比重出现上升趋势。

从图3-15的数据来看，2010～2015年，日本对华直接投资在主要行业中的比例较上个十年相比变化不大，依然集中在运输机械领域，但是食品行业的投资较上个十年有增加的趋势。这主要是因为，随着人们收入水平的提高，大家对于食品安全和质量的要求提高，人们更加关注自己的身体健康，一些添加剂较少的天然食品加工品更受到人们的欢迎，而日本在食品质

---

① 佟东. 论日本在华投资企业撤资对中国产业发展的影响 [J]. 科学·经济·社会, 2011 (2): 88-93.

量方面的技术世界领先，日本企业开始关注对中国食品市场的投资，加大在中国市场投资食品产业的力度。

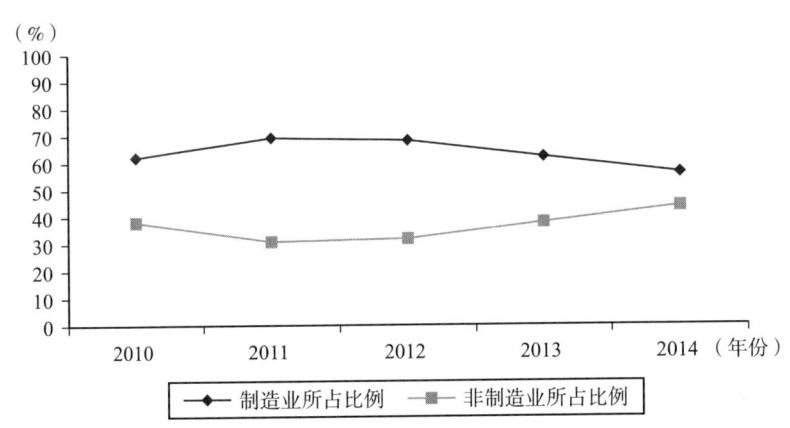

图 3-14　2010~2014 年日本对华直接投资的主要产业所占比例

注：由于日本对华直接投资制造业和非制造业各个行业的明细数据在最新日本财务省的《财政金融统计月报》中还没有公布，因此关于制造业和非制造业各个行业的明细数据只能统计到 2014 年，下文一并如此。

资料来源：根据「财政金融统计月报」第 736、748 号中的「国别・年度别・业种别投资额」进行计算。

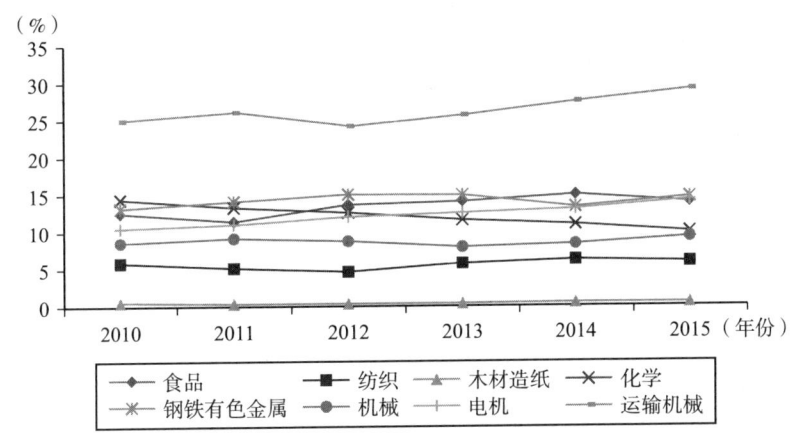

图 3-15　2010~2015 年日本对华直接投资中主要行业比例

资料来源：根据「财政金融统计月报」第 748、768 号中的「国别・年度别・业种别投资额」进行计算。

二、日本对华直接投资的特点

（一）试探性阶段的特点

20世纪80年代至90年代是日本对华直接投资的起步阶段，投资的动因主要是利用中国的廉价劳动力。1985年，"广场协议"的签订使得日元大幅度升值，日本劳动力价格飞速上升，一些日资企业无法承受巨大的劳动力成本压力，不得不将劳动密集型的企业转移到国外，开始了日本的对外直接投资步伐。

从投资的产业特点来看，这十年主要投资在非制造业，对于制造业的投资也相对集中在加工型制造业方面。日本对华直接投资是从劳动密集型产业开始的，这些产业技术水平相对低下，产品的技术含量也不高，消费品主要销往国外，所以对中国产业结构的升级作用是人很有限的。

从日本对华直接投资的规模来看，由于处于刚刚起步阶段，而且投资的产业也不是大规模的制造业，所以和其他欧美国家相比，这段时期日本对华直接投资总额不高，规模较小。日本对华直接投资较其他国家起步较晚，对于改革开放初期的中国市场也抱着试试看的态度。

从投资的区域来看，中国的改革开放是从东向西，从南向北，从沿海向内陆逐渐推进的，日本对华直接投资的区位也是按照这个顺序逐渐推进的。这十年中，日本首先选择了深圳、珠海等开放程度较高的城市，继而转向东北、华北等区域，投资基本集中在上海、山东、辽宁、广东等沿海、开放程度较高的城市。这些城市的投资环境较好，在其开放区和保税区内可以获得更多的优惠政策。

（二）快速增长阶段的特点

从投资动因来看，20世纪90年代，日本对华直接投资进入了快速增长的时期，投资的目的也由利用中国廉价劳动力转到开拓中国市场。20世纪

90年代，日本国内外形势有了较大的变化，国内的资本密集型企业受到了严重的外来冲击，日本的经济不断走下坡路，而且在国际市场上的贸易摩擦也不断增加，迫使日本要选择在海外投资建厂。在众多的海外国家中，日本看到中国改革开放带来的巨大市场潜力，看到发达国家纷纷在中国投资办厂，占领中国市场，于是日本的对华投资也开始以占领中国市场为目的。

从投资的产业来看，由于日本投资动机的改变，日本逐渐摒弃以边际产业向海外发展的战略，为了提高在中国市场的竞争力，日本开始将本国的优势产业用于在中国进行投资，投资的产业结构也有所变化，劳动密集型的产业投资大大减少，而增加了技术密集型企业的投资，这必然给中国带来更多日本的先进技术。

从投资规模来看，1996年以前，随着制造业投资力度的增加，日本对华直接投资规模大幅度增加，但是从1997年开始，受到亚洲金融危机的影响，日本对华直接投资总额年均下降了40%左右，可见影响程度还是很大，直接投资总额的大幅度下降对于中国的投资资金、投资产业等均有较大影响，短期内阻碍了我国产业结构升级的步伐。

从投资区域来看，随着中国改革开放带来的地域变动，1990年，西安、成都等地加快了改革开放的步伐，而且在中国政府西部大开发战略下，政府从政策和财政角度都大力支持中部和西部的投资。在这十年中，日本对华直接投资也不再局限于东部沿海地区，开始逐渐进入中西部地区。在日本跨国企业的带动下，大大推动了中西部地区生产技术水平的提高，发挥了技术溢出效应，带动了其他相关产业不断提高技术水平和产品质量，从而有利于推动中西部地区产业结构的升级。

（三）稳定增长阶段的特点

从投资动因来看，2001年底中国加入WTO，改革开放进程不断加快，中国市场国际化程度也越来越高，这对于日本企业的吸引力度也越来越大。另一方面，日本正在经历着"倒退的十年"，国内经济形势每况愈下，为了经济的复苏，日本加大了对外开放的步伐，成为中国市场上最重要的投资者。日本对华投资的动因依然是要占领更多的中国市场份额，由于这个阶段依旧加大制造业的投资力度，因而在这个阶段利用廉价劳动力的动因也是存在的。

从投资的产业来看，这段时期日本对华直接投资依旧加大了制造业的投资力度，主要的投资产业集中在制造业，但是在最后两年，制造业的投资力度有所减缓，反而加大了对非制造业的投资，加大了日本相对优势产业的投资，而且日本跨国公司也开始关注在中国自身既有优势的企业或是产业进行投资，采取战略联盟的策略，充分发挥双方的优势，共同赢取更多的收益。

从投资规模来看，这个阶段呈现了稳定增长的趋势。投资规模的扩大主要是由于日本在中国大力投资汽车产业和相关零件产业，在制造业领域的不断投资推动了整体规模的扩大。

从投资区域来看，日本不断扩大在华的投资区域，从东部到西部，从南部到东部，从沿海到内陆都有日本企业的身影。在这个十年中，日本在增加对东部投资的同时，看到中西部地区劳动力价格、土地租金较低的优势，着重投资了中西部地区。

（四）结构调整阶段的特点

从投资动机来看，2010年以后，日本国内的经济形势稍有好转，中国则以惊人的增长速度提高了其在世界市场中的竞争能力，中国市场也成为世界跨国企业纷纷争夺的市场。在经历了三十年的对华直接投资以后，一些较弱小的企业，资产状况不太好的企业都渐渐被中国市场淘汰，剩下的优质资产企业将会在激烈的竞争中不断维护自身利益。因此，2010年以后，日本投资的动机一方面是占领更多的中国市场份额，另一方面则是日资企业不断提高自身的利润水平。

从投资产业来看，2012年以前日本对华直接投资在不断扩大制造业投资规模，而2012年以后则转向了非制造业的投资，也是在从劳动密集型不断转向资本密集型。从制造业内部的各行业来看,日本对华直接投资加大了在医药、运输设备、电子信息产品等高技术产业的投资,对于食品、纺织等低技术水平产业的投资不断缩小。投资产业的变化对于加快中国产业结构升级有一定的助推作用。

从投资规模来看,截止到2013年呈现快速增长态势,但是自2013年开始则出现了大规模下降的趋势。自从2011年中日钓鱼岛问题爆发,很多日本企业对于中国的市场都表现出担忧,不断缩小其对华直接投资规模。这种从2013年开始连续三年缩小投资规模的情况需要引起高度重视,下文将分析下降的原因及日本不断撤资对中国产业结构升级的具体影响。

从投资区域来看,经过三十多年对华直接投资的历程,中国基本上形成了五大投资区域,主要包括长三角地区、环渤海地区、华南地区、西部地区、中部地区。各个地区也有其主要的投资城市,长三角地区主要包括江苏和上海,环渤海地区主要包括辽宁、天津、北京、河北、山东,华南地区主要包括广东和福建,西部地区主要包括陕西、青海、新疆、宁夏,中部地区主要包括安徽、湖南、江西、河南、山西。从整体投资区域来看,涉及的地域和省份越来越广泛,既包括经济较为发达的上海、广东,也包括经济欠发达的新疆、青海,既有直辖市、省会,也有普通的城市,可见日本企业的身影遍及全国各地,他们在不同程度上影响着中国的产业结构升级。

三、日本对华直接投资对中国产业结构升级的影响

(一) 试探性阶段的影响

日本对华直接投资的最初十年,是试探性的十年,投资总额很小,投资领域较窄,投资件数很少,但是呈现出逐年递增的趋势。这十年来日本对华直接投资总额累计18.89亿美元,投资方式主要是向中国贷款,主要采取了合资经营的方式。1985年日本"广场协议"的签订,使得日元大幅度升值,日本对外直接投资的速度大幅度提升,期间对中国的投资力度也在不断增

加，对中国产业结构升级起到一定的推动作用。

从地区上来看，日本对华直接投资开始于深圳、珠海、汕头和厦门四个经济特区，1985年以前这些特区占据了日本对华直接投资总额的80%以上，这主要是因为特区独特的地理优势和政策优势，吸引了日本外商直接投资。从中国的产业结构升级来看，也是开始于东南沿海地区，这些地区最初从第一产业向第二产业和第三产业转移，特别是贸易商业繁荣也是从这些地区开始的。从20世纪80年代中期开始，随着改革开放的不断推进，日本对华直接投资的重点放在中国东北地区，辽宁成为主要投资城市，至今辽宁依旧是众多日资企业的驻扎地。日本对华直接投资进入东北三省，促进了东北老工业基地的改造。

从产业结构上看，20世纪80年代日本对外直接投资以制造业为主，主要投资领域集中在欧美国家，主要投资品种为电器、汽车、机械、金属制造等，石油危机以后，日本对欧美主要国家的投资转变为以制造业为主，主要包括汽车制造、机械制造、半导体加工等。日本对华直接投资开始于20世纪80年代初期，此时日本的国内制造业失去了优势，日本劳动力价格大幅度上升成为制造业发展的瓶颈，日本利用中国廉价的劳动力，开始了对华直接投资的步伐。日本对华直接投资的初始阶段主要集中在服务业上，涉及商业、餐饮、房地产等领域，这些领域风险相对较小。但是20世纪80年代以后，日本对华直接投资的主要领域开始向制造业转变，这和日本对外直接投资战略相吻合，主要是由于日本国内产业结构不断升级，制造业已经渐渐成为边际产业，但是在世界范围内，日本的制造业仍是优势产业。

这十年间，日本对华直接投资中投向第三产业的占70%以上，第二产业占20%左右，而对第一产业的投资基本没有。从数据上可以看到日本对华直接投资开始于第三产业。另一方面，这十年间我国第一产业占全部生产总值的比重有所下降，而第二产业占全部生产总值的比重略有上升，而第三产业占全部生产总值的比重大幅度增加，特别是1985年以后明显上升。可以看出日本对华直接投资在制造业特别是在服务业中起到了很大的促进作用，确实有利于中国产业结构升级。

(二) 快速增长阶段的影响

进入 20 世纪 90 年代，日本对华直接投资的战略发生改变，投资的主要产业从服务业转移到制造业，战略的改变大大促进了中国制造业的发展，有利于制造业产业结构的升级。这十年间日本对华直接投资总额累计 127.91 亿美元，较上个十年增加了 5.8 倍，投资总额的快速增加为中国产业结构调整提供了大力支持。

从地区上看，日本对华直接投资的区域虽然在上一个十年有往内地发展的趋势，但是这个十年主要仍然是集中在大连、上海、山东、北京、天津等这几个主要的沿海省市，主要还是因为这些地区经济发展较快，经济开发区的建设比较早，而且设施和政策比较完善，另外开始逐步向珠江三角洲地区发展。特别是大连、山东、天津地区的日资企业呈现逐渐上涨的趋势。

从产业结构上看，从 1990 年开始，日本对华直接投资逐渐从非制造业部门转向了制造业部门，特别是 1995 年，日本对华制造业投资总额达到了 31.08 亿美元，是这十年来的最高值。比当年非制造业投资总额多出 2.98 倍。虽然从 1995 年以后，对制造业的投资总额有下降的趋势，但是总额也是大大超过非制造业的投资总额。

20 世纪 90 年代日本对华直接投资逐渐增加，主要是因为日本国内的劳动力成本大幅度上升，急需利用国外廉价劳动力。日本开始在中国进行机械制造、电气机械、化学产品以及运输机械的投资，这些产业都是属于劳动密集型的产业。从产业结构来看，中国刚刚进入市场经济体制，主要以第一产业为主，日本加大对中国市场中的第二产业的投资，为中国从第一产业向第二产业升级具有较强的促进作用。

由图 3-16 的数据上看，1990~1999 年这十年来电气机械、纤维、铁及非铁、运输机械等行业成为日本对华直接投资的重点，机电产品更是重中之重，占全部制造业投资总额的 20% 左右，电气机械和运输机械也有大幅度增加的趋势。这十年中，日本对制造业的投资总额大体上占到 70%，而对非制造业的投资总额下降到 30%，而此时也是中国制造业刚刚起步发展的阶段，日本投资战略的变化有利于中国制造业的发展。

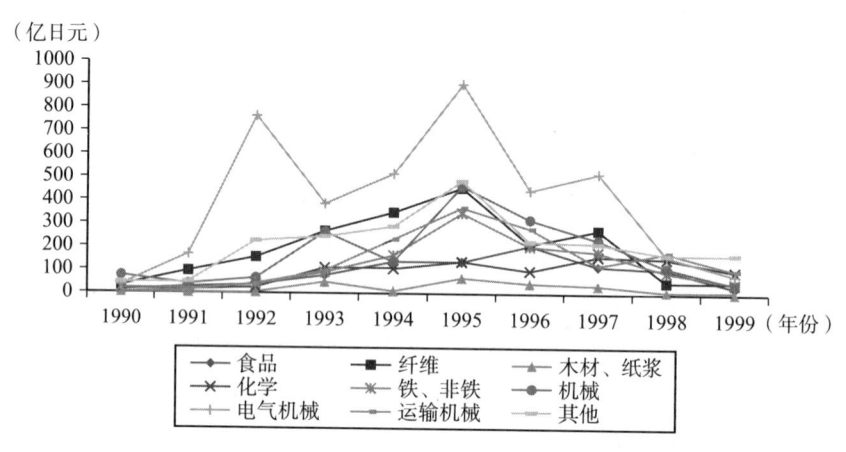

图 3-16　1990~1999 年日本对华制造业投资明细

资料来源：国别・年度别・業種別投资额. 财政金融统计月报（第 765 号）。

（三）稳定增长阶段的影响

21 世纪，日本对华直接投资战略发生改变，由原来的边际产业投资转向了优势产业投资。2000~2009 年，日本对华直接投资还是主要集中在制造业。这段时期日本对华制造业和非制造业的投资都呈现了上涨趋势，但是制造业飞速上涨而非制造业只是缓慢攀升。2009 年日本对华制造业投资总额为 5213 亿日元，较 2000 年上涨了 5.1 倍；对华非制造业投资总额为 1653 亿日元，较 2000 年上涨了 5.5 倍，增长幅度基本持平，但是从总额来看，2008 年日本对华制造业投资总额比非制造业投资总额多了 2.2 倍。

如图 3-17 所示，2006 年日本对华电气机械投资总额为 1487 亿日元，占当年日本对华直接投资总额的 39.2%。到 2008 年，日本对华运输机械和电气机械投资总额占到日本对华直接投资总额的 56.6%。特别是从 2006 年开始，日本对华的电气机械的投资超过了运输机械成为主要投资产品。

按照OECD对制造业技术水平的分类要求，运输机械和电气机械属于中高技术和高技术产品。而随着日本对华直接投资的战略改变，日本对华中高技术和高技术产品投资越来越多，日本对华劳动密集型产业投资越来越少，技术和资本密集型产业投资越来越多，这些都有利于中国产业结构的升级。

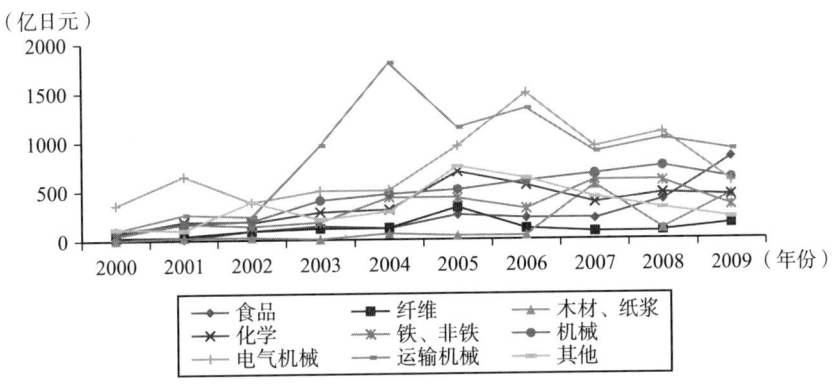

图 3-17 2000~2009 年日本对华制造业投资明细

资料来源：国别・年度别・业种别投资额．财政金融统计月报（第765号）。

从2000年开始，日本对华制造业投资的技术含量呈现明显提升趋势，在华不仅设立工厂，还开始设立相关的研发中心，加大了对华研发的投资力度。在制造业内部，日本对华直接投资主要集中在电气机械、运输机械、一般机械、钢铁及有色金属、化学等行业，其中增长最快的是运输机械和电气机械行业，对于食品、纺织、木材纸浆的投资则大大减少。2004年，日本对华运输机械投资总额为1795亿日元，占当年日本对华直接投资总额的50.4%。日本对华汽车产业直接投资起源于1985年五十铃在四川重庆成立合资公司，主要生产卡车。接下来1995年铃木与长安合资生产乘用车，1998年成立广汽丰田，开启日资大规模进入中国的模式。2001年日产、2002年丰田分别在武汉、天津投资建厂。如图3-18所示，从2000年开始，日本在华投资的汽车企业开始生产和销售汽车，生产规模和销售数量逐年递增。2008年日本在华投资企业生产汽车数量达到191万辆，较2000年增长了13.7倍。汽车产业的巨大投资带动了运输机械整个行业的投资力度。

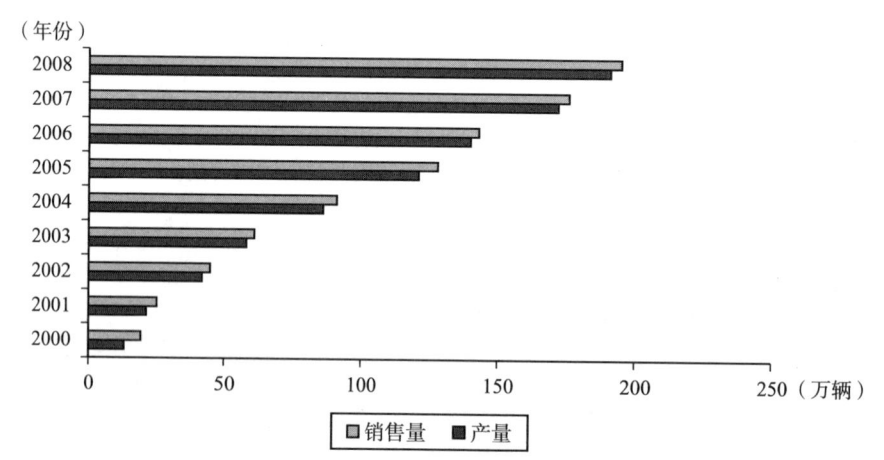

图 3-18　2000~2008年日本在华生产的汽车产量和销售数量①

资料来源：日本企业工业协会官网．日系车企在华实业与发展概况．http：//www.jamabj.cn/JPCar‐in‐China.pdf．

（四）结构调整阶段的影响

经历了世界金融危机，日本对外直接投资规模不断缩小，一定程度上影响了对华直接投资的力度。但是对华直接投资总规模的缩小，并不一定意味着投资不能促进中国产业结构的升级。改革开放初期，中国引进外资确实是因为资金短缺，大量引进外资，但是随着中国经济的不断发展，建设资金已经不是束缚中国产业结构升级、经济增长等问题的桎梏，中国政府和企业则更加关注技术水平和管理经验的提升，所以对华直接投资总额虽然有所减少，但是这个阶段日本对华直接投资结构处于调整阶段，边际产业不断减少，投资结构明显提升，投资产业更多地集中在中高技术和高技术产业，投

---

① 每年的销售量大于当年的产量是因为销售量包括从日本进口的汽车数量。

资总额的减少对于促进中国产业结构升级的影响并不一定是负面的。

按照中国统计局的统计数据，日本对华直接投资在 2012 年达到历史最高峰 73.5 亿美元，但是之后便开始出现了大幅度的下滑。据中国统计局的统计数据，2013 年较上一年下降了 4.1%，2014 年较上一年下降了 38.2%，而 2015 年较上一年下降了 25.3%，连续三年出现了大幅度的下降趋势，年均下降幅度达到了 22.5%。从制造业和非制造业投资对比来看，2011 年和 2012 年日本对华直接投资比较快，主要是由制造业投资带动的，特别是 2011 年，日本对华制造业投资较上一年上涨了 78.3%，非制造业上涨非常缓慢，只有 10.6%。而从 2011 年以后，对非制造业的投资基本维持不变，但是对制造业却呈现了大幅度的下降趋势，2013 年和 2014 年分别较上一年下降了 24.9% 和 11.9%。从一个国家的整体产业结构升级的过程来看，是第三产业逐渐代替第二产业，第二产业逐渐代替第一产业的过程，是越来越向着服务业集中的过程，所以从这点来看，虽然在 2012 年以后日本对华直接投资的总额下降了，但是非制造业的投资总额并没有下降，由此可见日本对华直接投资的产业更加优化了，在一定程度上缓解了由于投资总额下降对中国产业结构升级的影响，反而更加有利于中国产业结构的升级。

另外，还要关注一下日本对华制造业投资的明细。如图 3-19 所示，从 2010 年开始，日本对华纺织、木材纸浆、食品、钢铁及有色金属、化学等低技术和中低技术产业的直接投资开始下滑，但是对运输机械、电气机械的直接投资还是有所增长。特别是在 2013 年和 2014 年两年中，虽然日本对华制造业投资总额下降，但是下降的都是以纺织业为代表的一些低技术和中低技术的产业，而运输设备产业和一般机械产业则出现了上升趋势。这段时期日本对华直接投资正在进行结构性调整，在低技术投资逐渐被高技术投资替代的过程中，投资总额的下降只是一个暂时现象，总额的下降对于中国产业结构的升级有一定的负面影响，但是从长期来看这种影响并不一定完全是负面的，伴随着投资结构的不断升级，中国的产业结构也在不断升级。

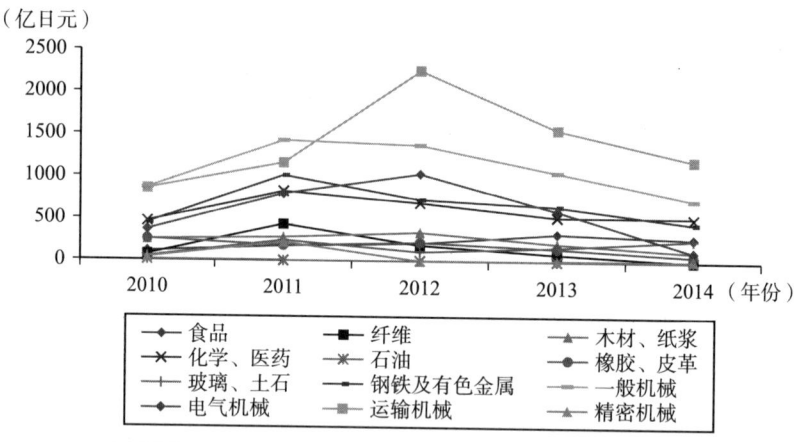

图 3-19　2010~2014 年日本对华制造业投资明细

资料来源：国别・年度别・業種别投资额. 财政金融统计月报（第 765 号）。

另外，从 2014 年主要直接投资的明细来看，日本对华直接投资主要集中在化学、医药、玻璃、土石、钢铁及有色金属、一般机械、电气机械、运输机械等中高技术水平的制造业，其中共有 13 个日资公司出资，直接投资总额达到 7.98 亿美元。其中和汽车产业相关的轮胎、运输工具等方向的投资占到 62.3%，这主要是因为中国汽车市场发展良好，前景比较广阔，带动了日本汽车以及零配件和相关产业不断加大投入，再观察一下主要投资企业的投资概要，这些制造业企业的投资目的都是为了扩大中国市场份额，大多数跨国企业都带来了新的技术，投资项目也着重于高附加值产品和高技术产品，可见投资结构有所提高，这些对于促进中国产业结构升级都有一定的积极作用。另外对于低技术水平的食品、纺织和橡胶、皮革业也稍有投资，投资总额为 2 亿美元，只有中高技术水平投资总额的 25% 左右，根据投资概要可以看出即使在这些低技术水平的产业中，投资目的也转变成生产技术含量更高、结构层次更高的产品。除此之外，还有一部分是投资于运输业、通信业、批发零售业和金融、保险业，这部分共有 4 家日资公司出资，直接投资总额达到 13 亿美元，大大高于制造业和建筑业投资总额，这部分投资主要集中在批发零售业，由于日本国内经济的不景气，一部分大型商场已经开始倒闭，批发零售业企业业绩大不如从前，这些企业开始不断扩大中国市场，在中国独资或者合资经营。日本服务业水平在世界范围内处于领先地位，他们加入中国批发零售业的经营中，自然会给中国的服务业带来新的管理模式，带来先进的管理经验，这些优势资源的引入会带动中国的服务业站上更高的发展平台。虽然从2013年开始，连续两年日本对华直接投资规模有所下降，但是对中高技术制造业和服务业投资规模的加大，并不影响先进技术和管理经验持续不断地流入中国，这将有利于中国产业结构升级。

第二节　日本对华直接投资战略的变化

一、从"中国事业战略"到"中国市场战略"

20世纪70年代末，在日本对华直接投资的起初阶段，日本利用中国廉价劳动力降低生产成本，生产的商品大多数出口日本或是其他国家，这是一种典型的出口导向型战略，也就是所谓的"中国事业战略"。日本采取这一战略和当时中国的国情是密切相关的，当时的中国消费水平较低，居民需求层次不高，购买力相对低下，而日本也刚刚开始"试探性"地对华投资，所以采取"中国事业战略"可以充分发挥日本的技术和管理经验的优势，对于产品的改进无须按照中国市场的要求进行，可以继续利用原有的世界市场，同时利用中国市场还可以减少与欧美国家的贸易摩擦，于是将中国作为出口战略的基地也就顺理成章了。

"中国事业战略"有其先天的局限性，随着日本对华直接投资规模的增加和中国国内市场的不断发展，日本的跨国公司看到了中国广阔的市场，于是"中国事业战略"开始向"中国市场战略"转变。战略的转变是日本企业适应中国市场变化的自然调整，从20世纪90年代开始，中国国内市场快速发展，居民生活水平明显提高，购买力也大幅度增加，人们已经不满足低质量单一的商品，开始追求高质量和多层次的商品，这些为日本转向"中国市场战略"提供了客观条件。另外，中国改革开放的成果惠及人民，中国在世界市场上的地位与日俱增，中国市场环境大大改善，投资相关的法律法规越来越健全，中国市场备受世界投资者关注，市场潜力巨大，于是日本也逐渐将"生产、销售、研发"一条龙转向中国市场。

从具体统计数据来看，20世纪80年代，日本对华直接投资主要的目的还是利用中国廉价的劳动力和丰厚的资源。1992年，日本对华直接投资的以开拓东道国市场为目的的比例占到21.2%，已超过其他目的成为主要目的，而且这种目的所占的比例也呈现不断上升的趋势，特别是到了2012年，该项所占比例已经接近50%。从数据上显示，以利用中国劳动力等优势资源为主要目的只是出现在日本对华直接投资的初始十年中，后来这些目的逐渐被以开拓中国市场为目的所取代。关于产品返销日本这一目的，也是日本对华直接投资开始时的一种试探性的选择，最终亦被以开拓并占领中国广阔市场为目的所取代（见图3-20）。

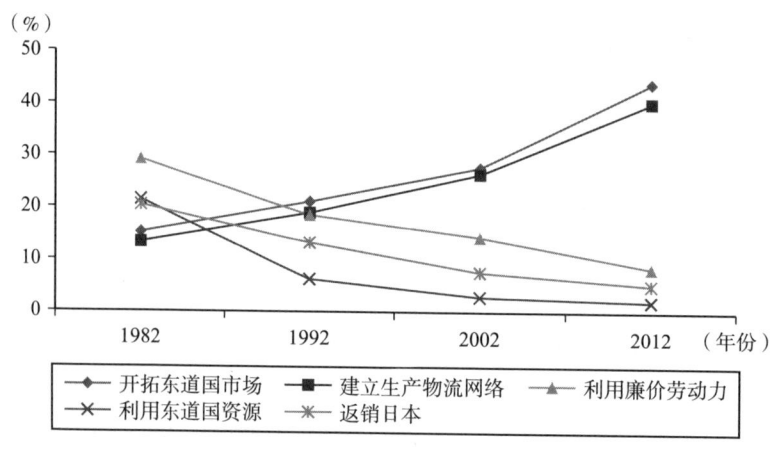

图3-20 日本对华直接投资目的构成比例

资料来源：根据日本《东洋经济周刊》（增刊）. 海外进出企业总览（会社别篇）. 1983年版、1993年版、2003年版、2013年版整理计算。

二、从边际产业向优势产业转移

根据日本学者小岛清的边际产业转移理论，日本初始阶段的投资主要集中于本国夕阳（边际）产业，对华直接投资从在日本国内处于劣势的产业开始，但是这些企业对于东道国来说则是技术领先的产业。从20世纪70年代末到90年代末的20年，日本将本国处于劳动密集型的劣势产业迁移到中国，利用中国廉价的劳动力，但是随着中国产业结构的不断升级，中国的劳动力价格不断提高，廉价劳动力的优势越来越小，日本开始转移市场导向下的优势产业。此时中国市场的需求也发生了改变，人们需求层次提升，更加关注高品质、高技术含量的产品，这促使日本开始将投资的重点集中于机械制造业、有色金属业、运输业、金融保险业等产业，从劳动密集型产业过渡到技术密集型优势产业，投资过程主要以市场为导向，为了适应中国市场的需求，日本需要将一些原来国内高技术含量产品的投资转向中国市场，以达到不断开拓中国市场的目的。

三、从与中国本土企业竞争到与中国本土企业合作

日本对华直接投资的初期阶段，主要是试探性的，当时正值中国改革开放刚刚开始，中国的对外引资政策并不健全，前景并不明确，因此日本对华直接投资的方式也主要是以合资为主。后来随着中国改革开放程度的不断加深，特别是中国加入WTO以后，中国市场逐渐开放，日本也改变了投资战略，开始尝试独资。从20世纪90年代后半期开始，以松下为首的日本众多企业开始在中国建立了独资公司，而那些早期已经建立了的合资公司也通过增股、并购等方式，逐渐转变为独资公司。这种转变主要是因为中国市场的不断扩大，为独资公司提供了良好的制度保障和优惠政策；日本积累10多年来在中国的投资经验，已经熟悉中国市场；同时日本也是为了规避此前的投资弊端。日本对华直接投资的优势在于技术领先，在华建立独资企业可以最大限度地减少核心技术流入中方企业，使得日本仍能维持技术上的优势。

日本对华直接投资的技术优势依旧存在，但是优势已经越来越弱。初始阶段，日本对华直接投资主要是利用技术优势和中国廉价劳动力，日本占据绝对主导地位。然而随着技术优势逐渐减弱，20世纪90年代，日本看到中国企业也有很多诸如潜在市场广阔之类的优势，便开始寻求与中国企业不断进行技术合作。2002年，日本企业与中国海尔公司签订合作书，通过合作日企获得了中国最好的电器生产企业的优势资源，而中国也获得了三洋的良好技术，获得了双赢的效果，一时间在中国市场上，海尔公司迅速成为电器行业的领头羊，随后开始进军海外市场，在日本、美国到处都有海尔的身影。2001年，日本丰田汽车进军天津，随后也与中国最大的汽车集团一汽集团形成了战略合作关系，如今一汽和丰田各持有50%的股份，十年来呈现了很好的发展态势。在日益激烈的市场竞争环境下，从竞争走向合作是未来的发展趋势，中国廉价劳动力的优势越来越小，中国的产业结构不断升级，生产技术水平不断提高，市场环境逐渐完善，因此已经具备了合作的基础，合作将成为必然趋势，这将会给双方带来更多的共赢。

四、从非制造业向制造业转移

日本对华直接投资开始于非制造业，主要集中于服务业，从1979~1990年日本对华直接投资的重点都是非制造业。从数据上看，1979年日本对华直接投资于非制造业的比例占到98.84%，随后的几年虽然对非制造业的投资比例逐渐减少，但是直到1985年之前均占到80%以上，由此可见，日本对华直接投资的初期集中在非制造业方面。这主要是因为非制造业的投资相对比较容易，占用资金比较少，生产周期比较短，而且见效也比较快，日本在华投资的试探性阶段，客观上需要从非制造业部门开始。在非制造业部门中，日本主要投资在服务业，也有部分资金投了不动产业和商业，如日本在中国投资的第一家商业"大荣超市"登陆中国市场就是开始于20世纪80年代。

从1985年以后，日本对华直接投资在非制造业中所占的比例逐渐下降，在制造业中所占的比例逐渐上升。从数据上看，从1985年到1990年之间，

第三章 日本对华直接投资对中国产业结构升级的影响

日本在华非制造业的投资依然维持50%以上，其中1987年更是高达95%，这五年来，对非制造业投资的下降主要是因为日本对华投资战略的改变，"以投资汽车产业为龙头全方位投资制造业"是此时的投资战略。从1985年"广场协议"开始，日元大幅度升值，日本的出口受到严重的威胁，日本的经济开始进入"衰退的十年"。日本为了躲避国内出口的困难，开始选择在中国投资建厂，日本利用自己先进的技术和管理经验，将汽车、电子产品等制造业投资于中国，丰田、日产、大发、松下、富士等众多日本企业快速在中国投资建厂，在制造业领域全面投资。

如图3-21所示，从1990年以后，制造业领域的投资大幅度增加，非制造业不断下降。1991年，日本对华在制造业的投资首次超过非制造业领域的投资，每年的投资比重基本上都维持在70%以上。1993年、2001年、2004年等个别年度，日本在华制造业领域的投资都超过80%。对制造业的投资主要集中在汽车制造、电器机械、纺织、食品、运输机械等领域。特别是1995年，日本投资在制造业领域为3368亿日元，远远超过在非制造业领域的851亿日元。日本对华直接投资战略的改变客观上促使中国产业结构升级。

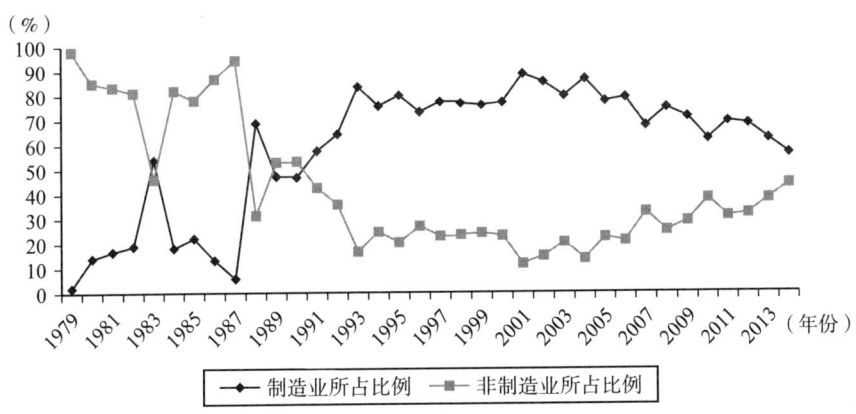

图3-21 1979~2013年日本对华制造业和非制造业投资总额所占比重

资料来源：根据「财政金融统计月报」第765号中的「国别·年度别·业种别投资额」进行计算。

2001年，中国加入世界贸易组织，为日本进一步在中国增加投资提供了坚实的基础。日本无论在制造业还是在非制造业领域都在加大投资，其中2005年在制造业投资5634亿日元，达到了在制造业投资的峰值；2005年以后，日本开始缩小了在制造业的投资，反而加大了在非制造业的投资；2012年，日本在华非制造业投资达到3425亿日元，是30年来的最高值。这一改变主要是因为，加入世贸组织以后，在金融、保险等服务领域的开放程度进一步提升，同时随着中国劳动力价格的不断提高，廉价劳动力的优势越来越少，在劳动力密集的制造业领域投资利润也随之减少，所以日本减少了在制造业中的投资力度，加大了非制造业的投资，直到2014年，日本对华制造业直接投资占56.2%，非制造直接投资占43.8%，进一步缩小了二者之间的差距。

五、投资领域从沿海城市向内陆城市转移

日本对华直接投资开始于东南沿海城市，20世纪90年代前期日本对华直接投资的主要集中在天津、上海、山东、福建、大连等东南沿海省市。这主要是因为这些省市是中国第一批开发开放的地区，每个省市中都有比较健全的开发区，在开发区中日本企业可以享受到良好的优惠政策，而且这些城市的市场开放程度很高，员工的技术水平相对较高，劳动力也从农村涌入这些城市，企业所需的劳动力非常充足。沿海城市占据着地理优势，水运、铁路运输、公路运输相对便捷，地理上的独特优势也是吸引日本企业投资的重要因素之一。

进入20世纪90年代以后，中国开发开放城市的数量逐渐增加，而且有从沿海向内陆城市不断发展的趋势。像西安、宁夏等我国内陆城市的市场越来越健全，开放程度也越来越高，也吸引了大量的日本外资向其倾斜，日本对华直接投资出现了从沿海城市向内陆城市发展，进而带动整个中国各城市产业结构不断升级的态势。

六、从单纯加工生产到生产研发并重转移

日本对华直接投资的初期主要是利用中国廉价的劳动力,产品大多数也是销往日本和第三国,但是随着中国市场的不断完善,中国在世界上的作用越来越大,日本也将中国作为其重要的投资阵地,最重要的是战略方面从单纯加工生产向着生产与研发并重发展,这一战略的转变客观上对中国产业结构升级具有很强的促进作用。

日本在对华直接投资的初始阶段,只将生产中的某个环节放在中国。但是从 20 世纪 90 年代末开始,日本则开始重视中国市场建设,日本将组装车间和配套原材料的生产以及相关配件的加工部门都在中国进行投资,因为当时也正值日本在中国加大制造业投资阶段,为了降低制造业的生产成本,日本要求其配套零件也要在中国进行投资生产。1998 年,日本企业在中国当地采购率达到 42%,2002 年迅速增加到 52.4%,2012 年增加到了 65.7%。日本企业在中国采购率的不断升高,客观上要求其在中国的投资不仅是生产的环节,还要有与生产相配套的研发机构的出现和发展。为了更好地开拓中国市场,日本从 20 世纪 90 年代开始在中国市场逐渐构建生产、销售、研发一体化的生产模式。

研发机构的出现和不断发展是日本对华直接投资战略的重大转移。特别是 2000 年以后日本的众多企业开始在中国设立了研发中心,纷纷与中国科研机构进行合作,技术开发方面的投资大大提高。日本丰田汽车、富士通、松下电器、日立、东芝、三洋、三菱电机、NEC、欧姆龙、资生堂等知名大型企业均在中国建立了研发中心,而且这一步伐也在不断加速。如:2002 年本田在上海建立了研发中心;2004 年松下电器公司在杭州建立了白色家电研发中心;2005 年,NEC 在北京建成 NEC 通信中国 3G 移动终端研发中心;2005 年索尼在上海成立了索尼中国设计工程集团;2006 年日产汽车在广东建立了研发中心;2010 年丰田汽车在天津建立了研发中心等等。这些研究中心的建立,表明日本加大对中国市场研发的投资力度,研发和生产并

重成为未来日本在华投资的主流。

第三节　日本对华直接投资的结构调整对中国产业结构升级的影响

进入21世纪后，中国不断进行产业结构调整。第十三个五年规划明确指出中国要发展高精尖产业，产业结构要不断走向高级化。在中国进行产业结构升级的背景下，2012年以后日本对华直接投资也出现了结构性的调整。据中国统计局统计的数据，日本对华直接投资总量2013年较2012年下降了4.1%、38.6%、25.6%，出现了大幅度连续下降的趋势。日本对华直接投资总额的下降与中国产业结构升级关系密切，一方面日本对华直接投资总额的下降影响中国产业结构的升级；另一方面中国产业结构不断升级的过程中也会影响日本对华直接投资战略，进而影响投资总额。

一、2012年以后对华直接投资总额快速下降的原因

（一）投资成本大幅度上升

近两年来，日本跨国公司在中国投资办厂的成本不断增加，主要体现在劳动力成本投入、土地租金和环保对策费用等方面。

首先，劳动力成本投入上升。日本对华直接投资不断增加的一个主要原因就是利用中国廉价的劳动力，然而随着中国经济的不断稳步增长，中国的劳动力价格也在不断攀升。如图3-22所示，自2000年以后，我国城镇单位就业人员平均工资水平快速增长。2015年中国城镇单位就业人员平均工资为62065元，较2000年增加了5倍，年均增长了35.7%。沿海城市就业人员平均工资水平增长更快，北京、上海和广州等沿海地区主要城市的人工费在最近5年上涨约2倍。日本对华直接投资的大多数企业又集中在东部沿

海地区，可见近两年来投入的劳动力成本快速增加，使得日本不得不转变投资计划，有些公司如大金工业2015年在华的空调生产量减少了20%，将其转向了日本本国生产，而更多的日本企业则开始将生产基地转向东南亚，利用那里更为廉价的劳动力。

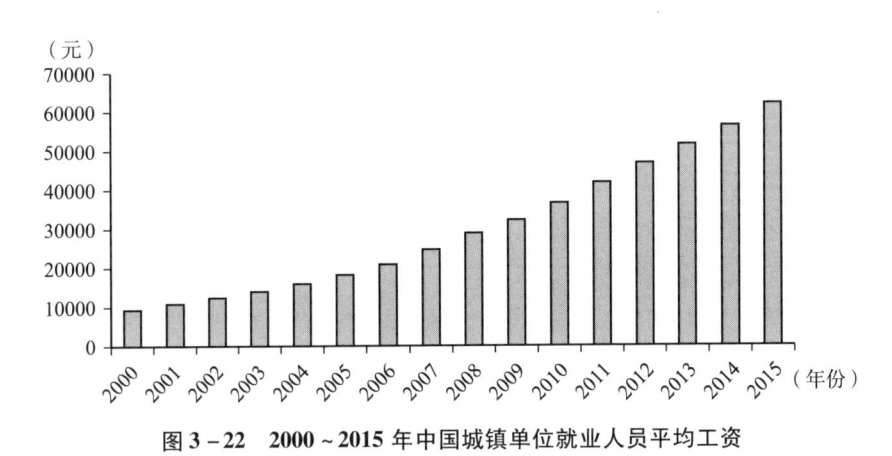

图3-22 2000~2015年中国城镇单位就业人员平均工资

资料来源：2015年中国统计年鉴，wind数据库。

其次，土地租金上升。进入2000年以后，中国的地价呈现不断攀升的趋势。如图3-23所示，2000~2015年工业、住宅、商服、综合地价指数逐年上升，其中住宅地价上涨最快，上升了1.82倍，其次商服地价上升了1.48倍，最后是工业地价上升了1.1倍，综合地价上升了1.44倍。特别是2013年以后，土地价格上升的速度更快。从2013年1月到2015年12月，我国的土地价格飞速上升，月平均上涨4.7%。土地价格的上涨促使了土地租金的不断增加，意味着日资企业投资办厂的成本投入大规模上升，一些日资企业无法承受巨大的成本投入，从而减少了对华直接投资。

最后，环保对策等费用上升。2015中国政府工作报告明确了国家碳排放和四个主要污染物减排目标，并建议进一步实施大气和水污染防治行动计划，促进煤炭消费的零增长，促进新能源汽车和环境污染的第三方治理的具

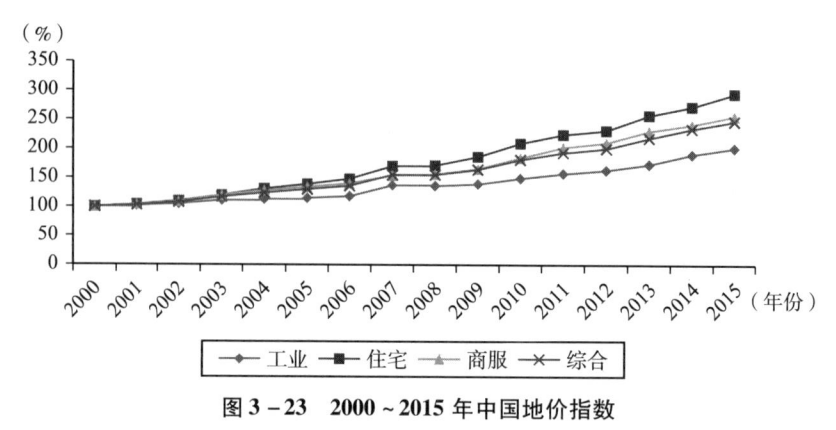

图 3-23　2000~2015 年中国地价指数

资料来源：中国地价网，http://www.landvalue.com.cn/。

体举措。2016 年 1 月 1 日起新的环保法规正式实施，越来越严格的环保法规要求各个企业提高自身环保标准，为此企业要付出更多的成本，加强对三废以及其他污染物的治理。日本在华企业需要不断地增加污染物的治理费用，从而增加了生产成本。

（二）中国政府的产业政策有所改变

改革开放初期，我国生产技术水平不高、建设资金缺乏，为了加快经济增长速度、解决就业人口的压力，我国鼓励劳动密集型企业的生产，也鼓励出口型外商直接投资企业在中国投资办厂。进入 20 世纪 90 年代以后，为了增加国民收入，大力鼓励制造业等第二产业的发展，提出了振兴东北老工业基地等一系列产业政策，在该政策的指导下，我国第二产业取得快速发展，成为世界的制造大国，经济增长率也长期维持在较高水平。但是 2010 年以后，我国的国内生产总值已经位于世界第二，经济地位大幅度上升，此时产业结构的不合理和低级化成为束缚我国经济进一步加速发展的绊脚石，所以我国的产业政策调整为协调产业结构、不断实现产业结构高度化。具体表现在，在制造业中大力扶持现代装备制造业，大力鼓励高技术产业和现代服务业的发展，而诸如日本大型家电厂商等，劳动密集型企业不得不大幅度缩减投资规模。一方面日资企业改变投资策略,开始在中国投资建设研发中心,但是研发中心的费用投入会远远低于整个生产工厂的投资费用。如:2013年日本丰田在天津建成技术研发中心,日东电工2015年在山东省青岛市开设了中国首个研究农业和环保技术的研发中心。另一方面日资企业随着中国对制造业引资的下降,转向投资一些商业,但是投资规模仍然大幅度下降。例如:虽然"优衣库"持续以每年100家的速度在中国开设店铺,但是其投资总额并不像新设工厂的投资额那么大,从而无法提高日本对华直接投资总额。

(三) 日资企业担忧中国市场前景

日资企业对中国市场的担忧主要有政治和经济两方面因素的影响。政治方面,2012年钓鱼岛冲突出现以后,中国境内出现抵制日货现象。当时很多日资公司被迫停产,产量和销售额大受影响,一些日资企业担心中日政府关系进一步恶化,从2012年开始大幅度地缩小了对华直接投资规模。受政治的影响,日本开始缩小对华投资规模,日本开始出现"China + 1"的投资模式,日本开始将投资的重点转移到越南、柬埔寨等国家。比政治方面的影响更重要的是经济方面的影响,2012年开始中国经济增长速度逐渐放缓,此后几年基本维持在7%~8%,特别是2015年经济增长速度更是下降至7%以下,只有6.9%,这与中国高度发展时期的10%以上的经济增长速度不可同日而语。与此同时,人民币不断升值,出口受到很大的影响,一些日资企业在中国生产的产品面临了出口的困难,而随着国内生产总值的下降,人们的有效需求也在不断地缩减。因此,日资企业对于中国市场的前景开始担忧。据最新《日本企业在华业务的现状和展望》来看,持有担忧心理的日本企业确实有很大一部分。其实中国的"新常态"的主要表现在:一是经济增长速度由高速转变为中速;二是产业结构不断优化,第三产业快速发展,城乡二元经济结构得以转变;三是注重自主创新,提倡创新驱动。这种新常态的核心就是产业结构升级。日本企业理解中国"新常态"需要一段时间,在无法理解的阶段,缩减对华直接投资,直接导致了2012~2013年对华直接投资总额的下降。

（四）日本对外直接投资战略的改变

为了复苏日本经济，2012年以前，每年日本都在不断加大对外直接投资力度，特别是2011年较2010年上涨了90.7%，2014年对外直接投资总额1363.47亿美元更是达到了历史的顶峰。但是随着日本国内经济不断复苏，日本企业开始加大对本国国内投资，大多数日本企业将研发和销售的重心放在日本国内，于是从2014年开始，日本对外直接投资力度增长幅度开始放缓，2013年较2012年上涨了10.4%，2014年较2013年只上涨了0.96%，而2015年却下降了4.1%。如图3-24所示，从对各大洲的投资总额来看，2010~2015年，日本对世界的投资主要集中在亚洲、欧洲和北美地区，受到地理位置以及日本投资战略的影响，日本对亚洲的投资总额居于世界第一的位置，但是从2012年开始，日本减少对大洋洲的投资，反而大幅度增加对中南美洲的投资，从此日本对中南美洲的直接投资一直位于首位，亚洲其次。而2015年日本突然大幅度减少对亚洲的投资，大幅度增加了对欧洲的投资，使得对欧洲的投资总额超过亚洲，在亚洲的投资总额退居第三位。

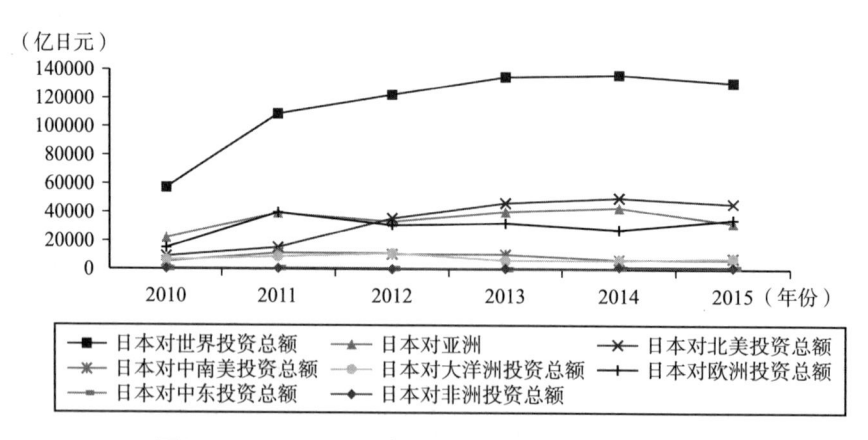

图3-24 2010~2015年日本对世界各大洲的投资状况

资料来源：日本贸易振兴机构（JETRO）．日本の国・地域別対外直接投資（国際収支ベース、ネット、フロー）．

如图3-25所示，从日本在亚洲各个主要国家的直接投资总额来看，中国一直以来都是日本最重要的投资国家，一直位于投资总额的首位，但是从2012年以后，日本转向亚洲其他区域投资，大幅度增加在泰国、印度尼西亚、马来西亚、新加坡的投资力度。特别是2013年日本对泰国的投资总额较2012年上涨了17倍，一举超过中国成为日本在亚洲最大的投资国，且从2013年以后，日本对华投资又出现了大幅度的下降趋势。据日本贸易振兴机构的统计数据显示，2013年日本公司在新加坡、泰国、印度尼西亚、马来西亚、菲律宾和越南投资达2.33万亿日元，而日本对华直接投资额只有8870亿日元。受到中日关系恶化、中国劳动力成本上升以及随着中国招商引资策略改变的影响，日本将直接投资地点转到东南亚地区。日本贸易振兴机构主席希罗尤其（Hiroyuki Ishige）曾经表示，经济和政治局势都存在相当大的风险。由于钓鱼岛事件的爆发，以及时任日本首相安倍晋三希望重写日本侵略历史等缘故，中日关系越来越紧张，政局的不稳定导致很多日本企业大大缩减对华投资力度。促使日本改变投资战略还有一个主要的原因就是中国劳动力成本大大提高，2011年末中国的平均工资略高于泰国，大约是

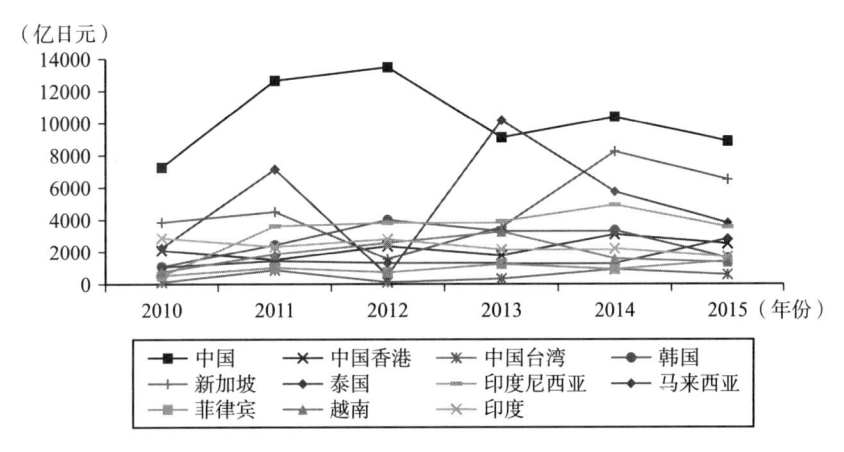

图3-25　2010~2015年日本对亚洲主要国家和地区的投资状况

资料来源：日本贸易振兴机构（JETRO）．日本の国・地域別対外直接投資（国際収支ベース、ネット、フロー）．

菲律宾和印度尼西亚的劳动力成本的1倍,是越南的劳动力成本的1.3倍。为了提高自身的利润率,日本不得不将投资的目光转向东南亚市场。同时,随着中国技术水平的提高,中日之间的技术差距越来越小,在中国产业结构升级的过程中不断调整引资结构和引资项目,对于低水平的制造业等投资减少引进力度,使得日本也不得不转向东南亚市场。总之,日本投资战略的改变大大降低了对华直接投资力度。

二、结构调整对中国产业结构升级的影响

近40多年来日本成为中国最重要的投资国家,截至2015年,按照中国国家统计局的统计数据,日本对华直接投资实际累计1010.66亿美元,据相关机构统计,在华的日本独资企业和合资企业吸纳的就业人数已经超过了100万人,年均纳税额32.5亿元。显然日本已经成为中国最重要的外商直接投资国家,从1990年开始,中国一直位于日本对外直接投资的前6位;从2011年,开始稳居日本对外直接投资的第三位,和日本对外直接投资第一大国美国相比,投资总量的差距在不断缩小。1979年,日本对华直接投资额占日对外直接投资总额只有1.04%,2011年提高到了86%,但是从2011年开始这个比例又开始下降,2015年下降到20%。从图3-26的统计数据来看,最高的年份对中国的投资总额占到对亚洲投资总额的62.4%,年均达到32.4%。20世纪90年代以前,日本对华直接投资并没有集中在中国,但是从这以后日本大幅度增加了对华直接投资力度,而从2005年开始投资所占比重有所下降,但是比重也维持在30%以上,仍然是日本在亚洲投资最多的国家。从2013年开始,日本在华直接投资在亚洲所占的比例分别为22%、24%和27%,由此可见虽然日本对华直接投资总额从2012年以后连续大幅度下降,但是在亚洲投资所占的比重不降反升,说明日本在这三年中对华直接投资总额的下降是在对亚洲整体投资下降的大背景下出现的,因此应该在这个大背景下研究日本对华直接投资总额下降的趋势。在亚洲所占比例不降反升说明日本对华直接投资下降受到了对亚洲整体投资下降的影

响，比例的上升显示日本依然将中国作为重要的亚洲投资市场，而不能片面地只看见日本对华直接投资总额上呈下降趋势，此外，亦不能认为日本对华直接投资总额的下降对中国产业结构升级一定是负面的作用，而是要关注日本对华直接投资出现的结构性调整。

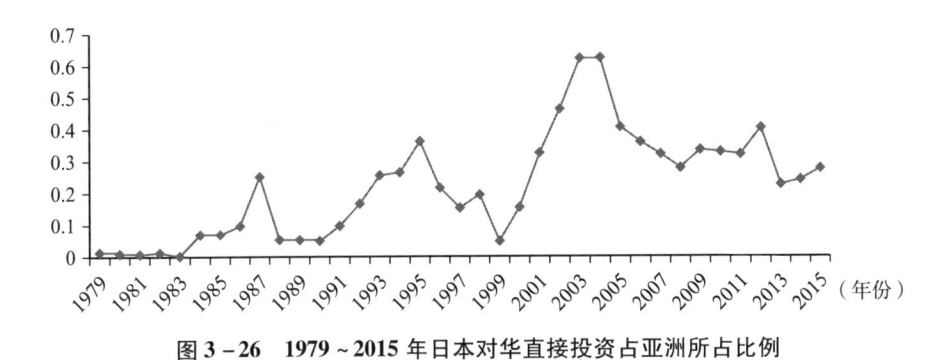

图3-26　1979~2015年日本对华直接投资占亚洲所占比例

资料来源：根据日本贸易振兴机构（JETRO）.日本の国·地域別対外直接投资（国際収支ベース、ネット、フロー）相关数据进行计算。

（一）制造业和非制造业的投资结构越来越合理

从图3-27的统计数据来看，从2006年以后，虽然日本在逐渐加大对中国制造业的投资规模，除了2011年增长78%以外，此后每年的投资增长率都出现了下降的趋势，特别是2013年较2012年下降了24.9%，2014年较2013年下降了29.4%，降幅很大。日本对华非制造业的投资增长率从2008年开始不断增长，但是从2011开始出现了下降的趋势，2013年较2012年仅下降了1.8%，2014年较2013年仅下降了9.6%，下降的幅度低于制造业的下降幅度。由此可见近十年来日本在逐渐改变对华直接投资结构，对于制造业的投资逐渐被非制造业的投资所替代。

根据表3-1中2014年日本对华直接投资的主要企业明细来看，当年日本对华直接投资主要集中在化学、医药、玻璃、土石、铁、非铁、金属、一般机械工具、电气机械工具、运输机械工具等中高技术水平的制造业，共有

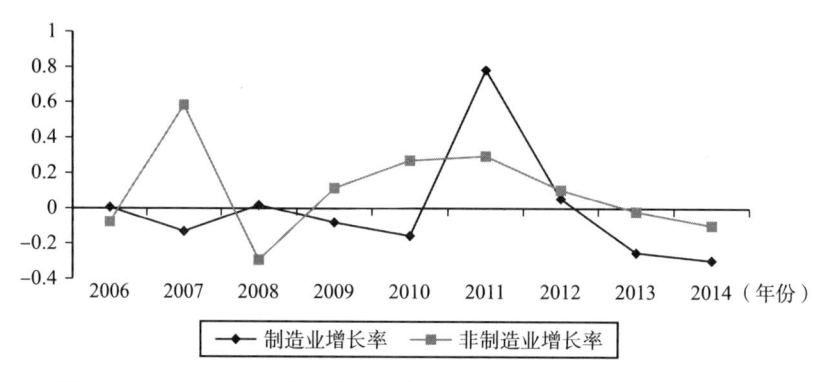

图 3-27　2006~2014 年日本对华直接投资中制造业和非制造业增长率

资料来源：根据日本贸易振兴机构（JETRO）．日本の国・地域別対外直接投資（国際収支ベース、ネット、フロー）相关数据进行计算。

13 个日资公司出资，直接投资总额达到 7.98 亿美元，其中和汽车产业相关的轮胎、运输工具等方向的投资占到 62.3%，这主要是因为中国汽车市场发展良好，前景比较广阔，带动了日本汽车以及零配件和相关产业不断加大投入。再观察主要投资企业的投资概要，大多数企业都给中国带来了新的技术，投资项目也着重于高附加值产品和高技术产品，投资结构不断调整，结构变化客观上带动了中国产业结构不断走向高级化。另外对于低技术水平的食品、纺织和橡胶、皮革业也有投资，投资总额为 2 亿美元，占中高技术水平投资总额的 25% 左右，根据投资概要可以看出即使在这些低技术水平的产业中，投资目的也转变成生产高附加值、低碳环保等技术含量更高，结构层次更高的产品。除此之外，还有一部分是投资于运输业、通信业、批发零售业和金融、保险业，这部分共有 4 家日资公司出资，直接投资总额达到 13 亿美元，大大高于制造业和建筑业投资总额，这部分投资主要集中在批发零售业，由于日本国内经济不景气，批发零售业企业业绩大不如从前，这些企业不断扩大中国市场，在中国采取独资或是合资经营。日本服务业水平在世界范围内处于领先地位，他们加入中国批发零售业中来，给中国带来先进的管理经验和管理模式。

表 3-1　　　　　　2014 年日本对华直接投资主要企业明细

种类	企业	投资总额	概要
食品	日清食品控股公司	57 亿日元	2014 年 8 月 6 日宣布在浙江省平湖市成立"浙江日清食品公司",定于 2017 年正式生产。加上既有的上海、佛山工厂,以及预定于 2016 年正式生产的厦门工厂,不断增强华东地区的供给结构,加速进军中国大陆市场
纺织	世联	200 万美元	2014 年 6 月 24 日宣布在上海成立"上海世联国际贸易公司",以中国为其母公司最重要的市场,生产高附加值相关产品,并且探寻原材料本地化,以实现利润的增长
化学、医药	三井化学	960 万美元	2014 年 7 月 1 日为了进一步扩大中国事业,宣布改组"三井化学(上海)公司"为"三井化学(中国)管理公司",并在上海设立跨国企业的地区本部,更加有利于既有贸易的进一步拓展、区域内各公司资金的相互支持、加强抵御风险的能力,同时可以进一步享受上海市财政优惠待遇
化学、医药	JSR	2000 万美元(其中 JSR 出资 51%)	2014 年 12 月 1 日宣布成立"捷时雅精细化工(常熟)公司",新公司主要生产 LCD 材料专用着色光刻胶、感光性吊顶、保护膜等产品,预计 2015 年完工,2016 年正式生产
橡胶、皮革	横滨橡胶	265 亿日元	2014 年 1 月 23 日宣布在苏州优科豪马轮胎工厂旁边新建乘用车专门轮胎工厂,预计到 2017 年年末年生产能力达到 600 万只,并且计划在中国建设高性能低燃料的轮胎生产中心,此产品专供中国国内使用
玻璃、土石	日本电气硝子	250 亿日元	2014 年 1 月 24 日宣布成立"日本电气硝子厦门公司",和既有的上海、广州两个工厂共同加工 PFD 用板玻璃,新公司主要负责 PFD 用板玻璃的熔融和成型技术
铁、非铁、金属	新日铁住金	1500 万美元	2014 年 6 月 12 日宣布成立"日铁住金冷压钢线苏州公司",所生产的冷压钢产品用于中国汽车的生产,为了进一步提高竞争力,计划在中国建设酸洗、伸线、热处理一条龙的整体工厂,进一步增强其生产能力

续表

种类	企业	投资总额	概要
一般机械工具	NTN	3400 万美元	2014 年 2 月 4 日宣布成立"襄阳恩梯恩裕隆传动系统公司",为了适应中国汽车产量的不断增加而不断扩大 CVJ 的生产,这是继广州恩梯恩裕隆传动系统公司和北京瑞韩恩梯恩汽车零部件公司之后,设立的第三家公司
电气机械工具	三菱电机	1 亿 3000 万美元	2014 年 8 月 21 日宣布成立"三菱电机上海机电电梯公司"第二工厂,使年生产能力从 1 万台提升至 2 万台,不断扩大中国市场份额,同时提高产品的性能、品质、舒适度等综合能力
运输机械工具	丰田自动织机电装	36.8 亿日元	2014 年 1 月 16 日宣布成立"烟台首钢丰田工业空调压缩机公司",2014 年计划生产空调压缩机 200 万台,主要是为了满足日益扩大的中国汽车制造市场的需求
运输机械工具	小糸制作所	90 亿日元	2014 年 7 月 29 日宣布成立"湖北小糸车灯公司",为了扩大汽车产业规模,在华中地区建立新工厂,与既有的上海、广州、福州三个工厂共同发展,不断开发新产品,提高生产技术
运输机械工具	本田技研工业	114.2 亿日元	2014 年 9 月 30 日,新大洲本田摩托车公司为了提高生产效率和开发能力宣布在太仓市购入土地建立新工厂,新工厂定于 2017 年 1 月开始正式生产
建筑业	三菱日立动力系统	6.8 亿日元	2014 年 7 月 1 日,三菱日立宣布与中国浙江菲达环保科技公司合并,成立"浙江菲达菱立高性能烟气净化系统工程公司"。主要面向火力发电厂排出的 PM2.5 的除尘,在中国推进真正的总和排烟处理系统
运输业	山九	200 万美元(其中三九出资 50%)	2014 年 7 月 4 日宣布成立"青岛捷顺利达物流公司",伴随新公司的成立,将在中国建造各大物流中心
通信业	日立系统	1.87 亿日元(其中日立系统出资 90%)	2014 年 4 月 1 日为了强化中国 IT 服务业,日立系统宣布成立"日立系统广州公司",同时设立上海分公司,以提高决策和经营的速度,加强在中国的经营和设计之间的联系,活用日立品牌,扩大在中国的 IT 服务产业

续表

种类	企业	投资总额	概要
批发、零售业	H20 RETAILING 海外需求开拓支援机构	4.8亿美元	2014年4月24日，杉杉集团、ITOHPIA ENT Investment、宁波都市房产开发集团共同接手宁波百货店，共同建设"宁波中心"项目
	康心美伊藤忠商事alfresa	243亿美元（其中康心美出资25%、伊藤忠商事出资12%、alfresa出资12%）	2014年5月30日宣布成立"康心美大连佳兆业店"，不断扩大经营规模，努力建成包括辽宁、吉林、黑龙江、河北、山东、内蒙古在内的6个区域的"辽宁康心美商业连锁机构"
	国分	1.2亿日元	2014年5月7日宣布成立"上海国分贸易公司"，借此在中国各地推广其代理点，打造日本进口食品的销售网
金融、保险业	东京世纪租赁	50亿日元（其中东京世纪租赁出资20%）	2014年8月26日宣布成立"苏州高新融资租赁公司"，使得苏州新区高新技术产业可以涉及不动产开发、下水道相关设施运营、医疗等不同领域，扩大其事业规模
	三井住友金融租赁	32亿日元	2014年12月4日宣布在上海自贸区成立"上海三井住友融资租赁公司"，使得中国的融资租赁公司可以在中国融资到外币，使中国的融资租赁范围更加广阔，便利度也大大提高
服务业	极乐汤	6亿日元	2014年5月15日宣布成立"极乐汤海外2号店"以及"极乐汤（上海）沐浴管理公司"，同时在相关成立"极乐汤中国公司"

资料来源：日本贸易振兴委员会．世界贸易投资报告．2015年度。

日本制造业和非制造业对华直接投资的结构性调整对于中国产业结构升级也会产生一定的促进作用，高技术制造业给中国带来了更先进的技术和管理经验，在中国发挥出技术溢出效应，会带动中国相关产业的技术进步，也会通过产业关联效应，带动中国其他相关产业的发展。日本的服务业在世界范围内处于领先的地位，随着日本的金融、保险等服务业不断进入中国给中国的服务业注入新的活力，从而起到推动中国产业结构升级的作用。

（二）增加对高技术产品以及研发中心的投资

在结构性调整时期，日本不断增加在华高技术产品的投资，例如：2013年 TDK 投资成立了"广东东电化广晟稀土高新材料"公司，主要生产汽车、IT 器械所用的各种磁石，提供比稀土类材料更为安全的稀土类磁石。夏普公司与中国电子信息产业集团合作，中国电子信息产业集团提供其固有的高精尖的 TFT 液晶板技术，同时利用此技术与中国"南京中电熊猫平板显示技术"公司共同生产第 85 代液晶板。2014 年 1 月 24 日宣布成立的"日本电气硝子厦门公司"，和既有的上海、广州两个工厂共同加工 PFD 用板玻璃，新公司主要负责 PFD 用板玻璃的熔融和成型技术。2014 年 12 月 1 日，"捷时雅精细化工（常熟）公司"宣布成立，新公司主要生产 LCD 材料专用着色光刻胶、感光性吊顶、保护膜等产品。2014 年 1 月 23 日宣布在苏州优科豪马轮胎工厂旁边新建乘用车专门轮胎的工厂，计划在中国建设高性能低燃料的轮胎生产中心，此产品专供中国国内。由此可见，在调整阶段，日本对华直接投资的产业和产品的技术含量越来越高，新产品、新材料、高精尖产品成为日本对华直接投资的首选。除此以外，日本对华还增加了对研发中心的投资，2013 年 11 月 11 日，本田技研工业为了强化在中国汽车的现地开发、零件供给、生产技能等投资成立了"本田技研科技（中国）"公司。2014 年 9 月 30 日，新大洲本田摩托车公司为了提高生产效率和开发能力宣布建立新工厂，本田技研工业继续投资开发二轮车的现地开发、零件供给、生产技能等等，成立了相应的研发中心。

通过 2014 年日本对华直接投资的明细可以看出，日本在对华直接投资的过程中不仅不断投向新技术、新材料、高科技的产品，而且越来越重视研发、生产、销售一条龙的投资形式。这种投资的结构性变化，主要是因为中国国内产业结构不断升级以后，大大减少了对于低技术制造业的引资，而对于新技术、新材料、高科技的产品以及研发中心的投资则给予了更多的优惠政策，同时日本也越来越重视在中国市场的投资竞争力，随着中国劳动力成本的不断增加，投资低技术制造业产品的成本提高，利润大幅度下降，因此将低技术制造业的投资转移到了泰国、越南等劳动力水平更低的国家，而在中国的市场上投资一些高技术制造业，提高在中国市场的产品竞争力，从而收获更多的投资收益。日本投资结构的变化恰恰给中国带来了高新技术，这是我国产业结构升级中最需要的，日本给中国的医药、机械、信息产品等不同行业带来了新的生产技术，充分发挥着技术溢出、产业关联等效应，促进中国产业结构升级。

第四章　日本对华直接投资对中国产业结构升级的效应分析

针对日本对华直接投资对中国产业结构升级影响的研究主要通过技术溢出效应、就业效应、产业关联效应这三个方面进行。技术溢出效应直接关系到中国的产业结构升级。日本对华直接投资给中国经济建设带来了丰裕的资本，有助于形成外商直接投资的规模化，其初始阶段缓解了中国生产过程中的资金短缺问题，后来中国产业结构调整，主要是引进日本先进的生产技术和管理经验，特别是在制造业领域，日本对华直接投资确实带动了制造业产业结构的升级；不仅仅是技术溢出效应，日本在中国不断投资建厂，缓解了中国的就业，而且培养了众多高素质高技能的产业劳动力，带动了中国就业水平的大幅度提高，劳动力水平不断攀升；产业关联效应直接促成了中国产业结构的升级，由于日本在华企业的生产需要，中国相关上游企业和下游企业会按照更高级的标准来生产，也会促成整个行业的重新调整，大大促进了中国产业结构升级。

第一节　技术溢出效应

一、技术溢出的概念

关于技术溢出，很多学者都进行了深入的研究。美国的爱德华·格莱汉姆（1987）认为，技术外溢通常指对相关企业或其他非相关业务的主导方在技术进步上起到的积极影响。技术外溢反映了正向外部性，正外部性的获利者并不仅仅是个人或某个企业。程宏（2012）认为：技术溢出是指投资国企业在东道国设立子公司，大大促进了东道国的技术进步，但是其在东道国的子公司却无法获得全部收益的状况。

技术溢出效应是经济学意义上的一种外部效应，是由于广义外商直接投资资本内含的人力资本、研发投入等因素，跨国公司在东道国的投资办厂过程中客观上对东道国的生产技术方面的积极影响，促进了东道国技术的进步。这里的技术既包括硬件技术也包括软件技术，既有生产设备、生产技术的输入，也有管理经验及企业家才能等软技术的输入。硬技术固然重要，它是提高生产效率的硬件基础，而软技术愈发重要，它是提高企业劳动生产率的关键，关系到东道国企业是否可以长久发展。

拉动东道国产业结构升级的最主要、最直接的途径就是充分发挥技术溢出效应。外商直接投资不仅有资金投资形式，还有技术入股的投资形式，随着外资的引入，东道国的供给和需求结构会发生改变，随之带动了东道国产业结构的升级。外商直接投资对东道国的技术溢出效应主要表现在三个方面。

第一，促进东道国技术升级。外商直接投资往往都是因为投资国的技术水平高于东道国的技术水平而给东道国带来先进的技术和管理经验，这些都是东道国产业结构升级中最需要的。技术升级不仅局限于跨国公司投资的一个企业中，由于竞争的加剧，东道国的其他企业、关联产业也会跟着模仿、学习先进的技术，从而使得整个产业的技术水平都有大幅度提高。

第二，拉动东道国技术创新。投资国到东道国投资办厂，带来高水平的技术。东道国的企业也不能完全引进投资国高水平技术，大多数的东道国都会根据本国的国情，将跨国企业的技术本土化，在转化过程中，大大推动了东道国的技术改造和创新，从而拉动其产业结构升级。

第三，促进东道国技术进步。外商直接投资的技术溢出效应是巨大的，外商直接投资在某一个企业，该企业通过模仿、学习、改造，形成自己的新技术，由于东道国国内市场竞争的加剧，更多的企业会效仿、学习，在国内掀起一股技术革新的热潮。技术溢出一方面是因为跨国公司在东道国投资建厂以后，会和东道国一些供应商保持紧密联系，东道国的产品供应企业为了满足跨国公司的较高要求而不断提高生产技术水平；另一方面是跨国公司在东道国投资建厂并培训一些高技术水平的东道国员工，这些员工以后转换工作到东道国其他公司的话，也会将高水平的生产技术带入新公司，从而全面促进中国企业生产技术水平提高。

二、影响技术溢出效应的因素

（一）企业自身因素

外商直接投资的技术溢出效应的大小会受到东道国企业自身因素的制约，跨国公司与东道国企业自身的特点和优势结合得越好，其技术溢出效应发挥得就会越充分。

1. 东道国的企业规模

不同学者针对东道国的企业规模是否影响外商直接投资的技术溢出效应问题提出了不同的看法。有学者认为东道国企业规模与技术溢出效果关系不大，但是大多数学者认为东道国企业规模的大小与外商直接投资的技术溢出效应的大小密切相关，他们普遍认为东道国规模较大的企业与规模较小的企业相比，更有利于技术溢出效果的体现。本书认为东道国规模较大的企业更加有利于技术溢出效果的体现。

东道国企业规模越大，在市场竞争中更加占据有利地位。大规模的企业往往资本实力较强，能为技术创新提供更好的资本保障；大规模的企业拥有较为广阔的平台，拥有较好的销售系统；大规模的企业在研发活动中具备较强的实力，现实中拥有完善研发机构的企业往往都是大型企业。

东道国规模较大的企业更有能力引进先进的机械设备和管理经验，无论从硬件还是软件上都是外商直接投资技术溢出效应充分发挥的有力保障。从我国的实际情况来看，我国的大中型企业设备在同行业中优势明显，这使得在其吸收国际先进技术方面的初始成本较低，处于有利地位。

东道国规模较大的企业往往在国内或者国际市场中占有一定的市场份额，具备一定的市场竞争力。在外商直接投资的初始阶段，必然加剧市场竞争力，此时最先受到打击的肯定是小企业，此阶段占据市场份额是个关键的步骤，规模较大的企业可以充分发挥既有的市场优势，降低市场进入风险，减少市场进入成本。所以大规模的企业更加有利于外商直接投资的技术扩散。

当然，小企业在外商直接投资的技术扩散环节中也是有其优势的。小企业转型灵活，受到旧的技术和制度的制约较轻，小企业的员工较少，管理起来成本也相对较低，而且小企业往往都是较为年轻的企业，其历史负担相对较小，技术水平也是相对较高的，这些都是其优势所在。

企业规模的大小对于外商直接投资带来的溢出效应也不能一概而论。我们既要充分发挥大企业的规模优势，也要考虑到小企业的灵活多变的优势，针对不同的企业，充分发挥其优势，使引进的外资可以最大限度地促进中国企业技术水平的提高。

2. 东道国企业与外资企业的合作模式

通常情况下东道国企业与外资企业之间有三种合作模式，即外商独资、中外合资和中外合作。东道国企业与外商采取不同的合作形式，在一定程度上会影响溢出效应的大小，但这三种形式都会给东道国带来更高的技术和管理经验，都会带来技术溢出效应。

中外合资企业主要以资金上的合资方式进行合作，是我国早期利用外资的最主要的形式。中外合资使得双方都拥有对企业的控制权力，外商企业不仅仅是出资，为了获得更高的利润，他们也会相应地提供一些生产技术，带来一些先进的管理经验。东道国企业在合资的过程中，学习了很多外商企业不特意传授的生产技术和管理经验，从而间接地得到了外商企业的技术支持，享受了溢出效应的效果。但是，中外合资的方式主要是跨国企业对东道国企业进行资金投入，跨国公司的核心技术一般不会使用到东道国的生产过程中，他们并没有进行直接的技术支持，所以技术溢出效应的效果受到了一定程度的影响。

中外合作企业是中外双方对出资金额、利润分配等事项进行协商，达成共识的一种合作方式，在我国比较少采取的一种合作方式。至于中外合作企业的技术溢出效果的大小，主要取决于中外合作企业合作方式，如果合作形式是技术合作的话，在技术方面的溢出效果还是不错的。如果合作形式是资金合作的话，那么在技术方面的溢出效果则相对有限。

独资企业是在中国改革开放的过程中，涌现出的一批新的合作企业形式。独资企业拥有更多的自主权利，他们根据我国的政策独立在中国进行经营。独资企业主要采取的形式是绿地投资和兼并国内企业。绿地投资是在中国重新建立新的工厂，兼并国内企业则是利用中国企业的一些既有资源，重新进行资源配置的一种方式。与兼并相比较而言，绿地投资将会带来更多的新技术，其技术溢出效果更加明显。当然，无论绿地投资还是兼并企业，独资企业既带来充足的建设资金，又带来先进的技术和更完善的管理经验，使得我国企业在技术和管理上都执行国外更高的标准，这也要求国内的员工具备更高的素质和生产技能，这些都有利于技术溢出效应的扩散。

（二）政府的因素

1. 投资国的发展战略

外商直接投资进入中国市场的战略是不同的，主要分为以下三种：资源寻求型、市场寻求型、效率寻求型。由于其战略目标不同，其采取的具体措施也会不同，使得外商投资的溢出效应也是有差距的。

资源寻求型企业主要是由于投资国国内资源是有限的，对外投资主要是看中东道国丰富的人力资源和自然资源。资源寻求型企业如果纯粹想利用东道国的自然资源，投资国必定会在东道国投资更多的先进生产工具和技术，以便提高东道国资源的利用效率，这样先进的技术和管理经验就会给东道国带来较强的技术溢出效应。但是如果资源寻求型企业是因为本国的人力资源匮乏，利用东道国廉价劳动力资源的话，那么投资国在技术和管理经验的输出上就是有限的，这样对东道国的技术溢出效应就变得不太明显了。

市场寻求型企业主要是由于投资国国内市场趋于饱和，对外投资主要是为了扩大国际市场，提高市场占有率。投资国到东道国投资办厂，就要考虑东道国的国情和人们的生活习惯，在产品供给上应该适应东道国的实际情况，这样投资国的企业会在东道国的企业中相应地进行技术投入，提高产品的质量和适用程度，从而给东道国带来一定程度的技术溢出效应。

效率寻求型企业主要是为了提高投资国的跨国公司的整体效率，把在东道国的投资企业作为全球生产链条中的一员，主要是为提高跨国公司整体效率。所以投资国企业在东道国投资建厂的时候，会以跨国公司的整体利益为根本出发点，如果资源缺乏就在东道国寻求资源，如果人力缺乏就在东道国寻求人力，这样对东道国的技术溢出就显得很微弱了。当然在投资国对外投资的过程中也会对东道国有一定的技术溢出效应，可是这并不是其主要目的。

2. 东道国的发展战略

东道国政府的发展战略对吸引外资具有很强的指导作用。东道国政府在吸引外资的时候如果由于国内资金比较匮乏，那么在吸引外资的时候最重要的是外资的规模和安全系数，这样引进的外资并不利于东道国生产技术的提升。如果东道国政府的发展战略是提高国内生产技术，带动产业结构升级的话，那么政府在吸引外资的时候，就会倾向于那些技术水平较高的企业来本国投资建厂，可以直接带动我国的生产技术水平的提高，有利于产业结构优化，这样的技术溢出效应就比较充分。由此可见，东道国政府的发展战略在外商直接投资中起到重要作用，在一定的发展战略下，东道国政府会给予政策上的大力支持，这些都有利于引进外资，从而提升东道国的生产技术水平、优化产业结构状况。

3. 人力资本的因素

外商直接投资的溢出效应要通过人力资本的现实生产过程才能够实现，

也就是说人力资本是溢出效应实现的重要载体,人力资本状况对于企业的发展至关重要,人力资本状况不同会影响投资方的投资方式,也会影响投资国和东道国企业的发展。

跨国公司到东道国需要和东道国企业的员工接触,在生产过程中,东道国企业员工的素质高低以及生产技能是否适应投资国的生产要求,是决定外商直接投资溢出效应的重要因素。东道国企业员工与外商企业结合得越密切,外商企业越能在较快的时间内提高生产效率,溢出效应也就发挥得越快。企业员工往往都有一定的专业技术技能,专业化程度越高,企业员工的流动性越弱,外商直接投资企业想要雇用到新的员工越困难,但是一旦雇用到适合的员工,其技术水平和专业化程度都会有所提高。所以随着专业化分工越来越细,相近技术的企业可能是未来外商直接投资选择的重点,这样他们在雇用员工方面的成本将会大大降低。

从人力资本角度来看,外商直接投资溢出效应的大小,与东道国员工的素质相关,与东道国员工的技术水平与国外企业员工的技术水平差距有关,差距越小,国外企业相近的技术水平和管理经验,越能在东道国快速传播,此时溢出效应是巨大的。当然,在传播的过程中,东道国的学习吸收能力很重要,如果东道国的员工学习和吸收能力比较强,善于学习模仿投资国的先进技术,同时结合本国的实际情况进行创新的话,也有利于东道国溢出效应的扩大。

总之,人力资本是影响投资国技术溢出效应大小的一个非常重要的因素,人力资本是技术转化为现实生产力的一个非常重要的载体,对于东道国来说,努力提高本国技术人员的素质和专业技能,增强自身的学习吸收能力,引进外资的时候尽量找到与本国员工差距不大的投资企业,这些都可以大大提高外商直接投资带来的溢出效应。

4. 跨国公司与东道国企业的关联程度

随着外商直接投资的不断增加,国内外企业的联系日益密切,从联系方式来看,东道国与跨国公司之间的关系只有两种形式:即竞争或者合作。

跨国公司在东道国市场投资办厂，首先客观上造成东道国市场的企业竞争越来越激烈。在竞争市场上，由于外资企业先天技术和管理经验处于领先地位，会有一定的优势。东道国企业若想和外资企业争夺市场份额，必须要学习和模仿外资企业的先进技术，提升产品质量，提高产品的竞争力。由于两国企业是竞争对手，所以东道国企业会时刻关注外资企业的动向，如果东道国企业的学习吸收能力足够强大的话，那么外资企业的技术溢出效应必会较大。但是，这种技术溢出效应是有限的，因为掌握核心技术是企业在激烈竞争中取胜的关键，核心技术掌握在外资企业手中，使得技术溢出效应受到了一定程度的限制。

外资企业在东道国市场中，有时也会与东道国企业合作，而且近年来这种合作关系的企业逐渐取代了竞争关系的企业。外资企业在东道国投资建厂，必然会在原材料采购、员工雇佣等方面与东道国企业联系得越来越紧密，这样有利于投资国降低生产成本，也能更好适应东道国市场需求，提高投资利润。由于外资企业先天具备技术优势，所以在东道国的原材料和零部件的采购过程中，会提出更高的技术和质量要求，也会对东道国员工的技能提出更高的要求。外资企业会委派一些技术人员到东道国企业进行技术指导，东道国企业在合作的过程中会享受到技术溢出效应，从而提高自身的技术水平。

两种关联形式都会给东道国带来技术溢出效应，但是从结果来看，合作关系的技术溢出效应相对大一些，而竞争关系的则相对小一些。技术溢出效应的大小关键还是要看两个企业联系的紧密程度，东道国企业在联系过程中的学习和吸收能力的高低，为了充分发挥技术溢出效应对东道国产业结构调整的正面作用，需要东道国政府和企业联动，提高东道国企业的学习、吸收、创新能力。

三、日本对华直接投资的技术溢出效应分析

（一）技术溢出效应的机理分析

技术进步是影响一个国家产业结构升级最重要的因素。改革开放以来中

国的经济快速发展，产业结构升级状况也有所改善，但是技术进步的速度不快，已经成为抑制中国经济更快发展、中国产业结构更加高级化的重要因素。而日本作为世界上技术领先的国家，在对华直接投资的过程中都是以技术投资为主导，对中国企业的技术进步有很好的直接和间接作用。

如图4-1所示，从日本对华直接投资的进程来看，20世纪90年代，日本掀起了对华直接投资的浪潮，投资的重点也从非制造业转移到制造业，从资本投资转移到了技术投资。日本跨国公司在中国企业中派驻了大批的工作人员和管理人员，为在华的日本独资和中日合资企业的员工提供技术支持，日本通过系统的员工培训计划帮助中国员工快速提升生产和管理技能，中国员工不仅在中国受到了日本企业的培训，还有一大批中国的技术工人和管理者去日本的工厂和技术中心等地去参观学习，中国劳动力的技术水平进一步提升。日本的跨国公司还将一些管理资料和员工培训材料带到了中国，通过翻译成中文，不仅供日资企业的中国员工学习，而且也在其他中国企业中广泛流传学习，一时间诸如《丰田管理模式》类的书籍不断被引入中国，中国企业的员工结合自身的工作特点，将丰田管理模式等与实际生产相结合，提高了生产专业化程度和生产效率。

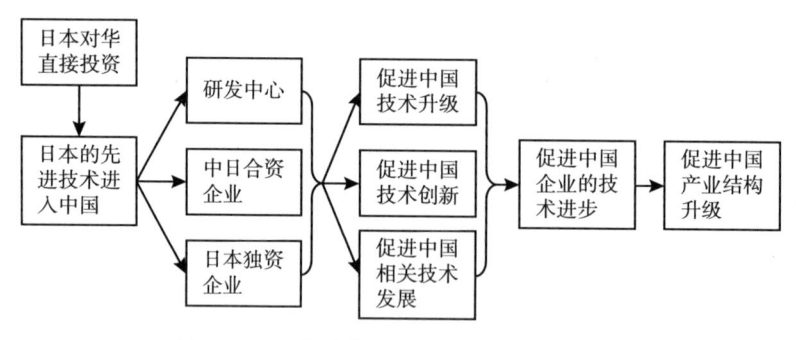

图4-1 日本对华直接投资的技术溢出效应

（二）直接和间接技术溢出效应分析

日本对华直接投资对中国技术进步的促进作用分为直接和间接两个方

面。一方面日本企业通过企业内技术转移，通过在中国开办工厂，将自己的先进技术转移到中国，这点在日本对华直接投资的初期和中期很明显，那时中日技术差距很大，这种直接的技术溢出效应很明显。另一方面日本跨国公司在华的生产技术水平不断提高，随着对于原材料的需求越来越大，现地化生产的范围不断扩大，受产品质量要求的影响，需要中国相关企业技术水平的不断提高，从而也会帮助并且督促中国相关企业加强技术革新，充分发挥外商直接投资的技术溢出效应。

日本跨国公司通过兴建一些研发中心，给中国带来了巨大的技术支持。例如：2011年日本丰田在常熟建立了全球最大的研发中心，全面开展战略型新能源车型的研发。2011年日本精工投资44亿日元在中国设立研发中心，曾计划先招聘中国技术人员100名，到2011年末招聘技术人员300人。2012年日本NCC公司在中国创办研发中心，加强在中国蓄电池技术的研发。2013年日本特酷时度汽车技术开发公司成立，使得中国汽车开发总成本及开发时间减少10%～20%。2016年日本创新电子测量解决方案全球供应商安立通讯成立了中国研发中心，以开发满足中国及全球市场所需要的最新终端芯片测试设备产品，开始研制5G产品。日本销售公司如乐天也在中国建立了研发中心。这些研发中心将日本先进技术带入中国的同时，也根据中国的市场行情不断进行着技术创新，开发新产品，提升产品质量。所以进入21世纪，日本开始在中国大力投资兴建研发中心，一方面是为了适应日本在华不断加大的投资需求；另一方面也有利于中国技术的不断创新，发挥了巨大的技术溢出作用。

第二节　就业效应

一、就业效应的概念

外商直接投资带来的就业效应也会影响东道国的产业结构状况。外商直接投资会改变东道国各个产业的就业状况，由于跨国公司的工资水平和工作环境一般都好于东道国其他本土企业，会吸引一部分东道国的工人就业，这样东道国的就业结构会随之改变，实现产业结构升级。

跨国公司拥有较为完善的培训体系，东道国的工人在培训过程中，技术水平不断提高，待这些工人到其他公司工作的时候，由于已经掌握了更高的技术，所以其工资水平也会不断提高。在劳动力转移的过程中，伴随了技术水平的上升和工资水平的普遍上涨，也会间接促进我国的产业结构升级。

外商直接投资的就业效应就是跨国公司对东道国企业中的就业的影响。这种效应既有总体效应也有局部效应，既有直接效应也有间接效应，既有正面效应也有负面效应等等。大多数情况下随着外商直接投资的加大，东道国企业的就业人数不断增加，既有企业的就业质量也随之提高，特别是大多数外商直接投资企业的技术水平和管理经验都比东道国先进，在投资过程中提高了东道国员工的技术、管理水平，有利于东道国企业站在产业结构更高的平台上进行生产。

就业效应主要表现为五个方面：就业创造、就业损失、就业替代、就业转移和就业示范。各种效应都会在外商直接投资中出现，有的时候是某一种效应起到主要作用，有的时候是同时出现几种效应，为了正确判断并且利用好各种效应，就要对上述效应进行具体分析。

就业创造效应表现为直接效应和间接效应两个方面。一般情况下直接效应表现得较为突出，跨国公司在东道国投资建厂，必然会吸纳一些员工，为东道国提供更多的就业岗位。间接效应就是指外商直接投资在东道国投资建厂，必然会在东道国使用一些原材料等产品，从而促进东道国的上游或者下游企业的员工就业总量不断增加。

就业损失效应是指外商直接投资过程中会伴随着兼并、收购等企业重组形式，在此过程中东道国原有的企业员工有可能面临下岗、失业的情况，这是由于新的企业调整而带来的结构型失业。东道国的政府应该做好员工的下岗再培训工作，完善劳动力市场，使得结构型的就业损失效应尽量缩小。

就业替代效应是指因为外商直接投资企业给东道国企业带来了先进的技术，一些劳动工具随之改变，机械化生产代替手工生产，技术密集型代替劳动密集型，机器设备代替一部分劳动力在这一替代过程中出现的效应。替代效应的出现一方面一定程度上会减少东道国的劳动力就业总数，另一方面则有利于东道国技术水平的提高和就业结构的升级。

就业转移效应是指外商直接投资给东道国的产业内以及产业外均会带来人员流动的效应。外商直接投资在区域内的各个企业和各个产业间存在着投资不平衡的现象，员工会流向投资领域相对集中、企业工资较高、工作环境较好的地方去，于是出现了人员的转移。当然外商直接投资也是世界全球化过程的一个部分，在全球产业链下，这种就业的转移效应也会出现全球化趋势。

就业示范效应是指外商直接投资企业较高的技术水平和管理经验成为东道国内资企业示范的榜样，东道国内资企业为了与这些企业进行竞争，必须学习效仿外商直接投资企业先进的技术和管理经验，于是东道国内部掀起一番学习的浪潮。在学习的过程中员工技术水平和素质的提高成为一个关键环节，这就是就业的示范效应。这一效应对于推动东道国的产业结构升级有很大的积极作用。

二、影响就业效应的因素

（一）外商直接投资的方式

外商直接投资的方式以及目的不同，对于东道国产生的就业效应就会有所差异。外商直接投资主要以资金投入为主的话，就业效应中的转移效应就会比较明显。如果外商直接投资主要以技术投入为主的话，就业效应中的创造效应和示范效应就比较明显。如果外商直接投资是并购形式的话，那么东道国企业的一些技术水平达不到要求的员工就会面临下岗问题，就业损失效应就会显得比较突出。如果外商直接投资采取绿地投资的话，对于东道国来说可以创造更多的就业机会,就业创造效应和就业转移效应就会显得比较突出。

总之,外商直接投资的方式不同,对于东道国带来的就业效应就会不一样。当然在外商直接投资过程中就业效应会客观存在,其中不同形式的就业效应也不是孤立存在的。投资方式的不同带来的就业效应大小不同,我们要充分发挥就业效应的优势,带动我国员工技术水平的提高,从而推动就业结构和产业结构的升级。

(二) 政府的政策引导

政府对人才市场的宏观调控也会影响外商直接投资的就业效应。如果政府在外资企业的人才使用方面给出一定的优惠政策的话,比如说在外商直接投资企业工作给予削减个人所得税的政策,就会使得人才不断流向外商直接投资企业。政府还可以针对外商投资企业所需的人才特点,开办一些人才培训班,使得外商投资企业可以更快地在东道国雇用到自己所需要的员工,这样可以大大提高外商直接投资就业效应的发挥。

另外,政府为了充分发挥外商直接投资的就业拉动作用,可以在外商直接投资的企业选择中,倾向于选择那些就业拉动作用强、效果显现比较快的企业,如:汽车制造、服装生产等劳动密集型企业,一般对于东道国的就业影响比较大一些,这样有利于充分发挥外商直接投资的就业效应。

(三) 东道国的劳动力市场发展状况

东道国劳动力市场的发展建设状况也是影响外商直接投资过程中就业效应大小的一个很重要的因素。东道国劳动力市场的发展建设与外商直接投资之间是相互促进的关系。东道国劳动力市场发展得越健全,就越会吸引外商直接投资;而另一方面外商直接投资企业在东道国投资办厂也会改变东道国劳动力市场的状况,扩大东道国劳动力市场的需求,客观上必然会提高对劳动力供给结构的要求,使东道国的劳动力市场与全球劳动力市场的联系更加密切。

东道国劳动力市场不断发展健全,就会让外商直接投资企业在东道国可以更快地寻找到合适的员工,有利于就业效应的发挥。另外,在外商直接投资企业里工作了一段时间的员工也可以在完善的劳动力市场上不断地流转,使得自身价值更好地体现,也会全面拉动东道国劳动力市场的员工技术水平的提高,这样就业效应的发挥就更加充分了。

三、日本对华直接投资的就业效应分析

(一) 就业效应的机理分析

如图4-2所示,随着日本对华直接投资的增加,在中国的日本独资企业和中日合资企业不断涌现,这些企业的出现意味着其需要大量劳动力,同时随着这些日资企业的进入以及其现地化进程的不断深入,生产所用的原材料及其配套零件的需求大幅度增加,使得劳动力的需求量大幅度增加,既有的城市劳动力出现明显不足的态势,于是中国的农村劳动力快速向城市转移,因此第一产业的就业人数减少,第一产业的国内生产总值也不断下降。随着制造业投资的大幅度增加,第二产业的就业人数越来越多,工人们的技

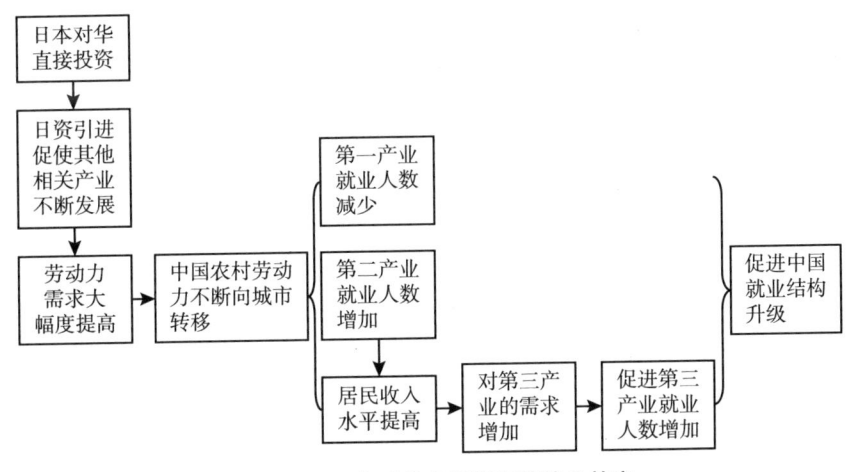

图4-2 日本对华直接投资的就业效应

术水平也不断提高，第二产业的国内生产总值明显增加。随着第二产业的快速发展，居民的收入水平不断上升，对于教育、旅游、金融保险、咨询等第三产业的需求不断增加，也促进了第三产业就业人数的增加。即，日本对华直接投资主要集中在制造业，直接促进了中国劳动力不断转向第二产业，第二产业就业人数的增加导致国民收入的增长，消费结构也随之改变，消费者需求层次的提高直接促进了我国第三产业就业人数的增加，进而有利于中国就业结构乃至产业结构的升级。

（二）直接和间接就业效应分析

利用中国廉价的劳动力是多年来日本对华直接投资的最重要动机，日本对华直接投资的就业效应可以分为直接效应和间接效应。

从直接效应来看，在日本对华直接投资的过程中，跨国公司纷纷在中国投资办厂，在中国招募了大批中国工人，同时也将先进的技术和管理经验传授给了中国工人，在一定程度上为中国提供了更多的工作岗位，最重要的是提高了中国工人的技术水平，为中国培养了一批高技术产业工人。

从间接效应来看，日本的跨国公司进入中国以后，和很多中国企业建立起关联关系，促进了中国其他相关产业的发展，从而提升其他产业部门的劳动力就业水平。由于日本跨国公司对于技术和产品质量的要求高于中国企业，所以为了维系关联关系，中国企业的技术水平和管理水平也必须提高，从而间接地也促进了相关产业工人技术水平的提高。据相关报道指出，外商直接投资的间接就业效应比直接就业效应要高出 2~3 倍，也就是说日本对华直接投资通过中国相关产业的发展而产生的就业效应要更大一些。例如在天津为天津一汽丰田所配套的厂商达到 224 家，在一定程度上为天津创造了更多的工作岗位，有利于解决就业问题。

除了在直接效应和间接效应作用下增加了劳动力就业人数以外，更重要的是提升了劳动力的素质和技术水平。日本的企业管理经验和管理文化名列世界前茅，世界众多国家纷纷效仿学习，日本跨国企业拥有一套系统的员工培训计划,在中国现地培养了一批管理和技术人才,这些是中国最大的财富。随着20世纪90年代日本制造业大举进入中国,以世界著名的"丰田管理方式"为首的一系列管理方式一同被引进中国,在中国掀起了一股向日本学习管理方式的浪潮,这期间培养起来的管理人才大多数成为此后中国企业管理中的中坚力量,这些优良的管理方式也成为中国企业管理模式的主要依据,很多中国企业纷纷效仿。

(三) 日本对华直接投资的就业效应的具体分析

1. 日本对华直接投资增长率影响对华直接投资的就业效应

日本对华直接投资的增长率提高,在一定程度上表明投资的总额有所增加,在各个行业中的投资总额也必然会增加。显然日本对华直接投资增长率的增加会给中国带来更多的工作岗位,对中国的就业人数的增加起到一定的促进作用。如图4-3所示,日本对华直接投资的增长率状况,在1980~2014年日本对华直接投资,绝大多数年份投资增长率为正,只有1983年下降比较明显,其余年份都低于0.5%。日本对华直接投资增长率负值集中在1998~2000年,这主要是因为这段时期日本受到亚洲金融危机的影响,日本国内经济大幅度衰退,对外直接投资的整体力度大大回落。而2013年的负增长主要是因为自2011年起受到钓鱼岛事件的影响,中日关系进一步恶化,自2012年开始日本逐年递减对华直接投资总额。由于日本对华直接投资的增长率在绝大多数年份中为正值,所以日本对华直接投资对中国劳动力的变化起到了拉动作用。而且日本对华直接投资主要集中在第二产业和第三产业,这样在促进中国劳动力就业水平提高的同时,也有利于转移农村剩余劳动力,带动中国就业结构趋于更加合理化。

2. 中国劳动力市场的变化也有利于日本对华直接投资的就业效应

改革开放以来我国的劳动力市场快速发展,健全程度越来越高,虽然拥有高端技术水平的工人仍然短缺,但是工人的技术水平普遍提高,劳动力的素质普遍提高,高学历的劳动力不断增多,第一产业的就业者逐渐转向第二

图 4-3　1980~2015年日本对华直接投资增长率的变化

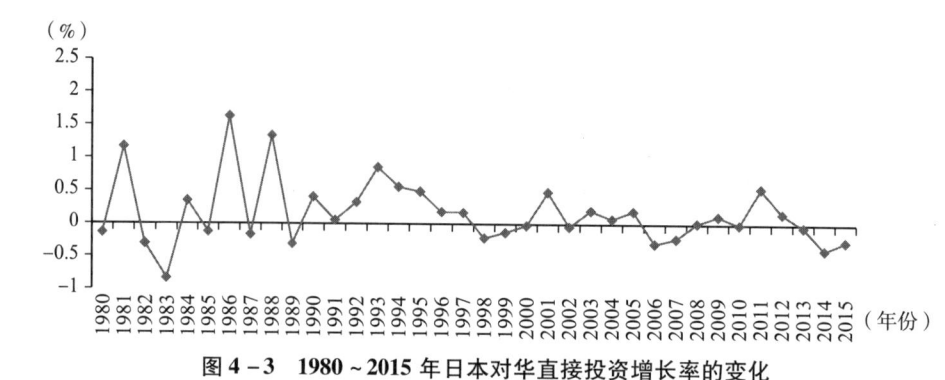

资料来源：根据各年度《日本统计年鉴》相关数据计算。

产业进而转向第三产业，从整体上看，我国的劳动力结构不断提升。除此以外，我国劳动力二级市场建设越来越完善，劳动力流动障碍越来越小，流动速度越来越快，劳动力结构越来越协调，各个地区劳动力平衡程度也有所改善。从国家的政策来看，近年来我国出台很多相关政策，保障了劳动者权益的同时促进了劳动力结构高级化。在这样的前提下，日本在华直接投资的企业，很快找到适合的劳动者，从而提高了中国的就业率。更为重要的是，随着中国劳动力结构的提升，和日本企业所需要的技术水平差距越来越小，可以缩小日本企业的培训时间和培训成本，就业效应显现的速度就会加快，同时，反过来日本对中国劳动者进行再培训的成本降低，以及我国劳动者提高技术水平的速度加快，亦更加充分发挥日本对华直接投资的就业效应。

第三节　产业关联效应

一、产业关联效应的概念

外商直接投资的产业关联效应就是跨国公司在东道国投资以后，对东道国相关产业的影响，主要分为向前关联和向后关联两种形式。向前关联一般是指跨国公司通过东道国公司，向东道国下游企业出售产品，这些产品多是东道国公司的生产要素，从而使外商直接投资企业与东道国其他企业建立向前关联效应。向后关联一般是指跨国公司向东道国的其他上游相关企业购买商品和生产要素的行为，从而使外商直接投资企业与东道国其他企业建立向后关联效应。

经济学家赫希曼（1958）指出产业关联效应对于东道国的经济发展有重要作用。赫希曼认为："伴随一个产业的建立，随之而来的是一个对投入品产生需求的新的不断扩大的市场，而不管这些投入品从一开始时候是否由国外供给。"显然，根据如上定义，促成新市场的形成是向后关联效应。而向前效应则是"每一种非初级的生产活动都会引起国内为其生产供应投入品，一个产业的产出品将构成另一个产业的投入品"。向前关联主要是指外商直接投资企业向东道国的当地批发商或最终顾客提供产品或服务，向后关联主要是指外商直接投资企业从东道国的当地供应商获得产品。

外商直接投资的向前关联会影响东道国的产业结构。因为跨国公司在东道国投资的企业往往都具备技术优势，产品较东道国相比，都是高级化的，在外资影响下生产出来的部分新产品会流入东道国的下游企业，成为东道国下游企业的原材料，随着东道国下游企业原材料科技含量的提升，为了实现生产过程随之要求东道国下游企业不断提高硬件和软件技术，从而有助于促进东道国生产技术水平的提高和产业结构的升级。

外商直接投资的向后关联也会影响东道国的产业结构。因为跨国公司在东道国生产的产品，由于技术含量较高，会提高原材料的要求，东道国供应商为了能够满足高技术含量产品的需要，必须改进技术、改善管理、采用新型的原材料，使用新的生产方法，全面提高了上游企业的技术水平，从而有助于东道国的产业结构升级。

二、影响产业关联效应的因素

（一）东道国的产业政策

产业政策是一个国家经济发展过程中的产业战略，它是产业发展导向。

东道国政府一般都会按照当时的产业政策，针对不同产业给予政策上不同程度的支持，而这些产业政策不仅促进了国内相关产业的发展，也成为外商直接投资企业进入东道国市场的投资选择。一般情况下，投资国都会根据东道国的产业政策选择有发展前途，而且是政府大力支持的产业进行投资，这样的投资安全系数高，投资回报也会相对较高。正如我国在20世纪80年代中期到90年代中期的时候，大力发展第二产业，那时从汽车制造业到电子产品制造业等工业产业都吸引了大量的外商直接投资，这和当时我国的产业政策引导成正相关关系。东道国的政府政策管理确实可以帮助投资者克服外商直接投资过程中的重重障碍和困难，为外商直接投资指明了方向，从而使得东道国吸引到有利于本国产业发展的真正需要的外资。

（二）投资国的投资状况

投资国的投资策略也是影响其在东道国产业关联效应的一个重要因素。投资国的投资可以在东道国带动上游和下游企业的发展，如果投资国是以技术进行投资在东道国投资建厂的话，必然会促进东道国其他企业的技术革新，会产生较强的产业关联效应。当然，东道国其他相关企业技术水平和产品质量的高低将决定外商直接投资的产业关联效应的大小。东道国的技术水平和投资国的技术水平越接近，投资国就可以在东道国尽快找到上游企业和下游企业，必然会促进其合作，也会大大促进产业关联效应的发挥。但是如果两个国家的技术水平差距过大，投资国很难及时找到其所需要的上游企业，投资国企业生产出来的产品也很难找到其对应的下游企业，这样就会使产业关联效应的发挥受到一定程度的限制。

（三）东道国的学习模仿能力

东道国的学习模仿能力在外商直接投资的产业关联效应中也起到了很重要的作用。外商直接投资企业进入东道国市场，必然会给东道国带来一定先进的技术和管理经验，给东道国注入了新的活力，也加剧了东道国企业间的竞争力。东道国的企业为了在竞争中立于不败之地，就要学习效仿外资企业的先进技术和管理经验，东道国的企业学习模仿能力的大小，是两者可以展开合作、促进东道国产业结构优化的前提条件。作为东道国的企业若想和外资企业共同发展，利用国际市场资源的话，就要努力学习外资企业的先进技术和管理经验，使本国企业发展与全球企业发展同步，快速加入全球产业链中，按照国际标准，不断学习，开拓进取，使外商直接投资的产业关联效应得到充分发挥。

三、日本对华直接投资的产业关联效应分析

（一）产业关联效应的机理分析

40多年来，日本对华直接投资确实对中国的产业结构升级有一定的影响作用，日本跨国公司进入中国给中国带来了大量的资金和先进的技术，在中国的日本独资企业和中日合资公司可以直接受到日本资金和技术的支持，随着日本跨国公司生产的原材料和生产零件的不断现代化，需要一大批中国企业提供原材料和生产配套零件，从而带动中国上游企业的发展。特别在对中国制造企业投资的过程中，呈现了较为突出的向后关联效应。

日本对华直接投资给我国带来的向前关联效应也是显而易见的。日本对华直接投资有利于中国企业生产的产品不断丰富，也有利于后续产品的深加工过程不断推进，产品的深度和广度都得到了不同程度的提高和扩展。随着中国国民收入水平的提高，居民的消费需求和消费层次不断提升，客观上促进了产品再加工和后续服务的发展，而且日本企业的产品后续服务举世闻名，随着我国对于生产和产品后续服务的需求越来越大，客观上也促进日本对华直接投资于相关领域，这样更加直接而且快速地带动了中国下游企业的发展，有利于中国下游企业产业结构升级。

中国改革开放以后，日本对华直接投资规模的不断扩大，对中国的上游和下游企业都有一定的带动作用，特别是随着中国企业自身技术水平的不断

提升，更有利于日本对华直接投资在中国产业关联效应的实现。图4-4为日本对华直接投资的产业关联效应。

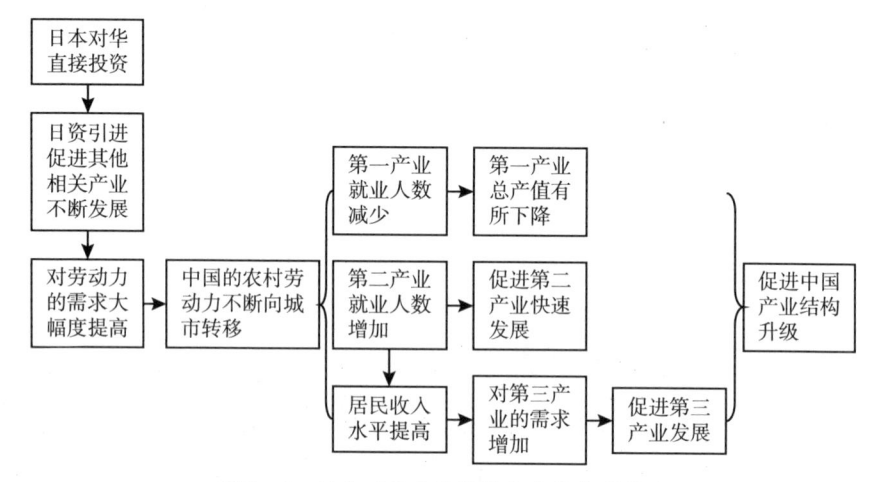

图4-4 日本对华直接投资的产业关联效应

（二）产业关联效应的具体分析

关联效应的大小可以用产业关联度来测量，在测量日本对华直接投资对中国的产业关联效应的时候也可以使用这一指标。产业关联度就是用数值来测算跨国公司的投资与东道国产业发展的相关程度。下面借鉴既往学者的研究方法，测算日本对华直接投资与中国产业结构升级的关联度。

假定W表示产业关联度，R_1，R_2，…，R_n表示日本对华直接投资与中国相关产业之间的关联度，其中1，2，3，…，n表示中国第n个相关产业，当日本对华直接投资增加ΔI时，对中国相关产业的关联度可以表示为：

$$W = \Delta I + \Delta I * R_1 + \Delta I * (R_1 * R_2) + \cdots + \Delta I * (R_1 * R_2 * \cdots R_n) \quad (4-1)$$

$W = \Delta I * \dfrac{1}{1-R}$ 对式（4-1）进行提取公倍数整理，可以整理为：

$$W = \Delta I * [1 + R_1 + (R_1 * R_2) + \cdots + (R_1 * R_2 * \cdots R_n)] \quad (4-2)$$

假定所有产业的关联度相等，即$R = R_1 = R_2 = \cdots = R_n$，则将式（4-2）

第四章　日本对华直接投资对中国产业结构升级的效应分析

可以简化为：

$$W = \Delta I * [1 + R + R^2 + \cdots + R^n] \quad (4-3)$$

将式（4-3）进一步简化，可得：

$$W = \Delta I * \frac{1}{1-R}(0 < R < 1) \quad (4-4)$$

在式（4-4）中$\frac{1}{1-R}$为日本对华直接投资的产业关联度。观察上式，由于1-R处于分母的位置，所以当R增大的时候，1-R变小，而产业关联系数$\frac{1}{1-R}$就会变大，于是产业关联度变大，而产业关联效应也会增大；相反，当R减少的时候，1-R变大，而产业关联系数$\frac{1}{1-R}$则变小，于是产业关联度变小，而产业关联效应也会下降。

根据上述关系，观察日本对华直接投资与中国相关产业关联效应的具体情况。日本对华直接投资与中国相关产业的关联效应W，与产业关联度R和对华直接投资额的变化ΔI相关，其中W随着ΔI的增加而增长，亦随着R的增加而增长。

从日本对华直接投资的历史来看，日本对华直接投资在中国的投资力度和投资广度呈现逐渐递增的趋势，涉及的领域也越来越广泛，所以产业关联系数R应该是不断增加的，如果R不断增加那么1-R就会越来越小，$\frac{1}{1-R}$就会越来越大，因为其和W是正相关关系，所以必然带动产业关联效应增加。

再将产业关联系数R看成短期内不变的数值，做比较静态的分析。如果R不变，那么$\frac{1}{1-R}$也就固定不变，而影响产业关联效应W的就只有日本对华直接投资的增加值ΔI这一个因素了，很显然产业关联效应W和日本对华直接投资的增加值ΔI是正相关关系，所以随着日本对华直接投资增加值的增加，产业关联效应也会增加，对中国相关产业的影响力度也会随之增大，从而有利于中国产业结构的升级。从 1980 年开始，大多数年份日本对华直接投资持续正增长，而且增长幅度越来越大。虽然在 1983 年、1998 年和 2013 年前后日本对华直接投资的年增长值出现了下滑，但是持续时间并不长，在下一个年度中很快又恢复了增长，而且增长速度很快，这些短暂的下降是受到了东南亚金融危机、世界金融危机、日本自身对外直接投资战略调整等因素的影响，但是这些暂时的下跌并不会影响整体投资增长的节奏。因此可以得出结论，日本对华直接投资不断增长，增强了与中国其他企业的联系，向前与向后的关联程度具有大幅度提升，日资的引入对中国相关产业的影响是显而易见的。

第五章 日本对华直接投资与中国产业结构升级的实证分析

从理论上来看，外商直接投资确实可以促进东道国的产业结构调整，主要通过资金和技术等方面的支持拉动东道国产业结构升级，这在很多既有文献中已经得到证实。但是理论的结构需要实证检验，因此本章就是通过实际数据，利用计量经济学的方法，来检验日本对华直接投资以及其他因素对中国的产业结构升级的影响。

一个国家产业结构升级受到众多因素的影响，如技术进步、固定资产投资、人力资本投资、制度因素、需求结构、外商直接投资等，本章通过数据分析，研究1979~2015年日本对华直接投资对中国产业结构升级的影响。1979年，日本直接投资开始进入中国市场，从总体上看，日本对华直接投资呈现了稳定的上升趋势，当然其中的部分年度是减少的，而且近三年来也出现了逐年下降的趋势，投资总额的下降给中国产业结构升级带来的影响需要通过数据来考察。本章首先利用VAR模型来探究日本对华直接投资总额以及其他因素与中国产业结构升级之间的相关性，试图预测日本对华直接投资未来的走势；然后利用分行业的面板数据，就日本对华直接投资影响我国产业结构升级的敏感性进行了判断；特别对日本对华投资产业结构升级的就业效应、技术溢出效应和产业关联效应进行定量敏感性测度。

第一节　影响中国整体产业结构升级的实证分析

一、中国产业结构升级的定量测度及判断

产业结构升级并不是个静态的过程，随着企业生产技术不断更新、社会经济发展水平不断提高、资源配置不断优化，低技术水平的产业将会被高技术水平的产业所取代，旧产业也会不断地被新产业所取代，各个产业之间的联系也会越来越紧密，产业结构逐渐走向合理化、高度化。

产业结构升级主要表现在：第一，第一产业的总产值不断下降，第二产业和第三产业的总产值不断增加；就业趋势也是从第一产业不断向第二产业和第三产业进行转移。第二，在每一个产业内部，在生产技术不断提高的前提下，都会出现新产品代替旧产品的产品不断更新的现象，即使在第一产业中也会出现现代农业不断代替传统农业的现象。同时，社会的物质产品越来越丰富，居民的需求层次也在不断地提高。第三，从第二产业内部来看，传统制造业不断被高技术的新型制造业所替代，新型制造业在第二产业中所占比例不断增大，劳动密集型制造业不断减少，技术密集型制造业与日俱增。

关于产业结构升级的测度指标，不同学者有不同的方法。大多数研究者都采用了非农化指数这一衡量指标。非农化指数是计算第二和第三产业的总产值占全部国内生产总值的比重，它是根据配第—克拉克定律得出的，研究发现在产业结构升级过程中，非农产业生产总值占全部产业生产总值的比重不断攀升。非农化水平的提高可以表现一个国家的产业结构升级趋势，但是在计算的过程中，计算第二产业和第三产业产值之和，使得非农化指数并不能表现第一产业到第二产业再到第三产业的动态变化过程。而且有的国家是个以农业为主的国家，第二产业和第三产业并不发达，但是如果该国从传统农业走向现代农业，其实产业结构也在升级，但非农化指数却无法表现这一现象。

20世纪70年代以后，信息化技术革命使得全球工业化企业的生产发生了翻天覆地的变化，"经济服务化"的趋势越来越明显，在"经济服务化"的过程中第三产业的贡献率要大于第二产业的贡献率，而使用非农化指数来考察产业结构升级显然是不行的。于春晖等（2011）提出使用第三产业和第二产业的产值之比来衡量产业结构升级，这一比值不断上升说明产业结构不断升级。这种产业结构升级的度量方法，很明显强调了第三产业的重要性，反映了"经济服务化"趋势。但其只是片面地突出考察了服务业在产业结构升级中的作用，并没有整体考察全部产业的作用。日本对华直接投资主要集中在了制造业，对于第三产业的影响力度没有第二产业大，"经济服务化"进程并不明显。

郭克莎（1999）曾提出产业结构高度化的概念，并且详细指出其主要表现形式。产业结构的高度化是不断变化的过程，它会在经济发展的过程中按照历史和逻辑的顺序不断向前演变。郭克莎选取"产值结构、就业结构、技术结构、资产结构"四个维度，全面考察了影响产业结构升级的四大主要因素，分别测算每个因素对产业结构升级的具体贡献程度。产业结构高度化的四个主要的指标之间是相辅相成、相互影响的，每一个指标都是其他指标实现的基础，同时其他指标的实现也会为这个指标的实现提供强有力的支持，但是郭克莎提出的四维测算指标，是针对制造业结构升级提出的。

徐德云（2008）指出产业结构升级的特征是第一产业的贡献越来越小，第二产业的贡献其次，第三产业的贡献则越来越大，在产业结构指标的测算中，第一产业赋值最小1，第二产业其次赋值2，而第三产业在产业结构升级中的作用最大，赋值3，具体指标为：

$$R = \sum_{i=1}^{3} y_i \times i = y_1 \times 1 + y_2 \times 2 + y_3 \times 3 \quad (1 \leqslant R \leqslant 3) \quad (5-1)$$

其中 y_i 为第 i 种产业的收入比重，即 Y_i/Y。R 值越接近于1说明产业结构层次越低，整个社会是个以第一产业为主要产业的社会，R 值越接近于2说明整个社会产业结构有所提升，是个以工业为主要产业的社会，R 值越接近于3说明整个社会产业结构在不断升级，是个以第三产业为主要产业的社会。但是对于每个产业按照其重要程度的不同赋值1、2、3略显牵强,而且这种测算方法要求产业供求结构要均衡,在现实中有时是达不到的。

徐德云提出的测算指标可以全面考察三次产业在产业结构升级中的整体作用,但它只是个静态指标,本章关于产业结构升级的测度指标,使用动态方法,在动态 More 值方法上进行一些变量的改动,以适应本书实证研究的需要。靖学青(2008)提出 More 值方法运用了空间向量的原理,将不同产业总产值比重做成一组向量,去考察两组向量在两个不同时期的夹角值,以此作为产业结构的变化值,从而去考察产业结构的变动状况。具体计算公式为:

$$M = \cos(\alpha) = \frac{\sum_{i=1}^{m} \omega_{i0} \times \omega_{it}}{\left[\sum_{i=1}^{m} \omega_{i0}^2 \times \sum_{i=1}^{m} \omega_{it}^2\right]^{1/2}} \tag{5-2}$$

其中,M 代表产业结构变化值,即两组向量夹角的余弦值。ω_{i0} 和 ω_{it} 分别表示基期和报告期的第 i 产业占全部国内生产总值的比重,m 代表部门,再对其求反函数,得出夹角值,即:

$$\alpha = \arccos(M) \tag{5-3}$$

上述方法计算了每一年和基期年相比较的不同产业结构的变化状况,本章首先从整体入手,考察日本对华直接投资对产业结构升级的影响,主要从三次产业的角度进行考查,所以根据上述思想构造本章产业结构升级的测算指标。首先,将我国三次产业的增加值占国内生产总值的比重作为一组向量指标即 $X_{i0} = (x_{10}, x_{20}, x_{30})$,另外将产业逐渐走向高度化的具体表现形式,也就是在产业结构升级过程中普遍存在的"第一产业在生产总值中所占的比重逐渐被第二和第三产业所替代"这一规律做成第二个向量 X_{ij},j 分别为1,2,3,具体表现为:

$$X_{i1} = (x_{11}, x_{21}, x_{31}) = (1, 0, 0)$$
$$X_{i2} = (x_{12}, x_{22}, x_{32}) = (0, 1, 0)$$
$$X_{i3} = (x_{13}, x_{23}, x_{33}) = (0, 0, 1)$$

第五章 日本对华直接投资与中国产业结构升级的实证分析

两个向量之间的夹角记作 θ_j，其中 $j=1, 2, 3$，具体公式为：

$$\theta_j = \arccos(\alpha) = \frac{\sum_{i=1}^{3} x_{ij} \times x_{i0}}{[\sum_{i=1}^{3} x_{ij}^2 \times \sum_{i=1}^{3} x_{i0}^2]^{1/2}} \quad (5-4)$$

再将公式（5-3）中的每年不同产业的向量夹角进行迭加计算产业结构高度化的指标 R，R 值越高说明当年的产业结构高级化水平越高。具体公式为：

$$R = \sum_{k=1}^{3} \sum_{j=1}^{3} \theta_j \quad j=1, 2, 3 \quad (5-5)$$

利用中国国家统计局官方网站上 1979~2015 年我国第一、第二和第三产业的增加值以及国内生产总值数据，计算三次产业增加值的贡献率，并根据式（5-3）计算夹角的弧度，根据式（5-4）计算产业结构升级的指标 R 值（见图 5-1）。

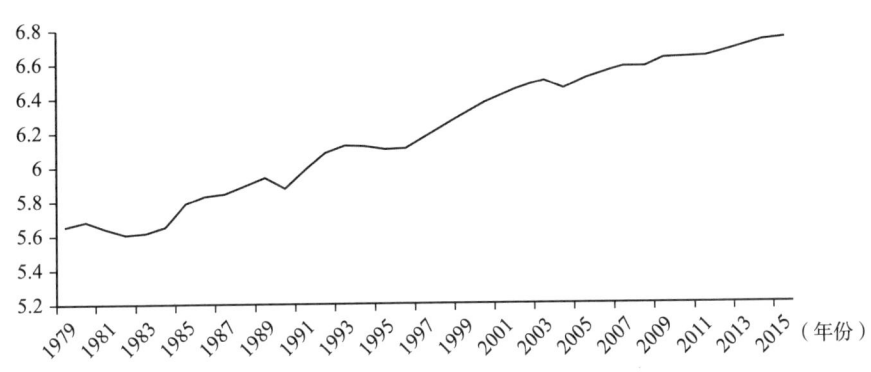

图 5-1　1979~2015 年产业结构升级指数（弧度 R）的变化趋势

资料来源：根据中国国家统计局三次产业相关数据整理计算。

上述理论已经说明 R 值越大代表一个国家的产业结构高级化水平越高，从图 5-1 可以看出 1979~2015 年，R 值曲线基本上是向右上方倾斜的，说明中国的产业结构整体上呈现不断上升趋势。从数值上看，2015 年产业结构高级化水平最高，而1982年则最低。2015年较1978年相比提高了1.4%，提高速度并不是很快，所以当前产业结构状况已经成为我国经济发展的束缚力量，如何利用好外资，更好地促进我国产业结构升级愈显重要。从整体来看，我国的产业结构不断走向高级化，但是在1981~1983年，我国产业结构状况有倒退的趋势，究其原因，是由于当时中国刚刚改革开放，国家着重提高农业生产效率，使得农业生产快速增长。但是这一阶段只持续了短短的三年，很快我国便加大了第二产业和第三产业的投资和改革的力度，随着计划经济走向市场经济，随着外商直接投资的不断增加，我国的生产技术越来越现代化，资金资本更加充裕，在全球化生产过程中产业结构也在持续而健康地升级。

二、变量选取及其说明

根据上文理论关于日本对华直接投资对产业结构升级的理论分析和已有相关实证文献模型涉及变量主要包括产业结构升级指数（R）、日本对华直接投资（JFDI）、技术进步（T）、制度因素（S）、资源供给因素和需求拉动因素（C）；其中资源供给因素又细分为资本积累（K）、劳动力（L）、就业结构（E）和人力资本（N），如表5-1所示。

表5-1　　　　　　　　　模型涉及的变量及其解释

变量	指标解释
产业结构升级指数（R）	用弧度（R）表示，模型解释变量，资料根据上文计算结果而得
日本对华直接投资（JFDI）	日本对华直接投资用（JFDI）表示，资料根据日本对华投资公报数据整理而得
技术进步（T）	技术进步（T）的替代变量按照文献传统采用科研机构研究经费与实验发展经费来表示，资料根据Wind数据库数据和国家统计年鉴数据整理而得
制度因素（S）	利用对外开放程度来表示制度因素（S）对产业升级的影响，即贸易总额与GDP的比例表示，资料来源根据Wind数据库数据整理计算而得

续表

变量	指标解释
资源供给因素	资源供给因素包括资本积累（K）、劳动力（L）、就业结构（E）和人力资本（N）。资本积累（K）用固定资本形成总额代替，劳动力（L）用总就业总量表示，就业结构（E）用二、三次产业就业人数占总就业人口的比重表示，人力资本（N）用普通高校总招生人数表示；资料根据 Wind 和国家统计年鉴数据整理计算而得
需求拉动因素（CU）	需求拉动因素（CU）用居民最终消费支出来表示，资料来源于 Wind 数据库
$\varepsilon_{i,t}$	随机误差

（一）技术进步是影响产业结构升级的最直接因素

技术进步影响产业结构升级大致体现在以下两个方面：第一，技术进步影响消费者的需求结构，进而影响产业结构。技术进步提高了产品的质量，也降低了产品的成本，一定程度上产品价格就会下降，人们的需求会因此而提高，消费者需求的提高，会促使生产者的产品要适应更高的要求，技术进步推动产品的更新换代，产业结构随之走向高级化。第二，技术进步影响了生产者的供给结构，进而影响产业结构。技术进步有利于改善企业的分工状态，提高了企业的生产效率，也会在世界范围内改变竞争格局。技术进步使企业逐步走向生产价值链的前端，成为生产的主导者，使该企业快速提高劳动者的收入，生产要素也会随之流向该企业，必将加速整个产业的结构升级。

技术进步提高了该行业的生产水平，产品走向高端化，新的生产材料、生产工具、生产方法也将随之出现。技术进步使得该行业劳动者的收入大幅度提高，生产要素会随之聚集到此行业。技术进步会降低该行业的生产成本，提高行业竞争力，吸引更多的研发者和工作者参与生产，进而推动产业结构升级。

(二) 外商直接投资的拉动作用

全球化时代的到来，国际贸易不断增加，大家越来越重视国际贸易，非贸易服务渐渐被贸易服务所取代。特别是 20 世纪 80 年代以后，外商直接投资大幅度增加，已经超过了贸易的增长速度。外商直接投资开始于发达国家向发展中国家进行投资，发达国家利用发展中国家的廉价劳动力，扩大世界市场占有率，带来资金和先进的技术，投资过程中伴随着技术溢出，有助于发展中国家产业结构升级。发达国家往往将自己的边缘产品转移到其他国家进行生产，回笼资金以后更加有助于本国内新产品的研发和生产，客观上加快了本国的产业结构优化速度。外商直接投资不仅仅是发达国家投向发展中国家，在发达国家之间也开始了外商直接投资，以及发展中国家也开始将本国的优势产品和技术投资于发达国家，在世界范围内掀起了外商直接投资热潮。

外商直接投资确实改变了世界范围内的分工状况，分工越来越细化也越来越合理化，有助于提高世界生产效率，对于投资国和东道国来说，两国的产业结构水平均可以提高。既往学者研究产业结构升级的时候，均以技术、人力、资本为内生变量，如今世界经济一体化程度越来越高，外商直接投资在各个国家中普遍存在，起的作用也越来越大，外商直接投资这一因素可以作为影响东道国产业结构升级的内生变量，外商直接投资的重要作用绝不能忽视。

(三) 制度因素的保障作用

制度一直被认为是影响产业结构升级的重要外生变量。经济学家诺思曾经说过："一系列制度方面的变化为产业革命这一根本性的变革铺平了道路。"他通过交易费用理论来解释，认为在产业革命过程中，交易费用必然增加，原有的经济组织就不能适应其发展，于是迫使产业组织发生变革，也就是产业结构的变革。制度变迁理论符合帕累托最优化规则，制度变迁是从结构调整的角度保障社会总收益的增加，但是又不会减少社会内部的个人收益，当制度变迁的收益大于成本的时候制度变迁必将出现，而制度变迁的本身就蕴含着产业结构的升级。

从世界各国产业结构升级的历史来看，都是两种机制作用的结果，一方面是市场的调节机制，另一方面则是政府的调控机制。市场的调节机制是产业结构升级的基础，是内生机制，而政府的调控机制这是产业结构升级的保障，是外生机制。在实际运作过程中，两种机制是相互影响、相互作用的。政府的干预对产业结构升级有指导作用，为产业结构升级提供了制度保障，也提供了宏观目标。

（四）资源供给的带动作用

资源供给主要包括三个方面：人力资本的供给、资金资本的供给和自然资源的供给，上述三个方面都会对一个国家的产业结构升级起到重要的推动作用。

1. 人力资本的供给

在生产活动和消费活动中，人是基本的主体。在生产活动中，农业人口逐渐转向非农业人口，为第二产业和第三产业的发展提供最基本的劳动力保障。随着人力资本素质不断提高，专业技术能力不断增强，有助于提高劳动生产效率，这样的人力资本可以适应高技术水平的生产，从而推动产业结构升级。从消费角度来看，按照钱纳里产业结构和就业结构理论，随着居民收入水平和就业结构的提高，产业结构也必然走向高级化，人们收入水平的提高，就会需求更高层次的消费品，有利于促进生产部门调整产业结构，生产更高层次的消费品来满足大家的要求，客观上推动了产业结构升级。在人力资本供给方面，需要关注劳动力供给数量与产业结构升级并不是总是呈现正相关关系，一方面人力资本供给不充足无法满足大规模生产的需求，另一方面人力资本供给过剩，为解决劳动力就业问题，国家会发展劳动密集型产业，但不利于产业结构升级。所以人力资本供给数量要适度，而且要不断增强劳动力的素质和生产技术水平，促进人力资本供给结构不断高级化。

2. 资金资本的供给

资金资本的供给能够为技术研发、生产规模的扩大、机器化大生产、原材料的采购、劳动力的培养、高级技术人员的育成等方面提供最基本的保障，它是产业结构升级的最有力的推动力量。资金资本的供给主要来源于两个方面：一方面是本国的资产投资主要是固定资产投资，另一方面是外商的直接投资。后文的实证分析中，会将这两个因素分开，具体考察其对中国产业结构升级的影响。另外，资金资本的供给既要看到总量，又要考察资金资本的供给结构，引导资金资本更多地投向第二产业和第三产业，以带动整体产业结构不断走向高级化。

3. 自然资源的供给

自然资源的丰富与匮乏也会对该国的产业结构升级产生一定的影响。自然资源比较丰富的国家，可以不断地利用自然资源，创造出更多新的、位于价值链高端的产品，而自然资源贫乏的国家则无法利用自然资源的优势。于是那些无法拥有自然资源优势的国家就要借助更多的科学技术，更加注重发展资源加工型产业，帮助国家的产业结构走向高级化。其实，对于那些自然资源丰富的国家也不可以无限制地使用自然资源，也需要利用先进的科学技术，不断提升产品的附加值，充分利用优良的自然资源，更快地促进产业结构升级。

（五）社会需求的引导作用

人类的一切生产行为都是为了满足更高层次的社会需求，满足更高层次的社会需求也必然是一个国家产业结构升级的目标。按照凯恩斯的宏观经济学理论，社会需求主要包括消费需求、投资需求、政府需求和进出口需求。

第一，消费需求是人们为了满足当前的某种生理或者心理的需要而采取的购买行为，根据马斯洛的人口需求层次理论[1]，人们的需求层次大致可以

---

[1] 马斯洛的人口需求层次理论于1943年在其著作《人类激励理论》中提出，他指出人们有五大层次的需求，即生理需求、安全需求、社交需求、尊重需求和自我实现需求，其中生理和安全需求的实现表明社会进入温饱阶段，社交和尊重需求的实现表明社会进入小康阶段，而自我实现需求的实现表明社会进入富裕阶段。

分为五级,其中温饱是最低等级,自我价值实现为最高等级,随着收入的增长人们的需求等级不断提高,人们在满足了生理的基本需求以后,就开始追求发展和享受。多层次和更高的需求客观上要求更多高质量的消费品供给,从而推动产业结构不断升级。

第二,投资需求包括了固定资产和流动资产的投资。增加固定资产投入,可以生产出更多的新产品,产品质量也会随之提高,高质量新产品的出现可以满足人们对于更高层次需求的追求,而且可以使企业规模不断增大,带动第二产业快速发展的同时客观上促进第三产业的发展,从而有利于国家的产业结构升级。

第三,政府的需求主要表现在政府购买。社会经济的发展对于全社会各个部门均产生一定的推动作用,对于政府购买也产生一定的影响,政府购买的消费资料和生产资料的总量增加的同时,购买的产品结构也在不断提升,就像个人消费需求一样多层次和更高的需求客观上要求有更多的质量更高的消费品供给,从而有利于客观上促进产业结构不断升级。

第四,进出口需求包括了进口和出口两个方面。首先,在进口方面,随着国外更多的商品、技术、资本不断进入东道国,给东道国的产业发展注入新的力量,东道国可以不断学习投资国企业的技术,带动国内关联企业共同发展,产业结构不断升级。其次,在出口方面,作为发展中国家,如果想把产品打入国际市场,在国际市场上增强竞争力的话,就要不断地研发新产品、努力提高产品的质量,在国际市场上,按照更高的国际标准进行生产,这无疑对国内的出口企业提出了更高的技术要求,在激烈的国际市场竞争中,东道国的产业结构亦会因此而不断升级。

三、模型构建

中国产业结构升级和日本对华直接投资(JFDI)、技术进步(T)、制度因素(S)、资源供给因素和需求拉动因素(CU)相关;其中资源供给因素又细分为资本积累(K)、劳动力(L)、就业结构(E)和人力资本(N)。

检验它们之间存在着长短期的相互影响关系,从具体数据逻辑上实证推断这些因素之间应该存在某些相互关系。协整向量自回归（Cointegrating VAR）方法广泛运用于经济分析的各个领域。滞后 P 期的简约化基准 VAR（P）系统可以表示为：

$$Y_t = C + \Phi_1 Y_{t-1} + \Phi_2 Y_{t-2} + \cdots + \Phi_p Y_{t-p} + Hx_t + \varepsilon_t \quad (5-6)$$

其中，Y_t 为 n×1 维常数向量，C 为 n×n 维自回归系数矩阵。x_t 为 d 维外生列向量，ε_t 为 n×1 维向量白噪音。

本章重点在于考察日本对华直接投资与中国产业结构升级之间的关系，所以建立多变量 VAR 模型，中国产业结构升级状况（R）、日本对华直接投资（JFDI）、技术进步（T）、资源供给因素和需求拉动因素（CU）、资本积累（K）、劳动力（L）作为内生变量，而制度因素（S）、就业结构（E）和人力资本（N）最为外生变量进入系统。由此，本部分多变量 VAR（P）系统可以表示为：

$$\begin{pmatrix} LR \\ LJFDI \\ LK \\ LL \\ LCU \end{pmatrix} = A \begin{pmatrix} LR(-1) \\ LJFDI(-1) \\ LK(-1) \\ LL(-1) \\ LCU(-1) \end{pmatrix} + B \begin{pmatrix} LR(-2) \\ LJFDI(-2) \\ LK(-2) \\ LL(-2) \\ LCU(-2) \end{pmatrix} + \cdots + C(LS \quad LN \quad LE \quad LT) + W$$

$$(5-7)$$

其中，A 表示系统内各变量滞后一期系数组成的向量，B 表示系统内各变量滞后二期系数构成的向量，C 表示外生变量系数构成的向量，W 为残差。

四、实证检验分析

（一）数据统计描述

表 5-2 的统计数据描述了 1979～2014 年中国产业结构状况（R）、日本对华投资总额（JFDI）、技术进步（T）、制度因素（S）、需求拉动因素

(CU)、资源供给因素（主要包括：资本积累（K）、劳动力（L）、就业结构（E）和人力资本（N））的特征，试图全面考察影响中国产业结构升级的因素。

表 5-2　　　　　　　　　1979~2014 年各数据的统计特征

变量	R	JFDI	T	S	CU	K	L	E	N
Mean	6.2013	28.2087	2583.7790	0.3609	62571.79	66141.03	65231.62	25.37	2739411.00
Median	6.1757	32.1500	408.8600	0.3395	36626.30	25029.50	69820.00	26.40	1000393.00
Maximum	6.7401	73.5156	14220.0000	0.6477	253927.40	295638.70	77451.00	42.40	7378000.00
Minimum	5.6065	0.0300	61.5800	0.1118	2014.00	1153.10	41024.00	12.60	275000.00
Std. Dev.	0.3754	22.6630	4052.1300	0.1475	73503.59	89241.24	11981.06	8.47	2632589.00
Skewness	-0.1499	0.2051	1.7032	0.1677	1.3429	1.4373	-0.7937	0.1659	0.6484
Kurtosis	1.6359	1.9530	4.6284	2.3194	3.6718	3.7240	2.1118	1.9433	1.7127
Jarque-Bera	3.0070	1.9493	21.9777	0.8875	11.8172	13.5482	5.1006	1.8912	5.1471
Probability	0.2224	0.3773	0.0000	0.6416	0.0027	0.0011	0.0781	0.3885	0.0763
Sum	229.4467	1043.7230	95599.8300	13.3532	2315156	2447218	2413570	939	101000000
Observations	37	37	37	37	37	37	37	37	37

资料来源：Wind 数据库和《中国统计年鉴》（1979~2014 各年度）。

从中国产业结构状况来看，按照上述计算公式得出产业结构水平最高时弧度为 6.7，最低时为 5.6，改革开放以来，中国的产业结构状况改善了 19.6%。日本对华直接投资总额最大值 73.5 亿美元，最小值 0.03 亿美元，增长了 2449 倍，说明从改革开放至今日本对华直接投资呈现不断增长的趋势。中国的科研机构研究经费与实验发展经费最多时投入 14220 亿元，较最低时的 61.58 亿元，增长了 230 倍，中国政府近年来确实加大了科研投入费用，特别是 21 世纪以后，政府越来越重视科技兴国。从制度因素来看，本书采用对外开放程度表示制度因素对我国产业结构升级的影响，通过计算贸易总额与 GDP 的比例，可以看到我们国家改革开放的步伐越来越大，开放程度也在不断提升,开放程度最高的时候为 64.77%,最低的时候仅有 11.18%,可见我国的改革开放程度不断提高,经济开发开放区的建设不断增加及深化,贸易总额不断增加,如今我国已经成为世界上贸易总额第二大国,进入全球市场的步伐也越迈越大。从需求拉动因素来看,我国居民的消费支出最高达到 253927 万亿元,较最低值 2014 亿元增长了 125 倍。内需的增加对于消费品的种类、质量、总量都会起到一定向上拉升的作用,对于企业提出了更高的要求。从国内固定资产投入来看,固定资产最高值达到 295638 万亿元,较最低值 1153.10 亿元增长了 255 倍,增长速度惊人,这主要是因为政府、社会和企业都在不断加大固定资产投入,促进生产规模的扩大,这也是一个国家工业化进程的必要投入。从劳动力投入来看,最多的年份达到 77451 万人,较最少的年份 41024 万人,只增长了 88.8%,这个增长幅度和前几个因素相比明显增速较慢,这主要是由于每个行业对于就业人数的吸纳都是有极限的,不能也不会随着产业结构的升级,发生第二产业和第三产业的人数无限制地增长下去,而第一产业却没有就业人数的情况,另外我国也逐渐步入老龄化,也是劳动力增加缓慢的一个重要因素。从就业结构来看,我国劳动力就业人数中从事第二产业和第三产业的人数所占的比重也是在不断上升的,从 12.6% 增加到 42.4%,就业结构的不断优化对于一个国家的产业结构升级将会产生一定的影响。从人力资本因素来看,改革开放的进程中,我国实施教育兴国,近年来我国的高校招生人数不断攀升,从 27.5 万人增加到 737.8 万人,增加幅度达到 25.8 倍。我国受高等教育的人数明显增加,具有专业知识和技能的人才也随之增加。

从上述数据来看,本书选取的九大指标都呈现了不断上涨的趋势,可以初步判断本书所选取的影响中国产业结构升级的日本对华制造业投资总额(JFDI)、技术进步(T)、制度(S)、需求拉动(CU)、资源供给五大因素八个指标会和中国产业结构状况有很强的相关性,下面可以对相关数据进行更深入的计量分析。

(二) 单位根检验

对一个时间序列进行计量分析的前提是要保证该时间序列是稳定的时间序列，通常使用检验单位根是否存在的方法来检验时间序列的稳定性，因此做时间序列模型检验的时候首先要进行单位根检验，排除伪回归现象。单位根检验是指该时间序列中单位根存在与否的检验。在做 VAR 系统之前，首先对模型进行单位根检验。如表 5-3 的数据显示了单位方程和单位根值，本系统存在 16 个单位根，其值大小在 0.47826~0.977898，满足小于 1 的假设。图 5-2 显示了 VAR 系统的全部特征根的倒数都在单位圆内，可以说明此时间序列的数据通过了平稳性检验，可以进行后续的 VAR 系统分析。

表 5-3　　　　　　　　　单位根检验结果

Roots of Characteristic Polynomial
Endogenous variables：LR LJFDI LK LL LCU LS LN LE LT

Exogenous variables：C，Lag specification：1 2

Root	Modulus
0.917920 - 0.306076i	0.967605
0.917920 + 0.306076i	0.967605
0.928188 - 0.093610i	0.932896
0.928188 + 0.093610i	0.932896
0.928333	0.928333
0.479138 + 0.732342i	0.875156
0.479138 - 0.732342i	0.875156
0.617382 - 0.473291i	0.777923
0.617382 + 0.473291i	0.777923
0.455939 - 0.621564i	0.770859
0.455939 + 0.621564i	0.770859
-0.576273 - 0.457091i	0.735542

续表

Root	Modulus
$-0.576273 + 0.457091i$	0.735542
$-0.060458 - 0.637344i$	0.640205
$-0.060458 + 0.637344i$	0.640205
-0.559429	0.559429
$0.044106 - 0.367486i$	0.370123
$0.044106 + 0.367486i$	0.370123

No root lies outside the unit circle.
VAR satisfies the stability condition.

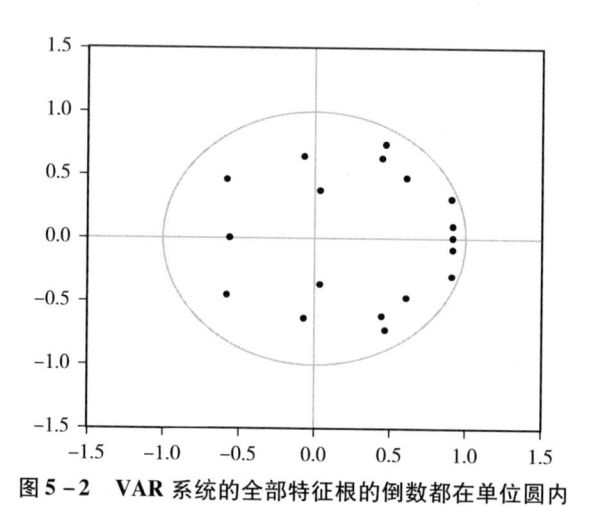

图 5-2　VAR 系统的全部特征根的倒数都在单位圆内

（三）最佳滞后期的判断

一般情况下对自变量和因变量的关系进行观测的时候，需要判断最佳的滞后期，大多数的经济变量之间都是不能及时显现影响关系的，一般都会存在滞后关系。下面根据 LogL、LR、FPE、AIC、SC、HQ 六种准则进行最佳滞后期的判断，根据表 5-4 的数据可以看出，LogL、LR、FPE、AIC 准则下二期是最佳滞后期，而 SC、HQ 准则下一期则是最佳滞后期，综合考虑后判定二期为最佳滞后期。

表 5-4　　　　　　　　　最佳滞后期的判断

VAR Lag Order Selection Criteria

Lag	LogL	LR	FPE	AIC	SC	HQ
0	216.8649	NA	9.06e-16	-11.93514	-11.57963	-11.81242
1	523.3660	455.3730	9.54e-22	-25.79234	-22.59277*	-24.68785*
2	621.4991	100.9369*	2.53e-22*	-27.74681*	-21.69917	-25.65654

* indicates lag order selected by the criterion
LR：sequential modified LR test statistic（each test at 5% level）
FPE：Final prediction error
AIC：Akaike information criterion
SC：Schwarz information criterion
HQ：Hannan-Quinn information criterion

注：*代表相应准则下最佳滞后期的选择。

（四）VAR 估计及其结果分析

从表 5-3 和表 5-4 结果可以看出，指标 LR、LJFDI、LK、LL、LN、LS、LCU、LE 的时间序列都满足单位根检验，都是平稳的时间序列。因此，采用序列 LR、LJFDI、LK、LL、LCU 的数据来建立 VAR（2）模型，其中，LS、LN、LT、LE 序列作为外生固定变量。根据 AIC 和 SC 取值最小的准则，经过多次尝试我们将变量滞后期数确定为二阶。根据表 5-5 的估计结果，LR 和 LJFDI、LK、LL、LCU 的 VAR（2）关系表达式可以写成：

$$\begin{pmatrix} LR \\ LJFDI \\ LK \\ LL \\ LCU \end{pmatrix} = \begin{pmatrix} 0.7997 \\ 26.1379 \\ -2.8366 \\ 1.0829 \\ -1.3049 \end{pmatrix} \begin{pmatrix} LR(-1) \\ LJFDI(-1) \\ LK(-1) \\ LL(-1) \\ LCU(-1) \end{pmatrix} + \begin{pmatrix} -0.4516 \\ -18.5520 \\ -0.0304 \\ -0.5486 \\ 0.1415 \end{pmatrix} \begin{pmatrix} LR(-2) \\ LJFDI(-2) \\ LK(-2) \\ LL(-2) \\ LCU(-2) \end{pmatrix}$$

$$+\begin{pmatrix} -0.0145 & 0.0201 & 0.0052 & 0.0053 \\ 2.1279 & 0.9733 & 6.6703 & -1.1733 \\ 0.1842 & 0.0265 & -0.2935 & 0.4580 \\ 0.0537 & -0.0281 & -0.0494 & 0.0424 \\ 0.0769 & -0.0291 & 0.0623 & 0.1084 \end{pmatrix}$$

(LS LN LE LT) (5-8)

表 5-5　　　　　　　　　　　VAR（2）估计结果

变量	LR	LJFDI	LK	LL	LCU
LR（-1）	0.799710 (0.12705) [6.29457]	26.13791 (21.2726) [1.22872]	-2.836578 (2.81781) [-1.00666]	1.082901 (0.70577) [1.53436]	-1.304899 (1.15409) [-1.13067]
LR（-2）	-0.451563 (0.12783) [-3.53266]	-18.55194 (21.4028) [-0.86680]	-0.030397 (2.83506) [-0.01072]	-0.548586 (0.71009) [-0.77256]	0.141504 (1.16116) [0.12186]
LJFDI（-1）	0.002463 (0.00119) [2.06814]	0.125167 (0.19942) [0.62765]	-0.008623 (0.02642) [-0.32643]	0.000131 (0.00662) [0.01979]	0.010457 (0.01082) [0.96656]
LJFDI（-2）	-0.000837 (0.00125) [-0.66787]	0.060193 (0.20995) [0.28671]	-0.041463 (0.02781) [-1.49094]	-0.009369 (0.00697) [-1.34512]	-0.014797 (0.01139) [-1.29911]
LK（-1）	0.009257 (0.00935) [0.98951]	-0.663447 (1.56632) [-0.42357]	1.503178 (0.20748) [7.24498]	-0.205978 (0.05197) [-3.96368]	0.417624 (0.08498) [4.91455]
LK（-2）	-0.006773 (0.01409) [-0.48083]	-1.898792 (2.35871) [-0.80501]	-0.708910 (0.31244) [-2.26894]	0.200555 (0.07826) [2.56282]	-0.109851 (0.12797) [-0.85844]
LL（-1）	0.164640 (0.03516) [4.68227]	-0.452925 (5.88753) [-0.07693]	0.029513 (0.77988) [0.03784]	0.737351 (0.19533) [3.77485]	0.251609 (0.31941) [0.78772]
LL（-2）	-0.088810 (0.03542) [-2.50765]	-1.173211 (5.92992) [-0.19785]	0.377979 (0.78549) [0.48120]	0.231577 (0.19674) [1.17708]	0.042249 (0.32171) [0.13132]
LCU（-1）	-0.014911 (0.02630) [-0.56704]	4.311763 (4.40287) [0.97931]	-0.072912 (0.58321) [-0.12502]	0.133984 (0.14608) [0.91723]	0.743735 (0.23887) [3.11358]

第五章 日本对华直接投资与中国产业结构升级的实证分析

续表

变量	LR	LJFDI	LK	LL	LCU
LCU（-2）	0.015056 (0.01585) [0.94967]	-1.771097 (2.65457) [-0.66719]	0.439812 (0.35163) [1.25078]	-0.124495 (0.08807) [-1.41357]	-0.114462 (0.14402) [-0.79478]
LS	0.014500 (0.00600) [-2.41487]	2.127865 (1.00537) [2.11650]	0.184245 (0.13317) [1.38350]	0.053706 (0.03336) [1.61013]	0.076938 (0.05454) [1.41057]
LN	0.020108 (0.00515) [3.90069]	-0.973324 (0.86314) [-1.12766]	0.026505 (0.11433) [0.23182]	-0.028115 (0.02864) [-0.98179]	-0.029069 (0.04683) [-0.62076]
LE	0.005191 (0.02438) [0.21293]	6.670274 (4.08165) [1.63421]	-0.293483 (0.54067) [-0.54282]	-0.049395 (0.13542) [-0.36476]	0.062326 (0.22144) [0.28146]
LT	0.005279 (0.00934) [-0.56516]	-1.173297 (1.55494) [-0.75456]	0.457993 (0.18326) [2.49908]	0.042424 (0.05146) [0.82445]	0.108393 (0.08216) [1.31931]
R-squared	0.997524	0.934096	0.998549	0.991767	0.999650
Adj. R-squared	0.996174	0.898149	0.997758	0.987276	0.999459
Sum sq. resids	0.000291	8.158450	0.143151	0.008980	0.024013
S. E. equation	0.003637	0.608965	0.080665	0.020204	0.033038
F-statistic	738.6846	25.98507	1262.027	220.8471	5235.567
Log likelihood	155.0437	-24.17771	46.57325	95.02842	77.81584
Akaike AIC	-8.116781	2.124440	-1.918472	-4.687338	-3.703762
Schwarz SC	-7.539081	2.702141	-1.340771	-4.109637	-3.126061
Mean dependent	1.827952	2.593594	10.06834	11.09149	10.31755
S. D. dependent	0.058797	1.908138	1.703672	0.179112	1.420442
Determinant resid covariance (dof adj.)	6.73E-15			
Determinant resid covariance	6.60E-16			
Log likelihood	363.3756			
Akaike information criterion	-17.05003			
Schwarz criterion	-14.16153			

从检验结果来看，日本对华直接投资总额（JFDI）、制度因素（S）、需求拉动因素（CU）、资本积累（K）、技术进步（T）、劳动力（L）、就业结构（E）和人力资本（N）这几大因素与中国产业结构升级有很强的相关性。

从数据上看，日本对华直接投资在滞后一期对中国产业结构升级有明显的促进作用，这种促进作用不会随着日资进入中国市场而快速显现，而是有一个滞后的时期，这是由于外商直接投资在当期可以给东道国带来产值的提高，但是产业结构升级是个漫长的过程，需要国内相关产业的集体提升，因此有一个滞后的时期是符合现实规律的。

国内的固定资本投资在滞后一期对产业结构升级的促进作用也很明显，说明近年来中国加大投资的效果已经显现，但是在滞后二期对中国的产业结构升级出现了阻碍作用，说明我国的固定资产投资的结构还处于不合理的状态，需要进一步调整。

技术进步对我国经济发展和产业结构升级有明显的促进作用。在我国产业结构升级的过程中，最直接的动力就是技术进步。技术进步主要依靠国家的资本投资，在改革开放的过程中，跨国公司的技术输入也是促进中国技术进步很重要的一个因素，随着产业结构升级，对于我国技术进步也有很强的反作用力。产业结构越高级越要求有更高的技术作为支撑，二者是互相促进的关系。

劳动力就业人数在滞后一期对产业结构升级的效果不明显，但是在滞后二期明显出现正效应，说明劳动力就业人数的增加确实也对产业结构升级有一定的促进作用，但是作用不大，在从劳动密集型企业走向资本技术密集型的企业过程中，劳动力就业人数的减少是客观存在的，但是从长期来看，劳动力是第一生产力，劳动力人数无法保证的话，对产业结构升级也是有很大影响的。和劳动力人数比较起来，对于产业结构升级更为重要的是就业结构，就业结构不断升级和产业结构升级相辅相成、相互影响。

消费者的需求对于产业结构升级的作用在滞后一期为负，而且很不明显，但是在滞后二期明显为正。说明一个国家消费支出的增长，消费结构的不断变化，会推动该国的产业结构升级，而日本对华直接投资的增加也在客观上促进了消费者需求层次和结构的改变。

制度因素即我国对外开放的程度对于中国产业结构升级的影响显著为正，说明我国改革开放的成效已经凸现，应该加快对外开放的步伐，在全球化进程中加速中国产业结构升级。

人力资本对中国产业结构升级的影响也显著为正，说明人力资本投资、专业技术人员的培养是促进产业结构升级的重要环节，教育兴国的战略要不断继承并发展。

（五）日本对华直接投资冲击对其他变量的影响

图5-3显示了对日本对华直接投资总额（JFDI）给予冲击后，对中国产业结构状况（R）、制度因素（S）、技术进步（T）、需求拉动因素（CU）、资源供给因素［主要包括：资本积累（K）、劳动力（L）、就业结构（E）和人力资本（N）］等变量的影响。不仅可以考察日本对华直接投资对中国产业结构的影响，还可以考察对影响产业结构升级的其他变量的影响，下面做详细的分析，以便整体把握日本对华直接投资的作用。

1. 对需求拉动因素的影响

在本期给JFDI一个正冲击后，中国的消费者支出水平在短期内会呈现上升趋势，将第2期达到正向最大之后逐渐收敛，在第8期之后出现一定的阻碍作用，整体来看日本对华直接投资的增加会在一定程度上促进中国的消费需求的增加。日本对华直接投资的增加，有助于提高中国企业的生产技术，生产出更多新的产品和高质量的产品，使中国居民的消费水平大大提高，消费支出也不断增加。从图形上看，虽然在第2期之后呈收敛的趋势，但是在很长一段时间内对需求的冲击都是正向的，说明日本对华直接投资确实有利于促进中国需求增加，而长期以来中国的有效需求不足，需要通过内需的增加以促进中国经济发展的问题，可以通过加大日本对华直接投资这一途径来解决。

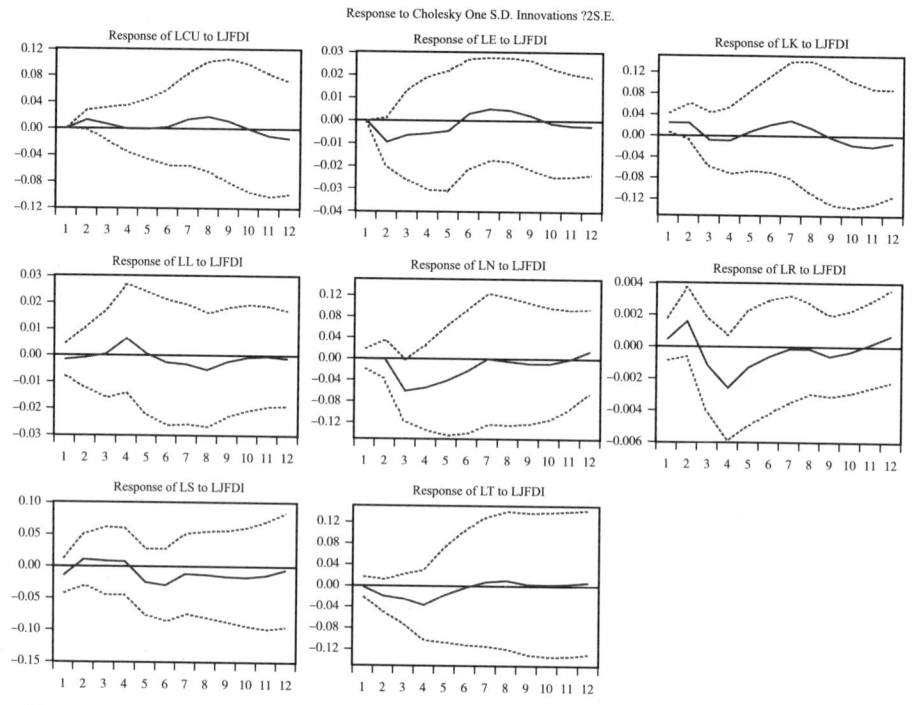

图 5-3　日本对华直接投资 JFDI 对 LCU、LE、LK、LL、LN、LR、LS、LT 的影响

2. 对就业结构的影响

在本期给 JFDI 一个正冲击后，中国的就业结构水平短期内会呈现下降的趋势，但是从第 2 期开始不断上升，第 6 期达到正向最大之后逐渐收敛，从整体上看日本对华直接投资对于中国就业结构的提升有一定的作用，但是这种促进作用不会在短期内出现。就业结构的优化升级是第二产业和第三产业就业人数所占比例不断上升的过程，是掌握高技术的劳动力人数所占比例不断上升的过程，日本对华直接投资给中国带来了资金和技术支持，在一定程度上为中国培养了高技术水平的员工，但是日资企业在中国企业中所占的比例较小，规模也不大，对于员工的培养又受到专业的限制，因此对中国就业结构升级的促进作用不可能很快就显现，员工的学习过程需要时间，学习后的传播、模仿、教授的过程也需要时间，因此就业结构水平提升的效应将

在一段时期后才出现。因此，我国引进日本对华直接投资的目的之一就是利用其先进的技术和管理经验，为中国培养更多的高层次专业技术和管理人才，提升中国的就业结构状况。

3. 对资本积累的影响

在本期给 JFDI 一个正冲击后，中国国内资本积累即固定资产投资在短期内会呈现向上走的趋势，将第 2 期达到正向最大之后逐渐收敛，但是依然会对国内固定资产投资起到一定的促进作用，直到第 7 期开始促进作用变成阻碍作用，因此推断日本对华直接投资对国内固定资产投资短期内起到促进作用，但是长期则阻碍了国内固定资产投资。这是因为，在短期内日本对华直接投资的增加，必然带动中国相关产业的发展，同时企业竞争越来越厉害，产业关联效应的出现，招商引资环境的改善，随着外资投入的增加也会带动国内投资的增加。然而从长期来看，若中国的产业结构调整和经济发展过分依赖于外国对华直接投资的话，对华直接投资的挤出效应必然发挥作用，使得国内固定资产的投资趋于下降趋势。

4. 对劳动力就业的影响

在本期给 JFDI 一个正冲击后，中国的劳动力就业人数在短期内会呈现先向下后上升的趋势，将第 4 期达到正向最大之后逐渐收敛，并出现一定的阻碍作用，但是从长期来看这种阻碍作用又呈现收敛趋势。从日本对华直接投资的历程来看，主要是投资于中国的制造业，制造业总体来讲属于劳动密集型产业，需要大量的劳动力，随着对制造业投资力度的加大，确实在一定程度上为中国缓解了就业压力，增加了就业人数，但是我们正在经历着从劳动密集型向资本、技术密集型转变的过程，转变过程中必然使得一些从业人员下岗，伴随着产业结构的升级而减少劳动力的就业数量，但是从长远来看，随着日本对华直接投资领域的扩展，也会在一定程度上有利于中国劳动力就业人数的增加，从这个角度来讲还是应该不断扩大日本对华直接投资规模的。

5. 对人力资本的影响

在本期给 JFDI 一个正冲击后，中国的人力资本结构短期内会呈现微弱上升然后下降的趋势,但是从第3期开始负的影响呈现不断收敛的趋势,从长期来看这种负的影响有逐渐减少的趋势,从整体上看日本对华直接投资对于中国人力资本结构的提升的作用是有限的。人力资本结构主要借用中国每年高校招生人数这一指标,日本对华直接投资规模的增加,日资企业的不断增多,客观上对大学毕业生的需求增加,但是这种增加是很有限的,因此并没有在冲击图上显示出正向拉动作用。相反,一些日资企业,特别是制造型企业对于熟练劳动工人的需求要多于管理人员的需求,这些工人并不需要大学学历,而是需要在技校中更多地掌握操作技术,因此会引导一些学生去一些职业技术类学校,因此日本对华直接投资的增加对高校在校生的增加并没有起到很强的促进作用,相反有一定的阻碍作用。

6. 对中国产业结构状况的影响

在本期给 JFDI 一个正冲击后,中国产业结构升级状况 R 在短期内会呈现上升趋势,结构升级效应在第 2 期达到正向最大之后逐渐收敛。这表明短期内 JFDI 的增加会对中国产业结构升级效应比较明显,但是从第 2 期开始,这种带动作用将会变得越来越弱,甚至变成了阻碍作用,阻碍作用并没有持续很长的时间,马上从第 4 期开始阻碍作用开始减弱,慢慢又变成了促进作用。从这一冲击反应来看,日本对华直接投资对中国产业结构升级的作用并不是一直起到拉动作用,短期内由于给中国带来了资金和技术支持,技术溢出效应、就业溢出效应和产业关联效应都会发生,从而促进中国产业结构升级。后来促进作用减弱,阻碍作用显现,说明日本对华直接投资对中国产业结构升级的促进作用是有限的,中国的产业结构升级需要依靠多重因素,特别是要依靠自主创新。从长期来看,最终阻碍作用缩小,促进作用恢复,为不断扩大日本对华直接投资规模,促进中国产业结构升级提供了依据。因此,在短期要充分发挥日本对华直接投资的产业结构效应,在长期不能因暂时的阻碍而减少引资规模,而是要努力改善国内引资环境,减少阻碍的时期,在长期也能尽快发挥日本对华直接投资的产业结构效应。

7. 对制度因素的影响

在本期给 JFDI 一个正冲击后,中国的对外开放程度在短期内会呈现上升的趋势,将第2期达到正向最大之后逐渐收敛,出现负的影响,但是从长期来看这种负的影响有逐渐减少的趋势。中国改革开放的同时日本开始对华直接投资,二者开始的时间是相同的,关系是紧密的。一方面伴随着中国的改革开放,市场化程度越来越高,优惠的政策也不断增加,更加吸引日本企业来华投资;另一方面,日本对华直接投资规模的增加,投资领域的扩大,也加速了中国改革开放的步伐。从长期来看,为了促进日本对华直接投资的力度而制定了一些优惠政策,但是这些政策并没有更多吸引其他国家来华投资,从而有时也会限制了中国对其他国家开放的力度,进而不利于改革开放的深化。但是从长期来看,日本对华直接投资的进程中,会客观上促进中国进一步改革开放,进一步市场化,进一步国际化。

8. 对技术进步的影响

在本期给 JFDI 一个正冲击后,技术进步在当期并没有明显的上升趋势,反而出现了下降的趋势,但是从第4期开始逐渐反弹,并且呈现出对我国技术进步一定的促进作用。从理论上看,外商直接投资的技术溢出效应的大小与东道国的技术水平以及学习模仿能力相关,日本对华直接投资在短期内对中国技术进步的促进作用不大,就是因为中日之间的技术差距较大,引进日本先进的技术反而阻碍了中国自身的科研探索,由于差距大、学习能力不高,使得日本先进技术起到的作用不大。但是从长期来看,由于中国企业边干边学,在和日本企业不断地接触过程中,学习模仿能力不断增强,从而不仅学习了日本先进的技术,还根据中国实际状况不断改造和创新了技术,于是加快了中国技术进步的步伐。

第二节 分行业面板数据的 GMM 模型分析

上述内容利用 VAR 模型,验证并分析日本对华直接投资以及其他因素对中国产业结构升级的影响,通过实证检验结果,可以证明日本对华直接投资确实对中国产业结构升级存在一定的促进作用。针对这一结果，选取产业中相关的主要行业，借以从中观层面对日本对华直接投资影响我国产业结构升级的敏感性进行判断；特别对日本对华投资产业结构升级的就业效应、技术溢出效应和产业关联效应的定量敏感性进行测度。

由于我国公开公布外商直接投资分行业的数据始于1980年，相关时间序列数据不足且观察值不足，所有以往从行业层面上分析我国外商直接投资影响的回归模型比较少。幸运的是，日本对华直接投资的行业数据在日本财务省的财政金融统计月报等相关统计年鉴中可以获取。考虑到外商直接投资在部门作用敏感度的差异，本部门将进一步采用行业的面板数据建立Panal data模型，以考察日本对华直接投资和产业升级关系的就业效应、技术溢出效应和产业关联效应。本书参考钱纳里的结构增长模型，将影响我国产业结构升级的重要变量一并考察，构建本书研究适用的面板数据模型，构建GMM模型就日本对华直接投资的产业结构效应进行了定量观测。

一、模型构建

对日本对华直接投资的数据进行广泛搜集，通过日本财务省的《财政金融统计月报》已经获得较为丰富的日本对华直接投资的行业数据，由于2005年以前的统计方法和2005年以后的统计方法不同，根据相关数据的可利用性，本部分的研究只选取了2005年以后的行业数据，时间很短，因此本部分研究系采用GMM（SYS－GMM）方法。在估计面板数据模型时，使用最小二乘估计（OLS）或混合估计方法，通常不能排除滞后不可观测的异质性，导致模型难以通过稳定性测试。在动态面板模型中，因变量的滞后项普遍存在，这一从属变量的存在往往会使得解释变量和随机误差项之间的相关关系不可避免。如果使用传统的固定效应或标准随机效应估计，它不能避免均匀性参数估计问题的出现，从而导致计量分析失真，扭曲变量的经济意义，所以使用GMM估计方法，这一方法可以在很大程度上避免二者相关性的存在。

（一） SYS-GMM 估计的一般模型

20世纪90年代，不同学者不约而同地提出了 SYS-GMM 估计的想法。SYS-GMM 假定工具变量和随机误差项不相关，尽可能通过选择具有上述二者相关系数趋于0的参数估计，估计后的相关矩阵就是标准函数。通过选择适当的加权矩阵，即使存在自相关或者异方差，也能保证估计结果是无偏的。根据这一原理，构建基本的 GMM 模型，如下：

$$y_{i,t} = \alpha_{it} + \beta'_{it} x_{i,t} + \mu_{i,t} \quad (5-9)$$

式（5-9）中 $y_{i,t}$ 为因变量向量，$x_{i,t}$ 为自变量矩阵，$\mu_{i,t}$ 为扰动向量，针对基本模型式（5-7）加入动态因素，式（5-7）中增加一项自回归表达式 $\sum_{k=1}^{p} \alpha_k y_{i,t-k}$，即可得到加入动态因素的模型：

$$y_{i,t} = \sum_{k=1}^{p} \alpha_k y_{i,t-k} + \beta'_{it} X_{i,t} + \gamma_{i,t} CV_{i,t} + \eta_i + \varepsilon_{i,t} \quad (5-10)$$

式（5-10）中 $X_{i,t}$ 为自变量，$CV_{i,t}$ 为外生控制变量，η_i 为虚拟变量，$\varepsilon_{i,t}$ 随机扰动变量。根据原理要求，首先确认待估参数向量的维数等于模型中工具变量的个数，但是如果模型存在过度识别的话，待估参数向量的维数等于模型中工具变量的个数，即：

$$E[Z'u(y, \phi, X)] = 0 \quad (5-11)$$

式（5-11）对于所有的参数估计并不是都成立的。此时为了进行后续实证分析，构造最小化准则函数，即：

$$\sum_{i=1}^{T} [Z'u(y, \phi, X)]'B[Z'u(y, \phi, X)] \quad (5-12)$$

式（5-12）测量样本矩与实际矩接近0的距离的程度。式（5-10）中的 B 表示加权矩阵。如果 B 是正定矩阵，则式（5-10）得到参数 ϕ 的估计与原模型是相同的。为此，对式（5-8）进行一阶差分处理，寻找恰当的工具变量以及相应的矩条件表达方式，结果如下：

$$\Delta y_{i,t} = \alpha_k \Delta y_{i,t-k-1} + \beta'_{it} \Delta X_{i,t} + \gamma_{i,t} \Delta CV_{i,t} + \Delta \eta_i + \Delta \varepsilon_{i,t} \quad (5-13)$$

式（5-13）即为 SYS-GMM 估计的一般方程式。

（二）基于影响因素的日本对华直接投资与产业升级关系的 GMM 模型

经济增长的过程一定会伴随着产业结构升级，很多因素会同时影响经济增长和产业结构升级，本书借用经济增长理论构造了国家产业结构升级的模型。在众多增长模型中，钱纳里结构增长模型最为经典，在既往研究中可以解释一个国家在经济增长过程中的产业结构变动趋势，很多学者将其作为研究一个国家产业结构升级的基准模型。这个模型将影响产业结构升级的因素归纳为三大部分，即：第一，常规因素，主要包括技术进步、资本和人力资本等基本要素供给因素；第二，结构因素，主要包括劳动力结构；第三，外部制度因素，主要包括市场开放程度、外商直接投资状况等。本书借鉴钱纳里（1998）的基准方程，构建基于行业数据的面板估计方程模型。钱纳里的基准方程如下：

$$R = \alpha + \beta_1 \ln A + \beta_2 (\ln A)^2 + \gamma_1 \ln N + \gamma_2 (\ln N)^2 + \sum \delta_i T_i + \varepsilon S$$

(5-14)

式（5-14）中 R 表示该国产业结构的变化；A 表示人均国内生产总值；N 表示人口总额；T 表示时间趋势；S 表示影响国内生产总值的一些其他因素，如储蓄、投资、净出口等。首先，基于基准方程，观察日本直接投资对中国产业结构影响，本章固定其他影响因素并且以 CV 控制变量表示；其次，根据数据性质，本章将变量进行对数化处理，建立双对数模型。这样一方面保证了数据的平稳性，另一方面模型的变量系数可以说明解释变量对于被解释变量的弹性大小，更加方便了回归方程的经济学解释；最后，外商直接投资的作用往往都表现出滞后性的特点，因此本部分在研究模型中加入了日本对华直接投资的一期、两期滞后项，使研究更贴近实际。基于上述想法，形成本书基于行业数据的面板估计方程模型表示如下：

$$\ln R_{i,t} = \alpha_0 + \beta_1 \ln JFDI_{i,t} + \beta_2 P \times \ln JFDI_{i,t} + \beta_3 \ln JFDI_{i,t-1} + \beta_3 \ln JFDI_{i,t-2} + CV_{i,t} \tag{5-15}$$

本章将以方程（5-15）为基础，构建有外生变量的动态面板模型，即：

$$\ln R_{i,t} = \alpha_0 + \sum_{k=1}^{P} \alpha_k \ln R_{i,t-k} + \beta_2 P \times \ln JFDI_{i,t} + \beta_3 \ln JFDI_{i,t-1} + \beta_3 \ln JFDI_{i,t-2} + \gamma_{i,t} CV_{i,t} + \eta_i + \varepsilon_{i,t} \tag{5-16}$$

其中，式（5-16）中 $CV_{i,t}$ 为一组控制变量，是由（y，k，r，m，t_h）′变量组成的向量。消除个体固定效用，进行一阶差分可得式（5-17）：

$$\Delta R_{i,t} = \alpha_k \Delta R_{i,t-k-1} + \beta'_{it} \Delta JFDI_{i,t} + \gamma_{i,t} \Delta CV_{i,t} + \Delta \eta_i + \Delta \varepsilon_{i,t} \tag{5-17}$$

二、变量选取及其说明

（一）基于日本对华投资与产业升级 GMM 模型变量的选取及解释

本章选取第二和第三产业中主要行业的相关数据进行计量分析，主要包括：产业结构升级指数（R）、日本对华直接投资（JFDI）、技术进步（T）、资本积累（K）、劳动力（L）和就业结构（E）等变量的数据。本部分计量模型所涉及的指标及其指标的具体解释如表 5-6 所示。

表 5-6　　　　　　　　计量估计模型涉及的变量及其解释

指标类型		指标解释
$R_{i,t}$		i 行业 t 时期的结构升级指标，本书采用各行业占总产值的比重
$JFDI_{i,t}$		表示 i 行业 t 时期日本对华直接投资
$CV_{i,t}$	资本积累（K）	资本积累（K）用固定资本形成总额代替
	劳动力（L）	劳动力（L）用该行业总就业量表示
	就业结构（E）	用各行业就业人数占总就业人数的比重表示
	技术进步（T）	按照文献传统采用科研和机构研究经费与实验发展经费来表示，数据由 Wind 数据库和中国国家统计年鉴数据整理而得
η_i		各行业不可观察的固定效应变量
$\varepsilon_{i,t}$		随机误差

(二) 数据来源及相关说明

对于行业的选取，根据数据的可获得性，本章数据时间跨度为 2005~2014 年，共 10 年的年度数据。截面分别选取各大产业中具有代表性的行业，共 14 个；其中，第二产业 9 个，第三产业 5 个。选取行业具体特征见表 5-7。

表 5-7　　　　　　三次产业中代表行业的具体特征

行业	行业特征	所属行业	密集生产要素	产业结构升级预期变化
食品	第二产业中的低技术行业	第二产业	劳动密集型	负相关
纺织	第二产业中的低技术行业	第二产业	劳动密集型	负相关
化学医药	第二产业中的高技术行业	第二产业	资金密集型	正相关
一般机械	第二产业中的中高技术行业	第二产业	劳动密集型	正相关
电气机械	第二产业中的中高技术行业	第二产业	资金密集型	正相关
运输机械	第二产业中的中高技术行业	第二产业	资金密集型	正相关
精密机械	第二产业中的高技术行业	第二产业	技术密集型	正相关
建筑业	第二产业中的中技术行业	第二产业	资金密集型	正相关
通信业	第二产业中的高技术行业	第二产业	资金密集型	正相关
运输业	第三产业中的重要行业，发展速度较快的行业	第三产业	劳动密集型	负相关
批发零售	第三产业中的重要行业，发展速度较快的行业	第三产业	劳动密集型	负相关
商业	日本对华在第三产业中的主要投资产业	第三产业	资金密集型	正相关
不动产	第三产业中的重要行业，发展速度加快	第三产业	资金密集型	正相关
金融保险	第三产业中的主要行业	第三产业	资金密集型	正相关

注：由于日本对华直接投资中在第一行业中的总额有限，因此在分行业的实证检验中并没有选取第一行业的数据，只是针对第二和第三产业的数据进行实证检验。

在日本对华直接投资的行业明细表中包括了三次产业的 20 种行业，之所以选取以上 14 种行业，是因为日本对华直接投资的各行业明细数据中第一产业农业和牧渔的投资很少,而且第一产业只细分了两个行业,所提供的数据无法和第二产业、第三产业的数据放在一起进行面板分析。第二、第三产业之所以选取以上14种细分行业,一方面是由于选取的行业都是产业中的代表行业,数据的代表性极强;另一方面是日本对华直接投资有相关行业的数据,并且中国也有相关行业的固定资产投资、劳动力就业、科研投入等相关数据,可以进行后续计量分析。上述14种代表行业的明细名称中日两国在统计上略有差异,下面逐一进行说明。日本对华直接投资的食品行业在中国对应食品制造业,纺织对应纺织业,化学医药对应化工原料及化学制品制造业和医药制造业之和,一般机械对应通用设备制造业,运输机械对应交通运输设备制造业,精密机械对应专用设备制造业,电气机械对应电气机械及器材制造业,建筑业对应建筑业,通信业对应通信设备、计算机及其他电子设备制造业,运输业对应交通运输、仓储和邮政业,批发零售对应批发和零售业,商业对应商务服务业,不动产对应房地产业,金融保险对应金融业。

本部分的数据中关于中国相关行业数据主要来源于2006~2015年各年度的《中国统计年鉴》《中国工业统计年鉴》《中国高技术产业统计年鉴》《全国科技经费统计公报》等资料,也有部分数据来源于中国工业企业数据库、中国工业经济与社会发展统计数据库、Wind数据库。关于日本对华各个行业直接投资数据来源于2006~2015年各年度日本财务省的《财政金融统计月报》《日本统计年鉴》、日本贸易振兴委员会官方网站的相关数据。在数据分析过程中,为了方便将设定模型的左右双方均取对数,表现其相互之间的弹性关系,各个变量的统计性特征如表5-8所示。

表5-8　　　　　　　　　　各变量的统计性描述

变量/统计属性	Obs	Mean	Min	Max	S. Dev.
ln R	140	2.123	1.962	2.332	0.653
lnJFDI	140	12.52	9.572	16.743	2.312

续表

变量/统计属性	Obs	Mean	Min	Max	S. Dev.
lnT	140	8.6159	7.568	12.103	0.8637
lnK	140	1.612	1.430	1.860	0.156
lnL	140	2.313	1.612	2.502	0.104
lnE	140	1.825	1.647	2.014	0.203

三、估计结果及其分析

根据表 5-9 的计量结果，在 1% 的显著性水平下 Wald 检验被拒绝，表明从整体来看模型是稳定的；AR（1）的统计数据表明，原始序列的残差项具有自相关关系，AR（2）的统计数据显示一阶差分方程的残差项并不存在二阶自相关关系，GMM 估计符合既定要求；Sargan 检验统计量不拒绝过度识别存在的零假设，可以说明选取的工具变量可以提供有效的解释。通过表 5-9 的计量结果，可以得到以下结论。

表 5-9　日本对华投资结构升级的产业动态面板模型的 GMM 估计

变量	全部样本 A0	第二产业 A2	第三产业 A3
L. lnR	0.5368	0.6574	0.5968
LnJFDI	0.0421**	0.0758**	0.0625*
L. lnJFDI	0.0035**	0.0032**	0.0042**
lnT	0.3743**	0.4123**	0.3024*
L. lnT	0.0235**	0.0254***	0.0215**
lnK	0.0147***	0.0162**	0.0135*
lnL	0.0023**	0.0089*	0.0093*
lnE	0.0034**	0.0036**	0.0039*
_cons	-0.3847***	-0.3956**	-0.3478**
Wald test	0.000	0.000	0.000

续表

变量	全部样本 A0	第二产业 A2	第三产业 A3
AR（1）	0.000	0.001	0.002
AR（2）	0.672	0.521	0.576
Sargan Test	0.959	0.871	0.891
观测值	140	90	50

注：*、**、***分别表示1%、5%和10%水平上的显著性；Wald test、AR（1）、AR（2）和Sargan Test分别给出了统计量对应的P值；采用的软件为Stata10.0，结果由命令"xtabond2"运行得到。

第一，从日本对华直接投资对中国产业结构升级的影响系数来看，其对于第二产业的影响是最为敏感的，第二产业的lnJFDI系数为0.0758，表明日本对华第二产业投资每增加1%，中国的产业结构状况改善0.0758%，高于全部产业的数值，也略高于第三产业的数值。这主要是因为制造业是第二产业中占有绝对比重的产业，20世纪90年代以后，日本对华直接投资主要集中在制造业，日本的制造业技术水平在世界范围内处于领先的地位，而中国当时的工业化水平很低，制造业的技术水平和日本的差距很大，根据前面的理论部分显示，差距越大外商直接投资的技术溢出效应越明显，所以日本直接投资在中国的第二产业的弹性很大。在第三产业的模型中，lnJFDI的系数为0.0512，表明日本对华第三产业每增加1%，中国的产业结构状况改善0.0512%，高于全部产业的数值，这主要是因为日本不断加大对中国第三产业的投资，无论是金融保险、商业还是地产、服务业，日本的直接投资带来更多的资金和先进的经营管理经验，都有利于我国第三产业的快速发展。

第二，从技术进步对中国产业结构升级的影响系数来看，其对于第二产业的影响是最为敏感的。第二产业的lnT系数为0.4123，表明技术进步1%，中国产业结构状况改善0.4123%，说明在第二产业中技术进步对于产业结构升级的敏感度最高，说明第二产业的产业结构升级应该主要依靠技进步。虽然第三产业模型中的弹性不如第二产业高，但是很明显技术进步对于产业结构升级的影响还是比较大的。从表5-9中的数据来看，相对于其他变量，技术进步对产业结构升级的影响是最为直接的，是最关键的因素，所以在中国的产业结构升级的过程中归根到底还需要依靠技术进步和自主创新，在引进日本对华直接投资的时候要关注那些能够带来更多技术溢出效应的产业。

第三，从资本积累对产业结构升级的影响系数来看，固定资产投资每增加1%，产业结构状况改善0.0147%，分行业来看，第二产业最敏感为0.0162%，其次是第三产业为0.0135%。从整体上看，固定资产投资的增加会促进产业结构的升级，但是其作用力度较日本对华直接投资的拉动力度要弱。这主要是因为我国从改革开放以后确实在不断增加固定资产投资，投资规模越来越大，但是我国的固定资产大多数都投资在了劳动密集型产业上，对于高新技术产业的固定资产投资明显不足，因此在一定程度上限制其对产业结构升级的促进作用，这也提醒我们合理配置国内资本投资规模和产业，提高投资效率，促进产业结构升级。

第四，从劳动力就业人数对产业结构升级的弹性来看，劳动力就业人数每增加1%，产业结构状况改善0.0023%，从各个产业上看，劳动力就业人数每增加1%，第二产业的产业结构状况改善0.0089%，第三产业的产业结构状况改善0.0093%。从数据上看，劳动力就业人数的增加对于产业结构升级的作用是众多因素中影响最小的，因此说明产业结构升级不能完全依靠增加就业人数，就业人数的增加只能为经济增长和产业结构升级提供劳动力保障，人数多并不意味着技能水平高，为了实现产业结构升级还是要不断提高劳动力的技术能力和素质，培养高素质的专业技术人才才是加快产业结构升级的必要前提。

第五，从劳动力就业结构对产业结构升级的弹性来看，当就业结构改善1%的时候，全部产业结构状况改善0.0034%，从分行业数据来看，当就业结构改善1%的时候，第二产业结构状况改善0.0036%，第三产业结构状况改善 0.0039%。从数值来看，其较劳动力就业人数对产业结构的影响更为明显，这是因为产业结构高度化的过程必然会伴随就业结构的高级化，同时就业结构的高级化也促进产业结构的高级化，二者是紧密联系的。一方面，第二和第三产业的就业人数比重不断增加，工人们的专业技术知识和素质不断提高；另一方面，三次产业的每个产业内部的高技术就业人数所占比重也呈现不断上升的趋势。因此要不断改善中国的就业结构，从而促进中国产业结构不断升级。

第六章 日本对华直接投资对中国制造业产业结构升级的实证分析

目前正值中国产业结构调整、转型升级的关键时期,"新常态"下的中国经济发展步入了重要的转型时期,其中制造业成为影响中国产业结构升级的关键产业。中国制造业的发展不仅要着眼于生产总值的增加,还应该在"新常态"下调整产业结构,增强其在世界市场中的竞争力。

改革开放以来,日本对华直接投资的规模逐渐扩大,给中国带来了资金、技术以及管理经验,促进了中国的经济增长以及产业结构升级。第二产业是所有产业中产值比重较大的产业,在一个国家的产业结构调整中起到了举足轻重的作用。所以我们在研究日本对华直接投资对中国产业结构升级的影响过程中,不仅要从三次产业的宏观角度去考察,也需要深入各个产业内部,如从产业结构升级比较典型的制造业内部去考察,考察日本对华直接投资对中国工业化进程、生产技术水平提高、从劳动密集型产业走向技术密集型产业的影响,从而更加深入分析日本对华直接投资对中国产业结构升级的影响。

日本对华直接投资开始于服务业,但从20世纪90年代开始,就转变为制造业。1991年日本对华制造业投资达到420亿日元,比非制造业投资多了35%,并且呈现逐年递增的趋势。日本凭借具有优势的生产技术和管理经验,以汽车和电子产品为代表,大量向中国进行制造业直接投资,日本已经成为中国制造业最大的投资国。随着日本直接投资战略的改变,日本对华制造业投资的技术含量不断提高,中国制造业的生产技术、管理经验、员工能力等各方面水平也随之不断提高,从出口结构、研发水平等指标来看,中国在某些领域技术已经大大提高,有些已经在世界范围内处于领先地位,中国制造业的产业结构已经逐渐走向高级化。

第一节 日本对华制造业直接投资的变化

一、规模变化

日本对华制造业直接投资开始于 1989 年,至今为止总体上呈现上升趋势,但是也有回落的时期。初始阶段日本对华制造业的投资总额小于非制造业的投资总额,但是 20 世纪 90 年代以后,日本对华制造业的投资就超过了非制造业的投资,制造业成为对华投资的主要行业,而且再也没有出现小于非制造业的情况。

从日本对华制造业直接投资总量来看,随着日本对华整体投资规模的上升,特别是进入 20 世纪 90 年代,日本改变了对华直接投资战略,从非制造业转移到制造业,日本对华制造业投资总量呈现不断上升趋势。1989 年只有 276 亿日元,2012 年达到 1989~2014 年间的最高值 7334 亿日元。但是 2013 年和 2014 年,日本对华制造业的投资又出现了下降的趋势,分别较上一年下降了 24.9% 和 11.6%。这两年的下降,主要是因为中国劳动力成本越来越高,制造业技术水平也有所增加,政府对于中国引进外资的结构不断进行调整,主要吸收高精尖技术的外资企业投资,在一定程度上限制了日本对华直接投资规模的扩大。虽然目前看来日本的技术依然是世界领先,但是我国和日本的技术差距越来越小,这使其增加了在华制造业的投资难度,在华的投资收益率远不如以前。另外,随着中国劳动力成本和生产技术水平的不断提高,日本开始将其投资的主要区域转向越南、马来西亚等,减弱了对中国的整体投资力度,从而对中国制造业的投资力度也随之减弱。

从日本对华制造业直接投资的趋势来看，整体呈现了上升趋势，但是期间也出现了回落的情况。从图 6-1 来看，30 余年间日本对华制造业直接投资出现了 3 次上升和 3 次回落的态势。第一次上升阶段出现在 1989~1995 年，这期间日本对华制造业投资总额从 1989 年的 276 亿日元增加到 1995 年的 3368 亿日元，增长了 11.2 倍。这主要是由 1985 年日元升值开始，日本国内经济迅速陷入了不景气的状况，随之对外直接投资成为日本政府重振日本经济的一个途径，同时随着日本国内制造业生产技术水平的提高，需要不断地将边际产业转移到国外，日本对华直接投资的战略也恰恰从非制造业转移到制造业。从我国国内来看，中国的改革开放渐渐走上了正轨，引进外资的环境有了很大的改善，稳定的投资政策吸引了大批的外商直接投资。20 世纪 90 年代初是中国产业结构调整的关键时期，大力发展第二产业是那时的国家政策。因此，1989~1995 年日本对华制造业投资快速增长。第二次上升阶段出现在 2000~2006 年，这期间日本对华制造业的投资总额上升幅度很大，2006 年总额达到 6670 亿日元，较 2000 年的 856 亿日元增长了 6.8 倍。这段时期的大幅度增长，主要是由于中国大力发展第二产业，以 2001 年丰田汽车进入中国市场为代表，日本的一大批汽车公司以及零件厂纷纷进入中国市场，带动了整个制造业的全方位投资，天津、青岛、大连、广州等地区成为日本对华直接投资的主要城市。第三次上升阶段出现在 2011 年和 2012 年，2011 年总额达到 6948 亿日元，较 2010 年上涨了 78.3%，2012 年较 2011 年上涨了 55.5%。这两年的涨幅是 30 年间最大的，这两年日本对华制造业直接投资额度的增加，主要是因为世界金融危机过后，日本国内经济开始复苏，对外直接投资总额呈现增加的趋势。另外，中国受到世界金融危机的影响并不是很大，连续多年 10% 左右的高速经济增长，积累了更多的社会财富，一时间中国成为世界企业投资的宠儿，大家都更加关注较为稳定的中国市场。从 2010 年开始，中国注重产业结构调整，进一步引进高精尖技术产业，这段快速的增长与高端制造业的引进是紧密相关的。

再来关注下降的阶段，第一次下降阶段出现在 1997~1999 年，连续三年分别较前一年下降了39.6%、8.6%、39.9%。这一阶段的下降主要是受到亚洲金融危机的影响，1997年7月，随着泰铢的贬值，亚洲金融危机爆发并迅速席卷了马来西亚、韩国、日本、中国等亚洲国家；随即日元汇率也出现大幅度下降的趋势，1997年6月底1美元可以兑115日元，但是到了1998年4月初，1美元可以兑133日元；1998年5月和6月，1美元可以兑到接近150日元，短短一年日元贬值了30.4%。日元贬值大大阻碍了日本对华直接投资不断扩大的进程，另一方面中国也受到亚洲金融危机的影响，在国内经济增长速度方面，引进外资的力度也较原先有所减缓。中日两国都受到了亚洲金融危机的影响，但是这个下降阶段只经历了短短的三年便马上就开始恢复，并且迎来了大规模的上涨。第二次下降阶段出现在2007~2010年，其中2008年较2007年略有上涨，其余三年分别较前一年下降了13.1%、11.5%、15.6%，这一阶段的下降总体来说幅度较上一个阶段减少了很多。第二个阶段的下降主要是因为世界金融危机的影响以及日本经济的长期不景气。自1985年"广场协议"签订以来，日本经济陷入了长期的一蹶不振的状态，2008年世界金融危机的爆发，使日本经济雪上加霜，很多企业经营越来越困难，特别是一些原有的大型制造企业的生存空间不断缩小，这期间有诸如索尼这样的很多的电子产品生产巨头陷入了经营危机，影响了这些企业对华投资的力度。第三次下降阶段出现在2013年和2014年，这两年分别较前一年下降了24.9%和11.6%。这一阶段的下降主要是因为日本对华制造业投资困难不断增加。中国劳动力成本不断提高，日本在华的制造业投资收益有所下降。另外，随着中国制造业生产技术水平的不断提高，中国对于高端制造业的引进力度逐渐增大，而对于汽车等劳动密集型企业的引进力度不断缩小。同时日本也将汽车等劳动密集型制造业的投资转向了越南等东南亚地区，在一定程度上影响了对华直接投资规模。上述这些都是不利于日本扩大对华直接投资的因素。从总体趋势来看，30年间逐渐增加的阶段虽然和下降的阶段都是三个，但是下降阶段一共只有8年，大多数的年份都是呈不断上升趋势的；而且从幅度来看，下降的幅度远远低于上升的幅度。所以总体上说，1989～2014年日本注重中国市场，在不断加大对华制造业直接投资规模。

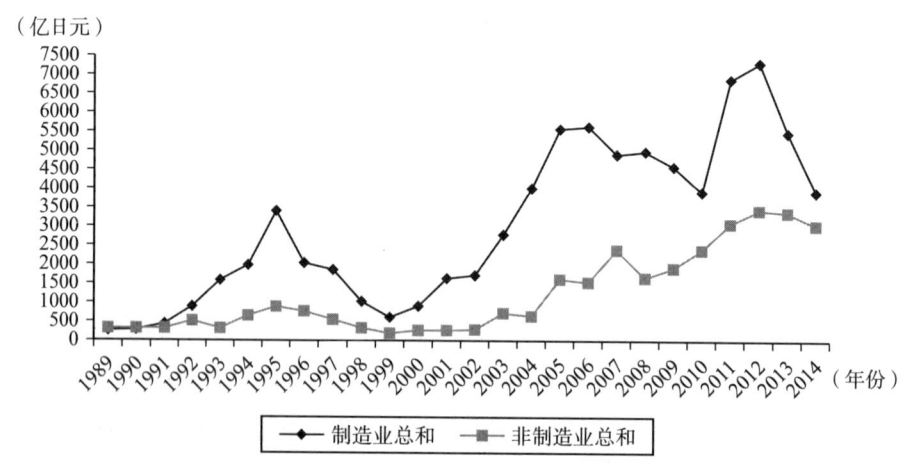

图6-1 1989～2014年日本对华制造业和非制造业直接投资状况

注：选取的数据从1989年开始，是因为日本对华制造业直接投资基本上是从1989年开始，之前的十年基本上可以忽略不计。另外将制造业和非制造业进行对比，主要是由于日本对华第一产业的投资基本没有，日本财务省的《财政金融统计月报》中也没有对第一产业投资的数据，根据其发布的数据也是分成制造业和非制造业，这里一并沿用。

资料来源：日本财务省．财政金融统计月报（第765号）。

二、区域变化

日本对华制造业直接投资经历了不同的阶段，每个阶段其主要的投资区域也是有所差异的。从1989年开始，日本将对华直接投资的主体转向制造业，制造业的投资总额占日本对华直接投资总额的70%以上。从整体的投资区域来看，对中国沿海城市的投资多于对内地城市的投资，对中部沿海城市的投资也略多于对北部和南部沿海城市，每个阶段的主要投资区域各有不同。

从总体区域结构来看，如图6-2所示，日本对华制造业直接投资主要集中在中部沿海地区和北部沿海地区，两个区域占据了日本对华制造业总投资额的70%左右，而南部沿海地区、中部地区和西部地区加在一起只有

30%左右。之所以集中在沿海地区，主要是因为东部沿海地区经济发展水平较高，开放程度较高，城市的招商引资政策较好，市场也比较健全，而且中国原来的传统工业也集中在沿海地区，具有海上运输的地理位置优势。

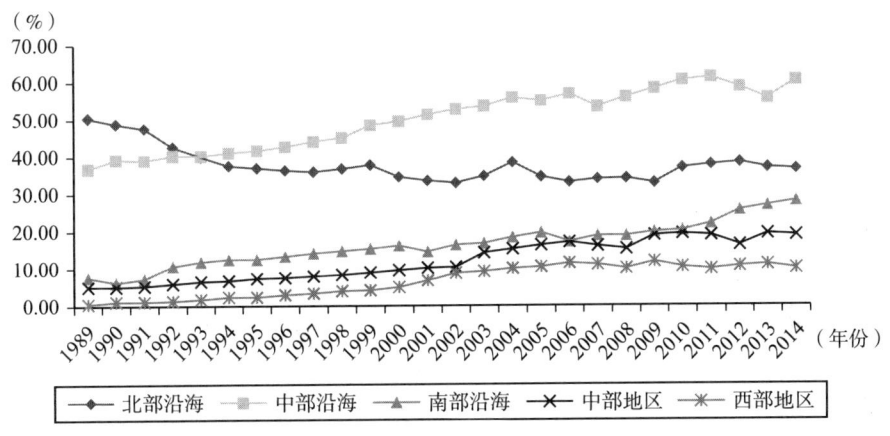

图6－2　1989～2014年中国各区域制造业吸收日本直接投资的比重

注：根据我国对于区域划分的标准，选取了每个区域中的主要代表性省市和自治区。北部沿海（环渤海地区）：主要包括北京、天津、河北、辽宁、山东。中部沿海（长江三角洲地区）：主要包括上海、江苏、浙江。南部沿海（珠江三角洲地区）：主要包括广东、福建、海南。中部地区：主要包括山西、内蒙古、吉林、安徽、江西、湖北、湖南。西部地区：主要包括四川、贵州、云南、陕西、甘肃、青海、宁夏、新疆、广西、西藏。

资料来源：根据《中国工业年鉴》（1990～2015）各年度数据计算。

从各个区域变化趋势来看，除了北部沿海地区呈现直接投资总额不断减少的趋势之外，中部沿海、南部沿海、中部地区、西部地区都呈现出不断上升的趋势。1989年日本对华制造业直接投资开始之际，对北部沿海城市投资的比例最大，主要是由于这个区域是中国传统的制造业实力较强的区域，制造业基础较好，跨国企业投资可以利用的厂房、设备、劳动力等资源比较丰富。随着中国改革开放的不断深入，长江三角洲地区和珠江三角洲地区迅速发展起来，改革开放的程度在全国范围内处于领先地位。20世纪90年代中期，日本对华制造业直接投资开始转向中部沿海和南部沿海地区。1993年开始，中部沿海地区超过北部沿海地区成为日本对华制造业投资总额的主要区域，而且呈现越来越集中的趋势。1995年，日本对华制造业直接投资在长江三角洲的投资份额已经占到了全国投资总额的41.4%，而且从投资行业来看主要集中在精密机械、电子产业等高科技产业，对中西部的投资还不到10%。2002年开始，日本对华制造业直接投资在长江三角洲的投资份额开始超过50%，最高的年份为2011年，达到了61.2%，长江三角洲成为日本对华直接投资的主要区域。虽然日本在南部沿海地区的制造业直接投资不断地增加，但是由于南部沿海地区主要包括广东、福建、海南等省市，这些省市主要以旅游、服务业为主要产业，大型装备制造业相对较少，因此日本对华制造业直接投资在这个区域的投资也并不是很多。中部和西部地区整体上也呈缓慢增长趋势，但是整体上吸引日本外资的规模很小。这主要是因为这些地区的地理位置较差，产成品的运输成本较高，而且这些地区发展较落后，对外开放的程度也较低。

从政策的影响来看，2000年中国先后制定了西部大开发战略、振兴东北老工业基地战略、中部崛起战略等一系列政策，并且在相关产业、财政税收等方面也颁布了一系列优惠措施。这些政策的出台大大吸引了外商直接投资，日本也在这些优惠政策颁布的前提下，大举进入中国市场，增加了对华直接投资的力度。从整体来看，受到地理位置和自身改革开放程度的影响，日本对于中国中部地区的投资水平要高于西部地区，而且2000年以后中部地区的日本制造业投资状况较以前有了很大程度的改善，这主要得益于中国政府的中部崛起战略和振兴东北老工业基地战略，政府在中部地区加大投资，大大改善了引资环境。西部地区的整体趋势也是不断增加的，从2005年开始日本对西部地区的制造业直接投资达到了10%。西部招商引资较为落后，但是通过政府的不断投入，在四川、重庆等地建造了大型的制造业工厂，日本的汽车公司和零件厂商也带来了大额投资项目，快速拉动了西部地区的经济发展。

三、结构变化

日本对华直接投资开始于非制造业，主要以金融、保险、服务业等为主，20世纪90年代开始，对华直接投资从非制造业转向了制造业，而且对于制造业的投资呈现越来越多的趋势。

从日本对华制造业内部各行业直接投资的整体趋势来看，根据各个年度日本财务省《财政金融统计月报》的统计数据来看，日本对华制造业直接投资主要集中在机电产品、运输机械、钢铁及有色金属、一般机械产品上，基本上占到制造业全部直接投资总额的70%以上，而对于食品、纤维、木材纸浆、化学等产品的投资较少，只有制造业全部直接投资总额的20%左右。由此可见，日本对华制造业投资还是以重工业为主，依靠日本先进的生产技术投资中国市场，这在很大程度上影响了中国制造业发展。

20世纪90年代，日本对华制造业直接投资主要集中在机电产品、纤维、食品加工方面，其中最多的是机电产品，其1989年和1991年分别占全部制造业投资总额的63.3%和66.1%，其余年份除1990年以外基本上达到了30%以上。其次是纤维纺织产品，1991年日本对华纺织品投资占全部制造业投资的37.6%，但此后，纺织品的投资比例呈现了下降的趋势，即使呈现下降趋势，日本对华纺织品的投资也基本达到了全部制造业直接投资的20%以上。接下来是食品类产品的投资，1989年、1991年和1996年日本对于食品类产品的投资达到了10%以上，其余年份基本上维持在6%左右。再来看看关于其他制造业内部行业的投资。对于钢铁和有色金属的投资呈现不断上升的趋势，投资比例最大的是1995年，达到了14.1%，超过了食品类产品的投资。对于一般机械的投资则呈现了先下降后上升的趋势，整体的投资比例基本上维持在20%左右。对于运输机械的投资则是在不断上升的，从1989年的1.1%上升到1999年的19.1%，增长幅度较大。从20世纪90年代投资整体来看，日本对华制造业投资主要集中在劳动密集型企业，这主要是因为从1985年日本签订"广场协议"以后，日元快速升值，日本国内的劳动力价格不断提高，日本将一些国内零部件组装型产品（如机电产品）和加工型产品（如纺织品）不断向海外市场转移，而此时中国市场越来越健全，成为日本海外最大的投资基地。从1995年开始，日本对华制造业的投资有较大的改变，基本趋势是从劳动密集型产业渐渐转向技术密集型产业，从食品、纺织、简单机电产品加工业等产业转向运输机械、一般机械等产业，1999年运输机械类产品已经占比达到19.1%，超过了机电产品、食品、纺织品所占比例，成为日本对华制造业直接投资比例最大的行业，同年钢铁及有色金属、一般机械、运输机械等技术密集型产业的投资比例已经达到了36%，较原来有了较大幅度的提高。

进入21世纪后，日本进一步加大了对华制造业的直接投资力度，投资战略也渐渐从边际产品投资转向比较优势产品的投资，对华制造业直接投资的产品技术含量越来越高。从制造业内部的投资整体来看，从2002年开始，运输机械投资力度明显增大，特别是2003年，运输机械投资达到全部投资总额的50.4%，虽然从2004年开始运输机械的投资开始有所下降，但是也基本上维持在20%以上，2012年开始又呈现了快速上涨趋势。运输机械属于装备制造业范畴，是技术含量较高的制造业，日本加大对华运输机械的直接投资主要是因为日本投资战略的改变，以汽车产业大规模对外直接投资为首，带动了一大批日本零件厂商、运输机械等配套厂商来华投资办厂。另外，此时中国也在大力发展汽车产业，以中国一汽、二汽等大型国有企业为核心，纷纷和日本汽车公司合资合作共同研发和生产产品，内外因素都促进了日本对华运输机械的直接投资。除了运输机械之外，一般机械的直接投资也在不断增加。从2000年开始，日本对华一般机械的直接投资维持在20%左右，最高的是2007年达到了25.5%，对于一般机械直接投资的增加，有利于运输机械等高技术产品的投资，与那些高技术产品投资一同带动了中国制造业产业结构升级。化学、钢铁、机电产品虽然没有运输机械、一般机械上涨得那么快，但是对其的直接投资也呈现了不断增加的趋势。与此相反，食品、纺织等劳动密集型产业的直接投资规模是不断下降的，其中食品行业的直接投资从1989年的63.3%降至2013年的12.5%，纺织品行业的直接投资从1989年的8.8%降至2013年的1.1%。由图6-3可知，进入21世纪后，日本对华直接投资确实逐渐转向了技术密集型产业，这些给中国制造业带来了先进的技术和管理经验，有利于中国制造业就业水平的提高，从而促进中国制造业的产业结构升级。

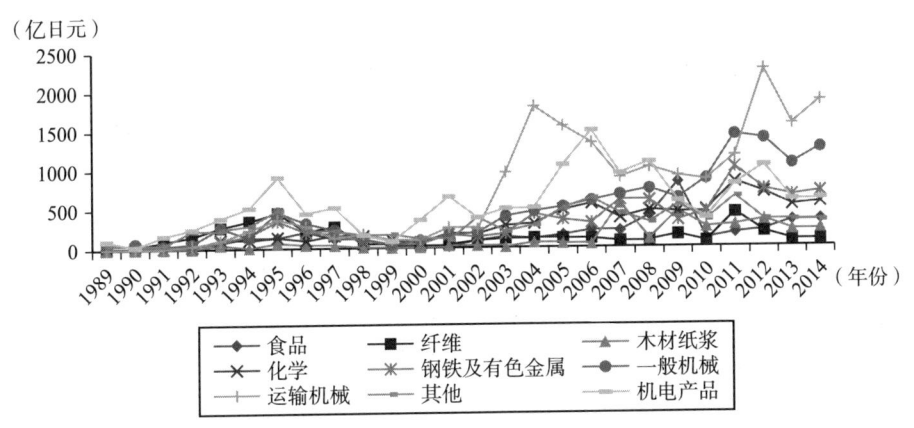

图 6-3　1989~2014 年日本对华制造业内部各行业直接投资明细

资料来源：日本财务省. 财政金融统计月报（第 675 号）.

第二节　中国制造业发展的现状

一、规模不断扩大

进入 20 世纪 90 年代，中国制造业异军突起，呈现快速发展的态势，成为带动中国经济快速发展的主力军，也成为中国经济发展的支柱产业。从图 6-4 的数据来看，自 1989 年开始，中国制造业生产规模不断扩大，2014 年中国制造业生产总值达到 986547.45 亿元，较 1989 年的 17658.41 亿元，增长了 54.9 倍，增长速度很快。特别是 2005 年以后，中国制造业的生产规模大幅度增加，年增长率达到 20% 以上。中国制造业生产规模的快速扩大，使得制造业成为中国工业的中流砥柱，成为最重要的工业。中国也成为世界最重要的制造业生产基地。2010 年，中国超过美国成为世界第一制造业大国，2010年在世界500强主要工业产品中，中国有生铁、煤炭、粗钢、造船、水泥、电解铝、化肥、化纤产业、汽车制造、彩电、手机、集成电路、鞋子等220种产品产量位居世界第一。根据工信部提供的数据，2011年我国粗钢产量占全球总产量的44.7%；电解铝产量占全球总产量的40%；造船量占全球总量的42%；汽车产量占全球汽车产量的40.2%；彩电、手机、计算机、集成电路产品产量所占比重更大，分别占全球产量的48.8%、70.6%、90.6%和81.2%，当之无愧地成为全球制造大国。2012年，"全球制造业产品出口市场占有率第一产品数量"世界排名中，中国以1485种产品数量高居世界第一。2013年，中国工业增加值达到21.07万亿元，制造业净出口总额排名全球第一。2014年，中国制造业突飞猛进，增加值占全球的比例达到20%，工业产品产出量位居世界第一的有220余种产品。2015年受到劳动力成本、土地成本、融资成本持续走高等因素的影响，自从2013年以来制造业增长速度放缓以来的产品过剩凸显，虽然制造业各部门规模扩大的脚步放缓，但是总规模依旧是世界第一。据《2016全球制造业竞争力指数》报告显示，2016年中国的制造业竞争力超过日本等老牌制造强国，位列全球首位。可见，随着中国制造业规模的不断扩大，其世界竞争力也在逐渐增强，中国已经成为举世公认的第一制造大国。

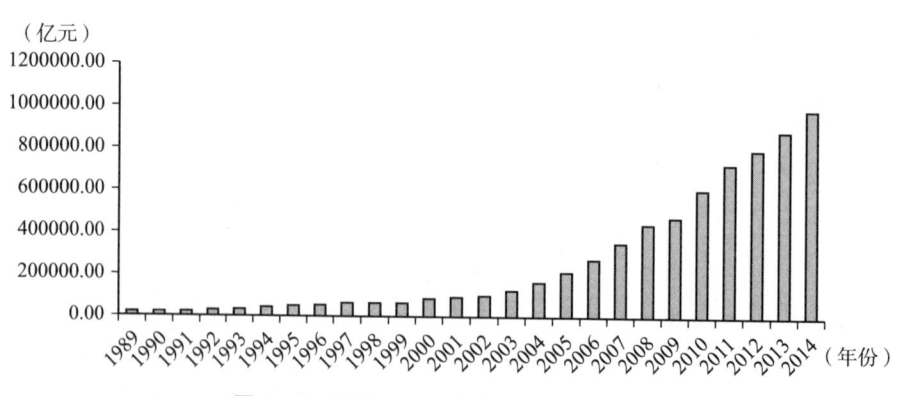

图6-4 1989~2014年中国制造业总产值

资料来源：根据历年《中国工业经济统计年鉴》数据进行计算。

二、产业结构不断升级

研究中国制造业产业结构的升级,首先要明细制造业的产业划分。根据《国家统计局关于执行新国明经济行业分类国家标准的通知》的要求,《新国民经济行业分类》(GBT4754-2011)从 2012 年开始执行,将中国制造业的门类划分为 31 大类,统一按照门类、大类、中类和小类的四级划分标准进行划分,中国制造业属于 C 门类,下属 31 个大类。这一分类较 2002 版的分类标准多出了一个大类,和联合国《全部经济活动的国际标准产业分类》第三版国际分类标准(ISIC/Rev3)也略有差异,介于数据的准确性,本书采用了 GBT4754-2011 的分类标准,具体分类见表 6-1。

表 6-1　　　　　　　　　　中国制造业行业分类

行业代码	行业名称
C	制造业
C13	农副食品加工业
C14	食品制造业
C15	酒、饮料和精制茶制造业
C16	烟草制品业
C17	纺织业
C18	纺织服装、服饰业
C19	皮革、皮毛、羽毛及其制品和制造业
C20	木材加工和木、竹、藤、棕、草制品业
C21	家具制造业
C22	造纸和纸制品业
C23	印刷业和记录媒介的复制业
C24	文教、工美、体育和娱乐用品制造业
C25	石油加工、炼焦和核燃料加工业

续表

行业代码	行业名称
C26	化学原料和化学制品制造业
C27	医药制造业
C28	化学纤维制造业
C29	橡胶和塑料制品业
C30	非金属矿物制品业
C31	黑色金属冶炼和压延加工业
C32	有色金属冶炼和压延加工业
C33	金属制品业
C34	通用设备制造业
C35	专用设备制造业
C36	汽车制造业
C37	铁路、船舶、航空航天和其他运输设备制造业
C38	电气机械和器材制造业
C39	计算机、通信和其他电子设备制造业
C40	仪器仪表制造业
C41	其他制造业
C42	废弃资源综合利用业
C43	金属制品、机械和设备修理业

资料来源：中国国家统计局. 国民经济行业分类（GBT4754 - 2011），2011.

制造业的产业结构升级是指在制造业内部由劳动密集型制造业向着资本密集型和知识密集型制造业转变，由低附加值产业向着高附加值产业转变，由低技术水平产业向着高技术水平产业转变。根据经济合作与发展组织（OECD）关于技术密集型行业分类的标准（见表6-2），对应地将我国制造业31个大类构造按照制造业技术密集度分类明细（见表6-3）。

第六章 日本对华直接投资对中国制造业产业结构升级的实证分析

表 6-2　OECD 按照制造业技术密集度的分类明细

低技术产业	中低技术产业	中高技术产业	高技术产业
其他制造业、再生产品 木材、纸浆、纸张、纸制品、印刷和出版 食品、饮料和烟草 纺织、纺织品、皮革及鞋类制品	船舶制造和修理 橡胶和塑料制品 焦炭、炼油产品及核燃料 其他非金属矿物制品 基本金属和金属制品	电气机械和设备 汽车、挂车和半挂车 化学制品（不含制药） 铁路机车及其他交通设备	航空航天器制造 制药 办公、会计和计算机设备 广播、电视和通信设备 医疗、精密和光学仪器

注：OECD 以直接研发强度（包括研发经费与生产总值比重、研发经费与增加值比重）为测算指标，计算了 1991~1999 年 12 个国家和地区制造业数据的平均值，进行上述分类。

资料来源：马名杰，杨超. 我国制造业创新能力提升的进展和前景 [J]. 经济纵横, 2012 (12): 11.

表 6-3　按照 OECD 对制造业技术密集度分类标准进行的我国制造业技术密集度分类

低技术产业	中低技术产业	中高技术产业	高技术产业
农副食品加工业 食品制造业 酒、饮料和精制茶制造业 烟草制品业 纺织业 纺织服装、服饰业 皮革、皮毛、羽毛及其制品和制鞋业 木材加工和木、竹、藤、棕、草制品业 家具制造业 造纸和纸制品业 印刷业和记录媒介的复制业 文教、工美、体育和娱乐用品制造业	石油加工、炼焦和核燃料加工业 橡胶和塑料制品业 非金属矿物制品业 黑色金属冶炼和压延加工业 有色金属冶炼和压延加工业 金属制品业	化学原料和化学制品制造业 化学纤维制造业 通用设备制造业 专用设备制造业 汽车制造业 铁路、船舶和其他运输设备制造业 电气机械和器材制造业	医药制造业 计算机、通信和其他电子设备制造业 仪器仪表制造业 航空航天设备制造业

注：其他制造业、废弃资源综合利用业和金属制品、机械和设备修理业由于统计口径变化次数很多，无法统计而未被计入，另外按照 OECD 的标准，本章将铁路、船舶、航空航天和其他运输设备制造业中的航空航天设备制造业单独放到高技术产业明细中。

资料来源：根据 2014 年《中国工业经济统计年鉴》相关内容统计分类制表。

从图 6-5 的数据可以看出，中国制造业的产业结构呈现不断上升的趋势。低技术产业生产总值占全部制造业生产总值的比重由 1989 年的 43% 下降到 2014 年的 21%，降低了一半左右，呈现大幅度下降趋势。中低技术产业生产总值占全部制造业生产总值的比重由 1989 年的 21% 提高到 2014 年的 26%，基本维持不变。中高技术产业生产总值占全部制造业生产总值的比重由 1989 年的 28% 提高到 2014 年 35%，呈现略有上升的趋势。高技术产业生产总值占全部制造业生产总值的比重由 1989 年的 14% 提高到 2014 年的 22%，略呈现上升趋势。从中高技术和高技术总和来看，2014 年占全部制造业生产总值的 55%，较 1989 年的 42% 上涨了 13%。从图 6-5 数据来看，低技术水平的快速下降部分是由中高技术和高技术水平的制造业所取代的，这点是非常有利于制造业产业结构升级的，特别是 1999~2004 年，这五年可谓之中国制造业产业结构转型的五年。从 1999 年开始低技术制造业大幅度下降，而高技术制造业大幅度上升，2000 年和 2003 年高技术制造业基本上和中高技术制造业持平。但是 2003 年以后，虽然中高技术制造业继续增加，但是高技术制造业却出现了下降趋势，直到 2012 年以后才出现上升趋势。

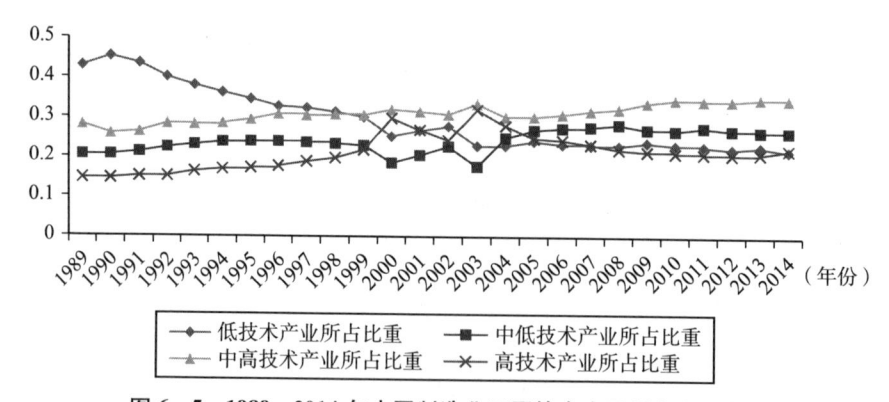

图 6-5　1989~2014 年中国制造业不同技术水平所占比重变化

资料来源：根据历年《中国工业统计年鉴》数据进行计算。

从目前中国制造业的整体结构来看，中高技术产业所占比重最大，其次是中低技术产业、高技术产业和低技术产业。根据 OECD 的分类标准，中高技术产业和高技术产业的比重不断增加，可以说明制造业的创新能力不断提高，产业结构不断升级，而中国近年来的制造业产业结构走势恰好符合 OECD 的分类标准，呈现了产业结构不断升级的趋势，但是产业升级的力度还是不够的。

三、从业人员结构趋于高级化

随着中国制造业不断发展，制造业中不同技术水平的劳动力就业情况也在发生变化。从图 6-6 的统计数据来看，低技术产业从业人员占制造业全部从业人员比重呈现下降趋势。2014 年低技术水平从业人员为 2548.53 万人，占全部制造业从业人员总数的 29%，较 1989 年下降了 7%。从图 6-6 来看，20 世纪 90 年代和自 2008 年以后低技术产业从业人员所占比重下降的速度是非常明显的：20 世纪 90 年代，是中国大力引进外资进行汽车等交通运输设备、电气机械及器材、电子产品生产的年代；而 2008 年以后，中国更加重视外资引进的结构，对于航空航天、装备制造业、仪表仪器、通信设备、电子产品等这些中高端技术产业给予大力政策支持，从而使得劳动力也随之从低技术产业转移到中高技术和高技术产业。中低技术产业从业人员占制造业全部从业人员比重也呈现明显下降趋势。

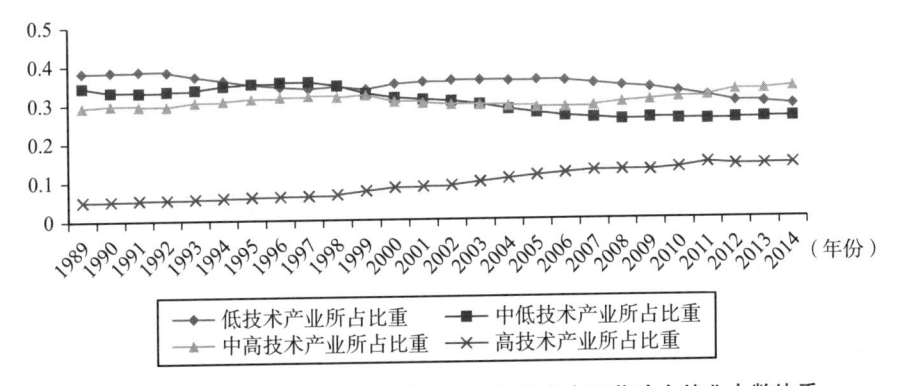

图 6-6 1989~2014 年中国制造业中不同技术水平劳动力就业人数比重

资料来源：根据《中国工业统计年鉴》（1990~2015 年）数据进行计算。

2014年中低技术水平从业人员为2270.38万人，占全部制造业从业人员总数的26%，较1989年下降了5.6%。从图6-6数据来看，20世纪中后期中低技术水平从业人员所占比重下降速度比较快，但是从2008年以后则基本维持不变。20世纪中后期下降得比较快是因为橡胶、塑料和黑色金属冶炼及压延加工业这三个产业大大减少了产量，从而就业人员大幅度减少了。

中高技术产业从业人员占制造业全部从业人员比重呈现上升趋势。2014年中高技术水平从业人员为2953.4万人，占全部制造业从业人员总数的34%，较1989年增长了6.1%。从图6-6的数据来看，从2005年以后中高技术产业从业人员所占比重上升较快，主要是因为随着中国制造业的不断发展，在国家制造业发展战略的指导下，中高技术产业蓬勃发展，也吸引了更多的从业人员。

高技术产业从业人员占制造业全部从业人员的比重也呈现出明显的上升趋势。2014年高技术水平从业人员为1221.38万人，占全部制造业从业人员总数的14%，较1989年增长了2.9倍，涨幅远远大于中高技术产业的涨幅。虽然2014年高技术产业就业人数依然低于前三种，但是增长幅度是不容小觑的，按照这个速度发展下去，一定会带动高技术产业发展的。还有一点需要注意的是，高技术产业都是技术和资本密集型的，本身相对于劳动密集型企业来说对于劳动力的需求相对较少，这里增加的就业人数可以在一定程度上说明从事高技术产业企业的总数越来越多。高技术产业从业人员数量的不断上涨，有利于高技术产业产量的增长，也说明了我国制造业产业结构的不断升级。

第三节　日本直接投资促进我国制造业产业结构升级的实证分析

一、变量选取

根据以往学者的研究分析，东道国制造业产业结构变化主要会受到本国

第六章 日本对华直接投资对中国制造业产业结构升级的实证分析

固定资本投资、劳动力就业水平、技术进步程度、政府产业政策等因素的影响，本书主要考察日本对华直接投资对中国产业结构升级的作用，因此也会将外商直接投资作为一个重要的因素进行考察。本章主要选取了日本对华制造业投资总额、中国国内制造业固定资本投资、中国制造业就业水平作为自变量，探究其对中国改革开放以来日本对华直接投资对中国制造业产业结构升级的作用。

首先，选取中国制造业产业结构状况这一变量。用 STR 来表示中国制造业产业结构状况。中国制造业产业结构状况这一变量没有现成的指标，需要查找相关数据进行计算。根据 OECD 关于技术密集度行业分类的标准（见表6-2），对应地将我国制造业 31 个大类构造我国制造业技术密集度分类明细（见表6-3），另外本部分实证检验中将中高技术和高技术合并，统一成为高技术，将中低技术产业看作中技术产业，于是将中国制造业按照技术水平的高低，将产业结构划分为低技术产业、中技术产业和高技术产业，而本部分的产业结构状况就是指高技术产业的生产总值占全部产业生产总值的比重。

其次，选取日本对华制造业直接投资总额这一变量。用 MFDI 来表示日本对华直接投资总额。改革开放以后，中国不断吸引外资，日本也成为中国众多外商直接投资中最重要的国家之一，特别是因为日本拥有世界先进的制造业生产技术和管理经验，其对外直接投资中制造业占了很大的比重。中国是日本最大的制造业资本输出国家，其制造业产业结构升级过程中，得到了日本跨国公司资金、技术和管理经验上的大力支持，选择这一变量可以解释影响中国制造业产业结构升级的一部分因素。

再次，选取中国制造业固定资产总额这一变量。用 KD 来表示中国制造业固定资产总额。制造业是第二产业中最重要的产业，它是利用能源、设备、技术等资源，按照市场要求，通过实际的生产制造业过程，将生产资料转化为供人们生产使用的大型工具或者实际的工业品和生活消费品的行业，其生产过程一般周期较长，所需的生产设备一般都是较大型的机器设备，因此企业的生产规模较大，所需要的固定资产总额也是较大的。一般来说，制造业都是规模以上级的企业，规模较小的企业很少。所以，东道国政府的固定资产投资一般都会对制造业的产业结构升级有很大的影响作用，越高级的产业水平，越需要政府给予更大的固定资产投资。

最后，选取中国制造业年平均就业人数这一变量。用 ML 来表示中国制造业年平均就业人数。劳动力和资本是众多生产要素中最重要的生产要素，制造业的生产过程同样依靠大量的劳动力。制造业可以分为劳动密集型、技术密集型和资本密集型企业，从劳动密集型企业到技术和资本密集型企业的转变，也是一个国家产业结构升级的象征。按照这样的标准，那么在制造业产业结构升级中有可能一方面会出现从总数上看其就业数量呈现不断下降的趋势，另一方面也会出现劳动力从低技术产业向中技术产业或者高技术产业不断转移的趋势。

二、模型设定

中国制造业产业结构升级和日本对华制造业直接投资、中国国内固定资产投资和制造业劳动力年均就业人数几个因素相关。观察这几个因素，它们之间存在着很强的相互影响关系，日本对华制造业直接投资的提高可以拉动中国制造业的发展，中国国内固定资产投资水平也会随着提高，而国内固定资产投资的增加也会改善国内的制造业生产环境、提高生产能力，也有利于日本加大投资；日本对华制造业直接投资的提高会给中国创造更多的就业机会，随着制造业就业人数的增加，工人技术水平的提高也会吸引更多的日资企业来投资；中国的国内固定资产的增加也会带动制造业人数的增加，制造业人数的增加、技术水平的提高也会有利于我国增加固定资产投资，从理论上和经验上可以推断所选上述几个因素之间存在一定的相互关系。对于这种短期或者长期关系的判断，协整向量自回归（Cointegrating VAR）方法可广泛运用于经济分析的各个领域。滞后 P 期的简约化 VAR（P）系统可以表示为：

$$Y_t = C + \Phi_1 Y_{t-1} + \Phi_2 Y_{t-2} + \cdots + \Phi_p Y_{t-p} + Hx_t + \varepsilon_t \quad (6-1)$$

其中，Y_t 为 $n \times 1$ 维常数向量，C 为 $n \times n$ 维自回归系数矩阵。x_t 为 d 维外生列向量，ε_t 为 $n \times 1$ 维向量白噪音。

本章重点在于考察日本对华制造业投资与制造业结构升级之间的关系，所以建立双变量 VAR 模型，日本对华制造业投资（MFDI）与制造业结构升级（STR）作为内生变量进入系统，而中国制造业固定资产总额（KD）和中国制造业年平均就业人数（ML）作为外生变量进入系统。由此，其双变量 VAR（P）系统可以表示为：

$$STR_t = C + \alpha_{11} STR_{t-1} + \cdots + \alpha_{1p} STR_{t-p} + \beta_{11} MFDI_{t-1} + \cdots$$
$$+ \beta_{1p} MFDI_{t-p} + H_{11} KD_t + H_{12} ML_t + \varepsilon_t \quad (6-2)$$

$$MFDI_t = C + \alpha_{21} MFDI_{t-1} + \cdots + \alpha_{2p} MFDI_{t-p} + \beta_{21} STR_{t-1} + \cdots$$
$$+ \beta_{2p} STR_{t-p} + H_{21} KD_t + H_{22} ML_t + \varepsilon_t \quad (6-3)$$

三、数据来源及统计描述

一般来说，时间序列模型中数据信息越多，得到的结果越准确，但是由于日本对华直接投资的官方统计开始于 1980 年，在此之前的数据无法获取，因此本部分时间起点设在 1980 年。本书采用了 1980~2014 年之间 35 年的时间序列数据，数据来源主要是日本财务省《财政金融统计月报》《中国工业统计年鉴》和《中国高技术产业统计年鉴》。其中，日本对华制造业直接投资总额（MFDI）数据来源于日本财务省《财政金融统计月报》、制造结构升级（STR）对制造业投资总（KD）和制造业劳动力（ML）根据《中国工业统计年鉴》和《中国高技术产业统计年鉴》的数据整理得到。

表 6-4 的统计数据描述了 1980~2014 年中国制造业产业结构状况、日本对华制造业投资总额、中国国内制造业固定资产投资总额以及制造业每年的平均劳动力就业人数的特征。从制造业产业结构状况来看，高技术产业所占全部制造业的比重最低为 40.42%，最高为 65.53%，增长了 62.12%，提

高幅度还是很大的。日本对华制造业直接投资最小值 11 亿日元,最大值 4066 亿日元,增长了 368 倍,可以看出日本对华制造业直接投资整体上呈增长的趋势。中国国内制造业固定资产投资总额最低为 204.9 亿元,最高为 135689.1 亿元,增长了 661 倍,可见这些年来中国政府自身亦越来越重视制造业的投资。中国制造业年均就业人数最少为 368.24 万人,最高为 9234.11 万人,增长了 24.08 倍,虽然人数在不断增长,但是其增长速度较其他变量来说是最缓慢的。

表 6-4　　　　　　　　　　数据的统计特征

变量	KD	MFDI	ML	STR
Mean	21440.74	2055.114	4678.898	50.27514
Median	2198.600	1712.000	4139.250	49.86000
Maximum	135689.1	4066.000	9234.110	65.53000
Minimum	204.9000	11.00000	368.2400	40.42000
Std. Dev.	38354.63	1264.877	2350.956	41.23350
Skewness	1.967638	0.198570	0.473370	11.62725
Kurtosis	5.532296	1.615319	2.560142	17.56805
Jarque-Bera	31.93593	3.026133	1.589282	24.08366
Probability	0.000000	0.220234	0.451743	0.299937
Sum	750425.8	71929.00	163761.4	3596.300

资料来源:1981~2015 年各年度日本财务省的《财政金融统计月报》《中国工业统计年鉴》和《中国高技术产业统计年鉴》。

四、相关性分析

在统计上对中国制造业结构升级与日本对华制造业的投资的相关性进行判断。根据表 6-5 数据显示,日本对华制造业直接投资和中国制造业产业结构状况之间的相关系数为 88%,中国国内固定资产投资和中国制造业产业结构状况之间的相关系数为 49%,中国制造业劳动力就业人数中国制造业产业结构升级之间的相关系数为78%，以上3个自变量与因变量之间关系很密切。

另外从表6-5的相关性统计结果来看，日本对华制造业投资总额、中国国内制造业固定资产投资总额以及制造业每年的平均劳动力就业人数确实与中国制造业产业结构状况之间高度相关。

表6-5　　　　STR、KD、MFDI、ML之间的相关性分析

变量	STR	KD	MFDI	ML
STR	1.000000	0.493930	0.880219	0.781209
KD	0.493930	1.000000	0.603181	0.852821
MFDI	0.880219	0.603181	1.000000	0.860797
ML	0.781209	0.852821	0.860797	1.000000

五、数据平稳性检验

按照规定只有经过检验确保是平稳的时间序列才能进行后续的回归分析，因此为了做时间序列的回归分析，首先要对该时间序列数据做平稳性检验。平稳序列就是当某序列的均值和方差在时间过程上都是常数，并且在任何两时期间的协方差不依赖于计算这个协方差的实际时间，而仅仅依赖于该两时期间的距离或滞后区间。一般情况下，平稳的时间序列可以表示为I(0)过程，而不平稳的时间序列通过一阶差分或者二阶乃至更多阶的差分可以转化为平稳的时间序列，可以表示为I(1)过程、I(2)过程、I(n)过程。因此本部分也需要对数据进行平稳性检验。

检验单位根是否存在的方法很多，在这里采用了常用的ADF检验方法。平稳性检验普遍使用检验单位根是否存在的方法，该检验法是通过在AF检验回归方程式的右端加入Y_t的滞后差分项来控制高阶序列相关的，一般使用带有趋势项的形式，即：

$$\Delta Y_t = \alpha_0 + \alpha_1 t + \beta_0 Y_{t-i} + \lambda_i \sum_{i=1}^{m} \Delta Y_{t-i} + \varepsilon_t \qquad (6-4)$$

式（6-4）中 t 为时间或趋势变量，ΔY_{t-i} 为滞后差分项；而 m 的取值既要考虑到消除残差的自相关性，当然还要注意不能丢失大量信息，使得单位根检验结果失真。本检验原假设存在单位根，备择假设不存在单位根，如果 ADF 统计量比临界值小，则可认为在该显著性水平下，拒绝原假设，即该序列通过平稳性检验。如表 6-6 所示，各个变量的原序列的 ADF 统计量都大于 1% 和 5% 检验水平的临界值，没有通过 ADF 检验，说明原序列是非平稳序列。而各个变量的一阶差分值的 ADF 统计量都小于 1% 和 5% 检验水平的临界值，在 1% 和 5% 显著性水平下，均通过了 ADF 检验，说明原序列的一阶差分序列是平稳序列。如图 6-7 所示，8 个特征根全部包括在单位圆内，因此可以断定该时间序列通过了平稳检验，可以进行后续的计量分析。

表 6-6　　　　　　　　　　ADF 检验结果

变量	检验类型 (A, T, K)	ADF 统计量	临界值 (1%)	临界值 (5%)	结论
lnstr	(A, 0, 2)	-3.68	-3.58	-3.42	非平稳
Δlnstr	(A, 0, 3)	-4.42	-3.64	-2.95	平稳
lnmfdi	(A, 0, 0)	-5.25	-8.87	-6.85	非平稳
Δlnmfdi	(A, 0, 0)	-6.29	-3.58	2.92	平稳
lnkd	(A, T, 1)	-5.25	-4.82	-3.25	非平稳
Δlnkd	(A, 0, 4)	-5.83	-3.60	-2.93	平稳
lnml	(0, 0, 3)	-3.45	-3.24	-1.87	非平稳
Δlnml	(A, 0, 2)	-8.32	-3.89	-3.93	平稳

注：A 代表单位根检验方程的漂移项，T 代表趋势项，K 代表滞后项阶数，A 值表示包含漂移项，为 0 表示不包含，T 值表示包含趋势项，为 0 表示不包含，Δ 代表一阶差分，其中 K 的阶数由 SIC 准则来判定。

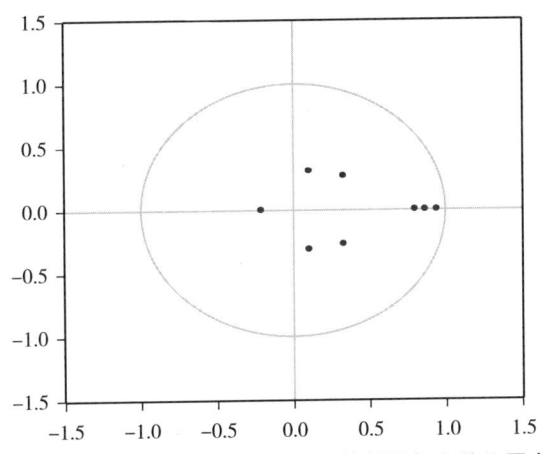

第六章 日本对华直接投资对中国制造业产业结构升级的实证分析

图 6-7 VAR 系统的全部特征根的倒数都在单位圆内

六、协整关系检验

在确定时间序列是平稳的基础上，下面进行 Johansen 协整检验。一般情况下使用 Johansen 协整检验方法对自变量和因变量的关系进行观测的时候，需要判断最佳的滞后期期数，大多数的经济变量之间都是不能及时显现影响关系的，一般都会存在滞后关系。下面根据 LogL、LR、FPE、AIC、SC、HQ 六种准则进行最佳滞后期的判断，根据表 6-7 的数据可以看出，LogL、LR、FPE、SC、HQ 五个准则下一期是最佳滞后期，而 AIC 准则下二期则是最佳滞后期，综合考虑后，判定一期为最佳滞后期。

表 6-7　　　　　　　　Johansen 协整检验的最佳滞后期

Lag	LogL	LR	FPE	AIC	SC	HQ
0	-45.01359	NA	0.000229	2.970521	3.151915	3.031554
1	158.7147*	345.7207*	2.65652*	-8.406951	-7.499977*	-8.101782*
2	175.3193	24.15219	2.68e-09	-8.443595*	-6.811042	-7.894291

注：*代表相应准则下最佳滞后期的选择。

滞后期判定以后,对变量进行格兰杰因果检验。根据表6-8格兰杰因果关系检验结果显示,日本对华制造业直接投资 $\Delta LNMFDI$、中国国内制造业固定资产投资 $\Delta LNKD$、制造业劳动力年均就业人数 $\Delta LNML$ 都不能拒绝是中国制造业产业结构状态 STR 的原因。因此,在使用计量经济学分析中国制造业产业结构升级定量分析中,采用日本对华制造业直接投资总额、中国国内制造业固定资产投资总额、制造业劳动力年均就业人数这三个变量。

表6-8　　　　　　　　　　格兰杰因果关系检验结果

自变量	因变量 $\Delta LNSTR$	
	F 统计量	显著水平 (p 值)
$\Delta LNMFDI$	0.21049	0.0882
$\Delta LNKD$	0.18755	0.09039
$\Delta LNML$	0.27106	0.08456

表6-9是对中国制造业产业结构状况 $\Delta LNSTR$、日本对华制造业直接投资 $\Delta LNMFDI$、中国国内制造业固定资产投资 $\Delta LNKD$、制造业劳动力年均就业人数 $\Delta LNML$ 建立 VAR 系统,并且对进行 Johansen 协整检验的结果。从表6-9的数据可以看出,最大特征值和及统计量的检验结果,5%检验水平下的临界值和 P 值,可以看出存在2个协整向量,可以得出结论:中国制造业产业结构状况与日本对华制造业直接投资总额、中国国内制造业固定资产投资总额、制造业劳动力年均就业人数三个变量之间存在长期的均衡关系。利用中国制造业产业结构状况 STR 所谓标准化可以找到2个协整向量。

表6-9　　　　　　　　　　Johansen 协整检验结果

原假设 H0	最大特征值	5%的临界值	P 值	迹统计量	5%的临界值	P 值
None *	41.99888	27.58434	0.0004	84.12453	47.85613	0.0000
At most 1 *	28.06953	21.13162	0.0045	42.12565	29.79707	0.0012
At most 2	13.78929	14.26460	0.0593	14.05612	15.49471	0.0814
At most 3	0.266826	3.841466	0.6055	0.266826	3.841466	0.6055

注:*代表可能存在的最大协整关系数量。

最后，我们得到表 6-10 所示的协整结果。根据其显示数据，协整方程可以表示为：

$$LNSTR = 0.3478LNMFDI + 0.8987LNKD + 3.935LNML \quad (6-5)$$

协整方程式（6-5）显示中国制造业产业结构状况与日本对华制造业直接投资总额、中国国内制造业固定资产投资总额、制造业劳动力年均就业人数之间存在长期的正相关关系。说明长期以来中国制造业产业结构升级确实受到了上述三个因素的影响，日本对华制造业的直接投资给中国带来了资金、技术和管理经验，中国国内制造业固定资产投资给我国制造业发展带来了充足的资金支持和强大的政策保证，而制造业劳动力的增加为我国制造业的发展提供了充足的人力保证，三者相互影响，共同促进了我国制造业产业结构的升级。从产业结构升级的角度来看，未来中国应该注意转变国内制造业投资战略，无论国内投资还是外商直接投资，都应该减少低技术水平产业的投资而增加高技术水平产业的投资，同时要注意培养更多的专业人才，为生产提供更多的高技术产业劳动力，促进生产结构走向更高级。

表 6-10　　　　　　　　　　　协整方程的结果

LNSTR	LNMFDI	LNKD	LNML
1.000000	0.347764 (0.64834)	0.898743 (0.78876)	3.935739 (0.86933)

注：括号内为 5% 条件下显著水平 P 值。

七、估计及其结果分析

指标 LNSTR、LNMFDI、LNKD 和 LNML 的一阶差分后的序列均通过了平稳性检验。因此，将采用相关数据来建立 VAR（2）模型，其中，将 LNKD 和 LNML 设定为外生变量。根据 AIC 和 SC 两个指标取最小值的原则，经过反复尝试，确定一阶为其滞后期，接下来进行回归检验。估计结果如表 6-11 所示，根据估计结果中的 LNSTR 以及 LNMFDI 的 VAR（2）关系，表达式可以写成：

$$\begin{pmatrix} \Delta LNSTR \\ \Delta LNMFDI \end{pmatrix} = \begin{pmatrix} 0.143299 \\ 2.971727 \end{pmatrix} + \begin{pmatrix} 0.982116 & -0.017049 \\ 0.717335 & 0.384744 \end{pmatrix} \begin{pmatrix} \Delta LNSTR(-1) \\ \Delta LNMFDI(-1) \end{pmatrix}$$

$$+ \begin{pmatrix} -0.010607 & 0.018060 \\ 0.047650 & -0.041709 \end{pmatrix} \begin{pmatrix} \Delta LNKD \\ \Delta LNML \end{pmatrix} + \begin{pmatrix} e_{1t} \\ e_{1t} \end{pmatrix} \quad (6-6)$$

表 6-11　　　　　　　　　　VAR（2）估计结果

变量	ΔLNMFDI	ΔLNSTR
ΔLNMFDI（-1）	0.384744 (0.09152) [4.20397]	-0.017048 (0.03478) [-0.49018]
ΔLNSTR（-1）	0.717335 (0.16744) [4.28419]	0.982116 (0.06363) [15.4348]
C	2.971727 (1.60616) [1.85021]	0.143299 (0.61038) [0.23477]
ΔLNKD	0.047650 (0.05494) [0.86725]	-0.010607 (0.02088) [-0.50801]
ΔLNML	-0.041709 (0.31258) [-0.13343]	0.018060 (0.11879) [0.15203]
R-squared	0.948201	0.971913
Adj. R-squared	0.941056	0.968039
Sum sq. resids	1.032569	0.149121
S. E. equation	0.188695	0.071708
F-statistic	132.7140	250.8781
Log likelihood	11.15938	44.05522
Akaike AIC	-0.362316	-2.297366
Schwarz SC	-0.137852	-2.072901
Mean dependent	7.429561	2.273718

续表

变量	ΔLNMFDI	ΔLNSTR
S. D. dependent	0.777216	0.401107
Determinant resid covariance (dof adj.)	0.000180	
Determinant resid covariance	0.000131	
Log likelihood	55.46324	
Akaike information criterion	-2.674309	
Schwarz criterion	-2.225379	

八、脉冲响应分析

从图6-8可以看出，在本期给日本对华制造业直接投资MFDI一个正冲击后，其短期内会快速促进我国制造业产业结构升级，这是由于日本对华直接投资在资金特别是技术上确实对中国的制造业发展有强大的带动作用。但是其对制造业产业结构的促进作用并不是长久的，结构升级效应在第5期达到正向最大之后逐渐收敛，促进作用有所减弱，但是长期来看依旧有正向拉动效应。这表明在长期内，日本对华制造业产业结构升级的作用是有限的。

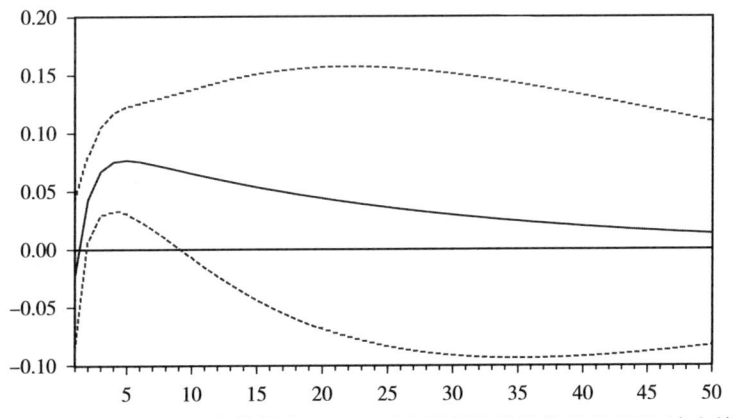

图6-8 日本对华制造业直接投资MFDI对中国制造业结构升级STR冲击的影响

因此，中国的制造业产业结构不能完全依赖于日本对华直接投资，还是需要国内的自主创新。中国制造业的发展过程中，短期内我们需要多学习和模仿国外先进的技术和经验，加大国内资本投资，特别是加大研发力度，力争延长外资促进中国制造业结构升级的时段，更重要的是将国外的先进技术和我国的国情密切联系起来，自主创新促进中国制造业产业结构升级。

第七章 研究结论和政策建议

日本对华直接投资对中国产业结构升级的影响是显而易见的，本书前六个章节已经分别从理论和实践的角度进行了分析，既有经济学者对相关问题的阐述，也有笔者所做的经济模型回归分析；既有对中国全行业的分析，也有对制造业等重点行业的分析；同时还从中国对日直接投资的角度，通过理论和数据分析，探究其对中国产业结构升级的影响。通过分析，可以得出基本结论，日本对华直接投资对中国产业结构升级具有积极的促进作用。另外，中国对日本直接投资也可以作为一个崭新的视角，成为未来中国产业结构升级的一个新的途径。

本章作为全书的最后一章，对本研究做一个全面梳理，得出一些研究结论，最后对一些相关问题提出合理化的意见和建议。特别是在全球化战略中，中国作为最重要的发展中国家，发挥的作用越来越大，地位也越来越重要，客观上对中国的外贸工作提出更高的要求。随着一系列相关政策的出台，特别是中国政府提出的"一带一路"倡议，相信日本对华直接投资以及中国对日直接投资都将成为未来很长一段时间的重点工作。在新的形势下，探究如何解决日本对华直接投资过程中的现存问题成为重中之重，本章也是针对这个问题，研究促进日本对华直接投资拉动中国产业结构升级的对策，希望能针对长期以来中国产业结构不合理的问题提出建议，为中国产业结构升级献计献策。

第一节 主要研究结论

本书从绪论开始，主要介绍了研究背景、研究目的和意义、研究方法，界定本书的核心概念，简明扼要地说明本书的主要内容和结构安排，指出本书的创新点。然后围绕外商直接投资和产业结构升级问题梳理相关理论和文献，针对既有文献进行评述，找到切入点，探究外商直接投资对东道国产业结构升级的主要影响因素。全面把握日本对华直接投资对中国产业结构升级的演变过程，在查阅文献数据的基础上，总结不同时期日本对华直接投资的不同战略，结合战略的演变讨论日本不同的投资战略给中国产业结构升级带来的影响。主要从技术溢出效应、就业效应、产业关联效应三个方面，分析日本对华直接投资对中国产业结构升级中的具体影响，通过时间序列和面板数据模型分别检验日本对华直接投资对中国产业结构升级的整体影响以及对分行业的具体影响，进一步深入检验日本对华直接投资对中国制造业产业结构升级的具体影响，从而全面考察日本对华直接投资对中国产业结构升级的影响。

一、日本对华直接投资的战略不断改变

日本对华直接投资主要经过了四个阶段。第一阶段（1979～1989年）是日本对华直接投资的"试探性阶段"，这个阶段日本对华直接投资规模不断稳定增加，但是总体上增加幅度不大，中国在日本对世界投资总额中所占的份额也不大，投资规模较小是由于日本的资源有限，生产规模扩大受到阻碍，而中国的改革开放为日本提供了广阔的市场，日本看中了中国廉价的劳动力资源和丰富的自然资源，这一阶段日本的投资行业主要集中在第三产业。第二阶段（1990～1999年）是日本对华直接投资的"快速增长阶段"，这个十年日本已经将目光转向了占领中国庞大的市场，制造业的投资比例明

显增加，高新技术的投资比例也在大幅度增加，同时日本开始在中国兴建研发中心，在生产、销售、研发等领域都提高投资力度，全面进军中国市场。第三个阶段（2000~2009年）是日本对华直接投资的"稳定增长阶段"，这一阶段仍以制造业为主，发展到服务业等其他领域，但是2006~2008年出现了投资规模下降的趋势。第四阶段（2010~2015年）是日本对华直接投资的"结构调整阶段"，在这一阶段，日本对华直接投资规模再次扩大，但是扩大的幅度有缩小的趋势，特别是从2013年开始呈现了大幅度下降的趋势。

在不同的发展阶段中，日本对华直接投资战略也发生了改变，主要从"中国事业战略"到"中国市场战略"、从边际产业转移到市场导向下的优势产业转移、从与中国本土企业竞争到与中国本土企业合作、从非制造业向制造业转移、投资领域从沿海城市向内陆城市转移、从单纯加工生产向生产研发并重转移。这些战略改变是日本企业根据形势作出的选择，客观上促进了中国产业结构的升级。例如从非制造业向制造业转移，为中国带来了先进的生产技术和管理经验，在我国工业化进程中起到了重要的作用，同时从单纯加工生产向生产研发并重的战略转移，则可以提高中国企业的研发能力，拉动中国产业结构的升级。

在不同的发展阶段，由于日本对华直接投资的战略不同，对中国产业结构升级的影响也是不同的。20世纪90年代以前，日本对华直接投资带动中国服务业的发展，对产业结构的升级作用是有限的；但是在20世纪90年代到2005年，日本对华直接投资大大促进了中国制造业的技术水平的提高，对中国产业结构升级的影响也是最明显的；而2005年以后，日本对华直接投资又转移到服务业，从而带动了第三产业的发展。

二、促进中国产业结构升级

日本对华直接投资对中国产业结构的升级的影响主要通过技术溢出效应、就业效应、产业关联效应这三个方面进行研究，特别是技术溢出效应直接关系到中国的产业结构升级。

(一) 带动中国技术水平的提高

技术溢出效应是促进东道国产业结构升级的最主要途径，由于外商直接投资间接给东道国在人力资本、生产技术、研发投入等方面带来了技术扩散，促进东道国提升生产能力和生产效率，有利于东道国产业结构升级。

影响技术溢出效应的主要因素包括：企业自身因素、政府的因素、人力资本的因素、企业间的关联程度。从中日两国企业的具体情况来看，日本企业一般企业规模较大、技术世界领先，虽然他们主要采取边际产业战略，但是他们边际产业的水平对于当时的中国来说也是先进的，中国企业起步较晚，技术和管理经验较差，和日本企业差距很大，这样使得技术溢出效应有很大程度的发挥。从中日两国政府的战略来看，日本在经历了"失去的十年"之后，日本政府看到了对外直接投资的重要性。中国当时廉价的劳动力和丰富的自然资源大大吸引了日本企业的投资，日本政府支持日本企业的对华直接投资，而中国政府则加快开放步伐，不断完善国内投资环境，多方面促进中日企业合作。从人力资本来看，中日两国员工相差不多，更加有利于外资对中国企业溢出效应的发挥。从企业的关联度来看，中日自邦交正常化以来，两国的企业交流非常密切，两个国家的汽车、家电等产品的制造业企业联系密切，日本几乎所有的汽车、家电企业都在中国投资办厂，利用中国廉价劳动力。日资企业的进入也带动了我国上游和下游企业的发展，有利于产业结构的调整。

经过多年的发展，日本企业对中国企业的溢出效应是巨大的，特别是中国制造型企业受到的技术溢出效应较大。目前在中国的制造型企业以及其他企业都在学习日本企业的管理经验和模式，如著名的丰田生产方式中零库存、5S、企业年金制度，等等。

(二) 促进中国劳动力结构不断升级

大多数外商直接投资都会促进东道国就业人数增加，提高东道国的就业质量，使管理者的管理理念更加先进，促使东道国改善生产过程中的软环境，使其站在更高的平台上进行生产，提高东道国生产效率的同时亦有助于其产业结构升级。

外商直接投资的就业效应主要体现在就业创造、就业损失、就业替代、就业转移、就业示范五大方面。日本对华直接投资的过程中，这五个方面的效应都有所体现。日本对华直接投资一般都采取了绿地投资的形式，在中国的很多地区新建了众多工厂，这些工厂在一定程度上为各个地区缓解了就业压力。在那些日本独资或者中日合资的企业里，中国员工学习先进技术的机会很多，自身的生产技术和管理经验大大得到了提升，这些员工在跳槽的过程中，也将这些技术和经验潜移默化地带给了新的中国企业，从而发生转移和示范效应，带动了中国全行业员工素质的提高。

（三）带动中国其他产业不断升级

外商直接投资的产业关联效应主要分为向前和向后两种，主要表现为外商直接投资带动了东道国上游和下游企业的发展，从而促进了东道国产业结构的优化。

日资企业进入中国市场，与中国企业形成竞争关系。在竞争市场上，由于外资企业先天技术和管理经验处于领先地位，会有一定的优势。而我国企业若想和日资企业争夺市场份额，必须要学习模仿日资企业的先进技术，提升产品质量，提高产品的竞争力，中国要在竞争中实现自主创新。随着中国经济的不断发展，后期日资也开始探求与中国企业形成合作关系，而不是一味的竞争，这样更加有利于中国在实践中学习日本先进的技术和管理经验。

影响产业关联效应的因素主要有：东道国的产业政策、投资国的投资状况和东道国的学习模仿能力。中国一直鼓励引进外资，希望通过外资的支持带动整个产业走向高级化。而日本对于中国的投资也从非制造业转向制造业，这一政策的转变，对中国制造业的起步以及产业结构的升级起到极大促进作用。我国很多企业学习模仿能力较强，日本独资和中日合资等企业不断学习，间接带动部分行业的产业结构升级。

三、影响中国产业结构升级的实证结果

日本对华直接投资促进中国产业结构升级主要是提供了资金和技术两个重要资源。改革开放初期中国国力不强、建设资金短缺，日资的注入帮助中国解决了很多由于资金不足无法建设、无法研发、无法进一步扩大规模等急需解决的问题；而且，随着日资的进入，中国政府的税收收入也渐渐提高，可以进行社会基础设施的建设和改善，有利于投资环境的进一步改善，也会吸引其他国家更多的外资投向中国，使得更多行业的生产状况都有所改善，有利于中国产业结构的升级。另外从某种意义上讲，日资拉动中国产业结构升级更为重要的就是技术投资。随着日资的进入，中国企业的生产技术水平有了很大的提高，对于一些相关联企业的技术水平也间接地提高了标准，一些技术较差的企业也都被自然淘汰，先进技术的应用使得第二产业快速发展起来，这样直接导致了中国产业结构的升级。

从实证分析的结果来看，日本对华直接投资总额（JFDI）、制度因素（S）、需求拉动因素（CU）、资本积累（K）、劳动力（L）、就业结构（E）和人力资本（N）这几大因素对中国产业结构升级均产生一定正面的影响，并且这种影响是相互的，随着中国产业结构不断升级，日本对华直接投资的规模和质量、中国的开放程度、居民消费水平、国内固定资产投资、劳动力就业的数量和就业结构、人力资本状况也会有所改善。另外，日本对华直接投资的增加对于制度因素、需求拉动因素、资本积累、劳动力、就业结构和人力资本有一定的冲击作用，大体上在第2期出现正向峰值，随后有一定的削弱作用，但是从长期来看，还是趋向于负面影响不断被削弱，发展态势不断趋于稳定。从具体的三次产业分析结果来看，日本对华直接投资对于第二产业的促进作用大于对第三产业和三次产业整体的促进作用，而技术进步对于各大产业的促进作用又大于日本对华直接投资的拉动作用，和人力资本、

劳动力就业这一因素相比,劳动力就业结构状况对产业结构的促进作用更加明显。因此,在中国产业结构升级的过程中,既要重视外商直接投资的作用,又要依赖于技术水平的提高,不断自主创新,创造更大的生产力,同时还要关注制度因素、需求拉动因素、资本积累、劳动力、就业结构和人力资本等其他因素,注意各个影响因素之间的相关作用,政府宏观调控,将各大因素合理配置,充分发挥它们对中国产业结构升级的促进作用。

四、影响中国制造业产业结构升级的实证结果

日本对华直接投资促进中国产业结构升级的过程中,尤其在制造业的表现比较明显,所以,本书除了对全行业进行分析以外,还对中国制造业的数据进行了实证分析。从分析结果来看,中国制造业产业结构状况与日本对华制造业直接投资总额、中国国内制造业固定资产投资总额、制造业劳动力年均就业人数之间存在长期的正相关关系,和我国的实际状况基本符合。长期以来中国制造业产业结构不断高级化受到了上述三个因素的影响,它们给中国的制造业带来了资金、技术、管理经验、劳动力等多方面的支持。

所以今后我们无论在利用外商直接投资还是增加国内固定资产投资的时候,应该更加关注制造业的投资领域,要从劳动密集型转向技术、资本密集型制造企业,引导投资更加注重质量,同时培养更多的专业人才,为提升中国制造业产业结构而服务。

五、中国产业结构升级的现状及现存问题

(一) 中国产业结构升级的现状

1979~2015年,中国政府不断加大投资,以日本为首的外商直接投资给中国带来了巨大的资金和技术支持,中国的产业结构不断调整,产业结构逐渐升级。从三次产业的比重来看,2015年第一、二、三产业所占比重分别为8.99%、40.53%、50.47%,较1979年的30.95%、46.79%、22.26%

相比，第一产业所占比例大幅度下降，而第三产业所占比例大幅度上升，中国的产业结构高度化程度越来越高，各个产业内部的行业结构也越来越合理。

1. 第一产业生产总值所占比例大幅度下降

从整体来看，改革开放以来，我国第一产业生产总值在国内生产总值的比例出现大幅度下降趋势。1979~1982年，我国的第一产业所占比例出现了缓慢上升的趋势，年均增长幅度1.5%左右，1982年我国第一产业生产总值达到1258.9亿元，所占比例达到33.03%，是30多年来的顶峰。从1983年开始，第一产业生产总值逐年递减，2009年第一产业占国内生产总值比例只有不到10%，直到2015年更是跌至8.99%，较1979年下降了21%。第一产业所占比例下降较快，是我国工业化进程的一个必然现象。为了加快我国经济增长的速度，我国大幅度增加第二产业和第三产业的投资，而不断减少第一产业的投资。再从第一产业内部来看，农林牧渔不同产业的比重也在发生变化，2015年农业产值仍占到了50%以上，但是随着现代农业的技术不断提高，高附加值的农产品、副产品的种类越来越多，相关农副产品的加工品也越来越多。

2. 第二产业生产总值所占比重稳中有降

从整体来看，改革开放以来，我国第二产业生产总值所占的比例呈现了稳中有降的趋势。2015年第二产业生产总值所占比例为40.53%，较1979年的46.79%下降了6.2%，下降幅度并没有第一产业那么大。从各个阶段来看，1979~1990年，第二产业所占比重出现了下降的趋势，从1979年的49.79%下降到1990年的40.89%，这段时期的下降主要是因为我国实行了家庭联产承包责任制，重视农业的发展而忽略了对第二产业的投资，即使对第二产业的投资中也是重视对轻工业的投资而轻视对重工业的投资，使得在第二产业的投资明显不足。1991~1997年，第二产业所占比重出现了稳定上升的趋势，从1991年的41.36%上升到1997年的47.03%，这段时期第二产业所占比例的稳定上升主要是因为一方面我国国内为了促进经济快速发展而大力加大了对第二产业的投入,另一方面是外商直接投资主要集中在制造业,给我国第二产业的发展带来了大量的资金和技术。1998~2002年,第二产业生产总值所占比重又出现了微弱的下降趋势,这段时期的下降主要是受到亚洲金融危机的影响,包括中国在内亚洲各个主要的国家国内经济疲软,自身的投资力度下降,因此日本对中国的直接投资力度也在下降。2003~2005年,第二产业生产总值所占比重又出现了缓慢上升的趋势,这短暂的上升主要是因为国内对于第二产业发展的重视,在资金和政策上给了第二产业很大的支持,受此影响,外商直接投资也将目标集中在中国的第二产业。2006年以后,第二产业生产总值所占的比重出现了持续下降趋势,这主要是受到了国家产业结构调整和产业投资战略改革的影响,特别是自2011年起,我国明确提出了要大力发展高端制造业。从整体上看,中国的制造业面临着结构调整,国家对于第二产业的投资开始有所减少,国外对于中国第二产业的投资也开始减少;从第二产业内部来看,虽然我国第二产业生产总值所占的比例不断下降,但是第二产业中的计算机信息、医药、航天航空等高技术产业的生产总值所占的比例出现了不断增加的趋势。

3. 第三产业生产总值所占比例大幅度增加

从整体来看,改革开放以来,我国第三产业生产总值所占的比重呈现了大幅度增加的趋势。2015年,我国第三产业生产总值所占比例达到了50.48%,较1979年的22.26%增加了28.22个百分点。第三产业生产总值所占比例的不断上升主要是受到我国产业结构调整战略的影响,政府着重发展现代服务业,第三产业所占比例的提高从一个侧面说明我国产业结构在不断升级。从第三产业的内部结构来看,20世纪80年代我国第三产业的发展主要集中在商业、交通运输、酒店等行业;到了21世纪,第三产业的发展主要集中在旅游、信息咨询、金融保险、科技服务、金融租赁等现代服务业中,一时间一些新型的金融衍生品不断出现,科技文化教育等服务产业大力发展起来,技术服务、信息咨询等高技术服务业所占的比例逐渐上升,在第三产业中涌现一批新型的服务行业，这种服务业的创新推动了中国第三产业的结构升级。

（二）中国产业结构升级的现存问题

虽然我国的三次产业结构逐渐趋于合理化，但是其合理化进程还是缓慢的，而且三次产业内部的结构合理化程度远远低于西方发达国家，中国产业结构状况现存的主要问题如下。

1. 三次产业的产业结构高度化程度不高

从统计数据来看，2015年第一、二、三产业所占比例分别为8.99%、40.53%、50.47%，而欧美发达资本主义国家第一、二、三产业所占比例分别为10%、15%、75%。从数据上看，我国第二和第三产业的比例确实大幅度增加，第二、三产业所占比例之和已经超过了90%，非农化指数大大提高，说明我国的产业结构较改革开放之初确实有了很大的提高。和欧美发达国家比较而言，虽然非农化指数没有太大的区别，第二产业和第三产业的比例之和都超过90%，但是我国第二产业所占比例远远高于发达国家，第三产业所占比例则远远落后于发达国家，说明我国的产业结构仍然处于不合理的状态，高级化程度还需进一步提高。

2. 三次产业内部结构不平衡

虽然我国的第三产业所占比重不断提高，产业结构升级状况有所改善，但是从三次产业各自的内部结构来看，依然存在着严重的不平衡状况。从第一产业内部来看，农业所占比例很大，但是农业生产技术并不高、农业生产规模化程度不高，传统农业向现代农业的转变还有很大的空间，农产品的相关深加工产品不多，大多数农产品仍然维持在初级加工品阶段，深加工程度较低，农产品的产业化程度远远低于西方发达国家的第一产业的产业化程度。从第二产业内部来看，制造业依旧是第二产业最重要的产业，但是制造业内部高技术制造业所占的比重还有待提高，绝大部分依然是中低技术水平的制造业，制造业的产业结构水平有待提高。从整个第二产业内部结构来看，我国处于工业化初级阶段，加工制造业的比例较大，仍然属于制造大国，而不是生产大国。第二产业内部的劳动密集型工业企业比例过大，技术密集性工业企业比例过小，在全球生产中处于价值链的低端，产品的附加值不高。从第三产业内部来看，我国的第三产业生产总值较1979年有了大幅度的增长，但是我国的第三产业较发达资本主义国家相比，商业、交通运输等低端服务业所占的比例较大，而信息咨询、科技服务、金融保险等高端服务业所占的比例较小，除此以外，我国第三产业的科技含量依旧很低，金融保险等产品创新不足，利用互联网等新技术程度还有待提高。

3. 三次产业内部产能过剩现象明显

长期以来，我国第二产业的发展主要依靠了投资的大幅度增加。20世纪90年代，制造业的快速发展就是依靠投资的大幅度增加，这里的投资既包括国内的固定资产投资也包括改革开放以来外商直接投资的大幅度增加。据相关数据统计，1979年以来我国的固定资产投资年均增长达到18%，一直位于世界范围内吸收外商直接投资国家排名的前五位，这些投资促进了我国三次产业的发展。依靠投资快速发展起来的产业是一种粗放型的生产方式，这种生产方式容易造成产能过剩。这一理论在我国的经济发展过程中得到了验证，我国的钢铁、化石能源、煤炭、水泥、石油等产业都出现严重的产能过剩现象，特别是煤炭行业，我国生产能力超过了50亿吨，但是居民的消费能力只有40亿吨，产能过剩很明显。煤炭行业供给大于需求导致从2010年开始煤价不断下跌，煤炭行业的亏损率已经达到了80%。2013年水泥行业的在建和拟建的生产线有220条，建成后水泥产量可达35亿吨，但是"十二五"规划中水泥的需求量预计在22亿吨，可见水泥行业中也存在过度投资现象。由于投资过度而造成我国大多数产业出现了粗放型的生产方式，表面上看国内生产总值提高很快，但是这种方式导致了我国产业结构升级缓慢，结构不合理的现象越来越严重。2015年，我国提出的供给侧改革就是针对粗放型生产方式导致的产业结构高级化不足的现象而提出的，主要通过提高供给质量，矫正扭曲了的要素的配给方式，提高全要素的生产效率，用增量改革过剩的存量，在继续增加投资的过程中不断优化投资结构和产业结构。

4. 产业结构效益不高

各个国家调整产业结构，使产业结构不断升级，主要是为了提高产业结构效益。产业结构效益的高低可以使用比较劳动生产率这一指标来衡量。比较劳动生产率就是计算一个部门的生产总值在全部国内生产总值的比例与该部门的劳动力占全部劳动力的比例之间的比率，也就是1%劳动力生产出来的总产值在全部国内生产总值中的比例。通常情况下，第一产业的比较劳动生产率低于1，而第二和第三产业的比较劳动生产率则高于1，对于一个国家来说第一产业和第二、第三产业的比较劳动生产率差距越大，那么二元经济结构则越明显，而三次产业之间的比较劳动生产率差距越大，那么产业结构的高级化程度越低，结构效益也越差。

近年来，第一产业的比较劳动生产率基本维持不变，我国第二产业的比较劳动生产率出现了不断降低的趋势，特别是2003年以后出现了大幅度下降趋势，第三产业的比较劳动生产率在1996年以前呈现下降趋势，但是1996年以后基本维持不变。从整体来看，随着第二产业比较劳动生产率的不断下降，第二产业和第三产业的比较劳动生产率之间的差距越来越小，但是由于第一产业的比较劳动生产率和第三产业的比较劳动生产率基本不变，所以第二产业和第三产业与第一产业比较劳动生产率之间的差距并没有缩小，差距大概80%左右，这一差距远远大于西方发达国家的比较劳动生产率的差距。由此可以说明，目前我国仍然是大多数劳动力在从事低技术水平的第一产业的生产，第二产业和第三产业的劳动力供给明显不足，劳动力的资源配置较为低级化，三次产业结构的总体效益水平不高，这也成为产业结构升级的绊脚石。

第二节 加大日本对华直接投资促进中国产业结构升级的建议

从上文的分析结果可以看到，日本对华直接投资确实对中国产业结构升级起到了一定的推动作用。但是2013~2015年间世界范围内外商直接投资总额整体增长缓慢，日本对外直接投资总额增长缓慢，在这一大背景下，日本对华直接投资总额大幅度下降，陷入结构调整阶段。从中国的国内形势来看，我国的经济增长速度从年均10%左右下降到7%左右。2016年，据当时的相关部门预测，我国的经济增长速度只有6.5%左右。中国经济增长减缓，吸引外资动力不足的同时，我国也面临着产业结构调整的重任。2015年年底，政府明确提出我国当时的首要任务是"去产能，调结构"。目前中国正值产业结构调整的关键时期，在新的形势下如何利用外资成为快速拉动中国产业结构升级的一个新途径。虽然日本对华直接投资总额不断下降，但是据日本振兴机构的调查统计，日本企业看好中国市场并愿意继续投资的比例仍然达到50%以上，可以预见未来中国和日本合作关系会更加紧密，中国依旧是日本重要的海外投资市场。目前正值日本对华直接投资的结构调整阶段，我国应该利用这一时机，合理引进外资，加速产业结构升级。因此，探究2013年以后日本对华直接投资大幅度下降的原因以及未来日本对华直接投资的趋势，趋利避害，不断改善国内引资环境，充分利用日本对华直接投资，发挥其技术溢出、就业、产业关联等效应，促进中国产业结构升级成为新时期一个重要的研究课题。

一、加快中国供给侧改革提高对华直接投资效率

根据凯恩斯的经济学理论，影响需求的有消费、投资、净出口"三驾马车"，影响供给则有劳动力、资本、土地、技术四大因素。供给侧改革强调影响供给的四大因素的重要作用，强调供给对需求的影响。在影响外商直接投资的质量中有个很重要的因素就是东道国的投资状况和吸收能力，而供给侧改革则恰恰是在不断提高中国产业结构高级化水平，不断改善中国的招商引资环境。

中国加快供给侧改革能够为日本对华直接投资提供更好的投资环境，为日本企业加大对华直接投资提供更多的信心。供给侧改革需要用增量改革促

进存量调整，所以引进日本对华直接投资的时候我们更加需要关注高技术产业，对于电子信息、环保、金融服务等行业要给予更多的优惠政策，让这些日资企业给中国市场注入更多活力，以实现经济的可持续发展以及人民生活质量的不断提高。供给侧改革需要优化投融资结构，实现资源的优化配置，所以在引进日本对华直接投资的过程中，我们不仅要关注量的多少，最重要的是要关注质的高低。从历史来看，日本对华直接投资的大部分资产还是优质的，在未来的招商引资中，我们要更加关注资本质量，坚决抵制劳动密集型或者阻碍可持续发展的资本的投资，对于高质量的资本投资给予更多优惠政策。供给侧改革可以优化消费结构，实现消费品的不断升级，所以在引进日本对华直接投资的时候要注意我国的消费结构，适当的引入一些较高层次消费品的生产企业，例如汽车行业应该注意引进一些有关环保节能等产品的投资，带动中国居民消费结构的提高。

当然，强调供给侧改革，主要是从中国自身出发，提高劳动力的质量，提升就业结构水平，增强土地的利用效率，加快技术改造和自主创新，为日本跨国企业在中国直接投资增强投资效率。供给侧改革并不是降低中国的经济增长速度，而是在厚积薄发，在夯实经济基础，在为吸引更多的高质量日资不断进入中国市场而改善投资环境，所以供给侧改革正好是个契机，加快其改革，更好地发挥日本对华直接投资在中国产业结构升级中的促进作用。

二、在新的产业政策下调整对华直接投资的产业

改革开放之初，中国严重缺乏建设资金和技术，国家制定了很多招商引资的优惠政策，对跨国公司敞开了大门，日本也是顺势敲开了中国的大门，不断增加对华直接投资。20世纪90年代，我国的产业政策倾向于大力发展第二产业，开始工业化进程，日本也顺势加大了对华制造业的投资。而进入21世纪后，我国的国内生产总值快速增长，经济发展的速度惊人，生产技术水平和建设资金短缺问题都有所缓解，低水平产业结构成为制约中国经济发展的重要因素，于是中国面临着结构调整的艰巨任务。我国提出在制造业

第七章 研究结论和政策建议

中大力扶持现代装备制造业，大力督促现代服务业的发展，倡导自主创新，鼓励高新技术的发展。一方面要求国内投资不断向着高技术产业，另一方面要求外商直接投资也要向着高技术产业。在新的产业政策下，中国引进日资需要符合中国的产业政策，一方面要加大对于金融、保险、物流等第三产业的引进，引进现代服务业以带动中国服务业技术和管理水平的提高；另一方面对于制造业的引进规模则要缩小，在整体缩小制造业引进规模的过程中，要不断缩小中低技术的制造业的引进规模，但对于信息技术、环保技术等高技术制造业的引进规模要逐步加大。其实，按照中国新的产业政策招商引资，通过提升外商直接投资的结构水平，可实现中国产业结构升级的目标。

三、改善中国投资环境重塑日资企业投资信心

改革开放后，吸引日本在华大规模直接投资的原因是中国政府提供了税收等方面的优惠政策和廉价的劳动力、广阔的市场。2006年我国税法制度改革以后，跨国公司与中国本土企业享有同等的税收政策，中国政府对于日本投资企业的税收优惠政策大大减少，税收上的吸引力度也大大减弱；同时，随着中国劳动力成本的不断提高，廉价劳动力的优势越来越弱，虽然中国的广阔市场依然存在，但是由于其他外国企业的进入以及中国本土企业的不断强大，日资企业与这些企业的竞争也越来越激烈。因此，以往的吸引日资的因素显得越来越弱，为了吸引日资，我们必须另寻出路。

亟须重新树立日本对华直接投资信心。我们要看到日本的先进技术依然是我们建设中急需的，日本的环保等世界领先的工程也是我们学习效仿的对象。根据日本贸易振兴委员会对日资企业对华直接投资未来趋势的调查显示，62.7%的日资企业仍对中国市场的未来充满信心。虽然很多日资企业为了利用廉价劳动力，降低企业生产成本，以向东南亚市场投资代替向中国市场投资，但是通过日本贸易振兴委员会对相关日资企业调查显示，大多数企业还是希望更多地占领中国市场。而且，伴随着中国市场技术水平的不断提

高，日方希望在中国市场更多地投资新兴战略产业、高技术产业、高附加值的产业。因此，为了改变日本对华直接投资不断下降的趋势，需要中国不断地改善投资环境，提高外资企业的投资利润率，从而提高日资企业的投资信心，让他们看到中国的经济增长速度虽然在下降，但是在世界范围内还是处于领先的地位，最重要的是，近年来我们是在用结构换速度，中国的产业结构越来越合理化、越来越高级化，这样的市场更加稳定，这样的市场也更适合于那些中高技术水平的日资企业投资中国市场。

加强中国的基础设施建设、改善投资环境成为新时期吸引外资的重要途径。第一，政府要建立完善的外商直接投资政策。良好的政策是吸引外资最重要的基础，我们为了更好地发挥日本对华直接投资的作用，要有针对性地建立健全针对日本的对华直接投资政策。第二，政府要与时俱进地建立相关产业政策，使得金融、财政等体系建设更加完备。第三，建立新型政府管理模式，充分发挥有中国特色的市场经济体制，充分发挥市场的基础性作用，让市场成为检验引资质量的"晴雨表"。第四，在经济全球化的战略中，建立健全现代企业制度，使中国接轨世界市场，充分发挥世界市场配置资源的基础性作用。第五，加强高速铁路、高速公路等基础设施建设。日本对华直接投资企业分布在全国各地，良好的铁路、公路运输是企业生产运营过程中必需的基础保障。近年我国的高速铁路、高速公路建设速度很快，但是呈现了东南部建设较快而中西部建设不足的现象，这在一定程度上阻碍了日资企业对内地的投资，因为基础设施不健全对日资企业的投资信心打击很大。在现代化生产过程中，基础设施已经成为影响其生产效率的重要因素之一，所以要加速其发展。

四、注重"一带一路"建设下对华直接投资的新模式

2013年，国家发展和改革委员会、外交部、商务部联合下发了《推动共建丝绸之路经济带和21世纪的海上丝绸之路愿景与行动》一文，其中指出："发挥新疆独特的地理优势和西窗口的重要作用，拓展与中亚、南亚、

西亚等国家的合作，发挥丝绸之路经济带的重要交通枢纽作用，促成商贸物流和科教文化中心的形成，打造丝绸之路经济带的核心区。"① 在其具体的要求中提出：利用长三角地区、珠三角地区、环渤海经济开发区的开放历史悠久，经济实力雄厚，辐射和带动作用较强的优势，加快推进中国（上海）自由贸易试验区建设，加快推进建设福建成为21世纪的海上丝绸之路核心区。发挥深圳前海、广州南沙、珠海横琴、福建平潭地区的优势，深化与香港、澳门的合作，共建粤港澳大湾区。加强上海、天津、广州、深圳等沿海城市建设，强化上海、广州等国际枢纽机场的功能。以扩大开放带动深化改革和体制创新，加大科技创新，形成新的竞争优势，引领国际合作，成为"一带一路"尤其是21世纪海洋丝绸之路的先锋队和主力军。

"一带一路"建设的实质就是在经济全球化战略下，进一步搞好中国的改革开放，以及亚洲地区的经济合作。在这一新的形势下，中国政府必将提出更为具体的措施，对于"引进来"和"走出去"必将提出更多的优惠措施。日本政府、企业、各大媒体都非常关注"一带一路"建设，他们也召开了很多研讨会，以贸易振兴委员会为首，研究日本对华直接投资的新举措。在"一带一路"倡议下，我们要进一步做好日资的引进工作，将高技术产业如环保等产业积极引进到中国，利用中国更开放的经济区、保税区、自贸区和各个试点区域，充分发挥其溢出效应，带动中国的产业结构升级。

五、提高引进日资的质量

为了促进中国产业结构的升级，在引进日资的时候要从过去的注重量转变到现在的注重质，这是因为引进高技术高品质的日资企业可以促进中国生产技术水平的提高，有利于促进中国的产业结构升级，所以引进日资的时候

---

① 国家发展改革委、外交部、商务部联合发布《推动共建丝绸之路经济带和21世纪海上丝绸之路的愿景与行动》是我国关于"一带一路"倡议的具体部署，虽然有些日本学者对"一带一路"倡议持有反对意见，但是本书沿用大多数学者的看法，认为此倡议有助于亚洲经济合作，中日经济合作也要在此倡议下进行。

要注意以下几个方面。

首先，要引进高技术水平的企业。我国改革开放初期吸引外资主要是由于当时建设资金不足，同时为发挥中国廉价劳动力的优势，所以那时主要是以引进劳动密集型企业为主，引进的日本跨国公司其自身也是秉持这样的战略，但是劳动密集型企业虽然很快实现了出口收入也在一定程度上解决了中国的就业难问题，但随着我国经济的不断发展，我们越来越需要高质量的日资。引进高技术水平的日资企业，可以使得国内企业提高技术水平，进而可以吸引更多的跨国公司来华投资办厂，从而有利于中国企业整体技术水平的提高，而企业技术水平的提高是中国产业结构升级的关键因素。所以，今后在引进日资的时候，一定要引进高技术水平的企业，先进的技术更为重要。

其次，要调整和优化日本对华直接投资的结构。为了促进中国产业结构升级，在引进日资的时候，要特别注意日本对华直接投资的结构。有些劳动密集型的企业或者行业在对华直接投资中的经济效应可能会实现得比较快，如加工企业，但是这些企业的引进没有办法改变现有的产业结构不合理的状况，反而会加剧这种情况。目前，中国产业结构需要进一步调整，提升第三产业在三次产业中的地位和质量，所以我们引进日资的目标也应该放在加大对第三产业的引进上来。对于第二产业我们也不能忽视，虽然中国的制造业水平较原来有了较大的发展，但是距离工业化的高级阶段还很遥远，在注重第三产业引进的同时，也需要大力引进高技术水平的第二产业，以拉动中国的产业结构升级。

六、加强引进日资的后期管理

自20世纪80年代，中国政府一直非常重视日本对华直接投资的规模、战略等相关问题，也出台很多有利于日本对华直接投资的政策，在很大程度上促进了日本对华直接投资的力度。而日本对华直接投资确实也给发展中的中国带来了资金、技术和管理经验，在中国也掀起了一股向日资企业学习技术和管理经验的热潮。

然而，一个国家产业结构升级的核心仍然是技术的自主创新。党的十七大报告提出"建设创新型国家，最关键的是要大幅度提高自主创新能力"。党的十八大报告正式提出"实施创新驱动发展战略"，并作出战略部署。而自主创新能力的提高就需要中国人民不断学习，中国政府做好管理。日资进入中国给中国带来巨大生产力的同时也加入了与中国企业的竞争，对中国一些原有产业和主导产业也形成了威胁。所以中国政府为了保护自主创新，必须建立健全外商直接投资的相关法律，对于一些威胁到我国主导产业和自主创新产业的外商直接投资企业要通过健全的法律给予限制，使中国企业可以将更多的精力投入研发和经济建设中，也为中日两国企业的公平竞争营造良好的法制环境。

日资的引进固然重要，但是引进后的管理更为重要。引进来的日资如果没有中国政府的合理引导以及实时监督，日资发挥的作用就要受到一定的限制，日资企业也不可能在中国有更大的发展，其他日资企业进入中国的动力也会大大削弱。所以中国政府更要重视日本对华直接投资的后续管理工作，使得日资的溢出效应充分发挥。

七、关注中国对日直接投资的补充作用

中国对日直接投资虽然起步较晚，投资的规模也不大，但是日本作为亚洲重要的国家，与其贸易合作对于东北亚区域经济一体化的发展，对于世界经济的全面合作，对于中国和日本的经济发展以及中国的产业结构调整显得至关重要。

中国对日直接投资可以带动中国企业技术水平的提高，从而实现产业结构高级化，同时中国对日直接投资的发展可以促进中日贸易的发展，通过两国越来越紧密的贸易关系，有利于促使更多的日本企业走进中国，在日益紧密的交流中，使日本企业更加了解中国，将更多的企业带到中国，增加日企对我国的投资，从而对中国产业结构的升级起到一定的促进作用。

中国对日直接投资和日本对华直接投资是相互促进、相互影响、共同发

展的关系。因此在大力促进日本对华直接投资的同时，也需要关注中国企业走向日本。中国对日直接投资过程中要注意以下两个问题，以便更加有利于中国产业结构的升级以及经济的快速发展。第一，要关注中国对日直接投资的产业选择。和日本对华直接投资一样，选择好正确的产业才能拉动中国的产业结构升级，对于中国的跨国企业来说，利润很重要，但是更重要的是长久的发展，只有科技领先，产业选择正确才能确保长期的发展。虽然中国企业高技术企业不多，而且在国外也可能并不是最有优势的企业，但是中国政府应该鼓励并且扶持这些企业走出国门，在激烈的国际市场竞争中强大自己，为中国的产业结构升级贡献力量。第二，要关注中国对日直接投资的模式选择。外商直接投资一般可以采取绿地投资、并购等不同的投资模式，中国对日直接投资中可以扬长避短，选择有利于企业自身发展的模式。

第三节　研究展望

　　本书主要研究了日本对华直接投资与中国产业结构升级之间的关系。首先详细论述了日本对华直接投资的各个阶段的特点，然后通过技术溢出效应、就业效应、产业关联效应等分析，阐述日本对华直接投资促进中国产业结构升级的必然性，最后利用时间序列和面板数据模型检验了日资的引入确实对中国的整体产业结构特别是制造业产业结构升级都具有一定的积极作用。

　　但是在本书的研究中，并没有涉及日本对华直接投资和其他国家对华直接投资对中国产业结构升级影响的比较。虽然将日本对华直接投资进行了阶段划分也详细论述了每个阶段的战略，可是并没有对每个阶段日本对华直接投资模式及特点进行比较，由于搜集的数据有限，也没有对此进行分阶段的实证检验。另外，在实证分析部分只是选用了较为宏观的分析方法，并没有从价值链等微观角度进行分析，这些都需要在今后的研究中继续予以关注，使得对问题的研究更加透彻、深入。

中日两国作为亚洲乃至世界较为重要的经济体，其经济发展状况备受关注，中日两国的经济发展不仅关系到两个国家的自身利益，也关系到世界经济在未来的发展状况。在世界经济一体化的大背景下中日两国的经济合作一定会越发紧密，在新的形势下也会有一些新的问题出现，在中国经济的结构性调整过程中，需要与时俱进，关注事态发展，继续对日本对华直接投资与中国产业结构升级进行深入研究。

参 考 文 献

中文参考文献：

[1] 薄文广，马先标，冼国明. 外国直接投资对于中国技术创新作用的影响分析 [J]. 科技与经济，2005 (11)：45-51.

[2] 边恕. 日本对华直接投资对中日产业结构的影响途径与效果 [J]. 现代日本经济，2008 (6)：25-29.

[3] 查贵勇，陈碧琰. 日本对华直接投资的中日贸易效应分析 [J]. 上海金融学院学报，2007 (1)：49-54.

[4] 陈漓高，张燕. 对外直接投资的产业选择：基于产业地位划分法的分析 [J]. 世界经济，2007 (10)：15-19.

[5] 程宏. 外商直接投资技术转移效果的评价框架 [J]. 科学管理研究，2001：23-59.

[6] 程义全，刘乃岳. 美国对中国直接投资的发展、特点与展望 [J]. 南开经济研究，2000 (3)：42-48.

[7] [日] 稻田实次. 日本企业对华投资的现状与课题 [J]. 东北亚论坛，1998 (4)：25-28.

[8] 邓丽娜，范爱军. 国际技术溢出对中国制造业产业结构升级影响的实证研究 [J]. 河北经贸大学学报，2014 (4)：96-100.

[9] 丁翠翠，郭庆然. 外商直接投资对我国就业影响的动态效应与区域差异——基于动态面板数据模型的 GMM 估计 [J]. 经济经纬，2014 (1)：62-67.

[10] 付凌晖. 我国产业结构高级化与经济增长关系的实证研究 [J].

统计研究, 2010 (8): 79-81.

[11] 高敏雪, 李颖俊. 对外直接投资发展阶段的实证分析——国际经验与中国现状的探讨 [J]. 管理世界, 2004 (1): 56-62.

[12] 改革杂志社专题研究部. 日本对华直接投资的重要历史阶段、产业特征及其下一步 [J]. 改革, 2011 (4): 5-18.

[13] 葛顺奇, 罗伟. 外商直接投资与东道国经济增长——基于模仿与创新的研究 [J]. 世界经济研究, 2011 (1): 56-60.

[14] 国家发展改革委、外交部、商务部. 推动共建丝绸之路经济带和21世纪海上丝绸之路的愿景与行动. http://news.xinhuanet.com/gangao/2015-06/08/.

[15] 郭克莎. 论产业结构的协调化与高度化 [J]. 江淮论坛, 1990 (4): 1-6.

[16] 郭克莎. 中国: 改革中的经济增长与结构变动 [M]. 上海: 上海人民出版社, 1999: 125-127.

[17] 韩民春, 张丽娜. 制造业外商直接投资撤离对中国就业的影响 [J]. 人口与经济, 2014 (5): 87-94.

[18] 胡志宝. 浅析跨国公司投资与我国市场结构改善 [J]. 国际贸易问题, 1998 (12): 32-35.

[19] 黄晓玲. 外国直接投资与对外贸易的相互关系及其对工业化演进的影响——理论分析与对中国的实证考察 [J]. 财贸经济, 2001 (9): 59-64.

[20] 黄烨菁, 彭培欣. 外商直接投资、市场结构与投资效益分析——对上海IT制造业1995~2003年的分析 [J]. 经济研究, 2009 (3): 89-91.

[21] 减旭恒, 孙文祥. 产业结构, 就业与经济增长 [J]. 南大商学评论, 2005 (5): 5-11.

[22] [日] 今井贤一, 小宫隆太郎. 陈晋等译. 现代日本企业制度 [M]. 北京: 经济科学出版社, 1995: 34-48.

[23] 金明玉，王大超. 韩国对外直接投资与产业结构优化研究 [J]. 东北亚论坛, 2009, (3): 73-79.

[24] 蒋殿春, 张宇. 经济转型与外商直接投资技术溢出效应 [J]. 经济研究, 2008 (7): 26-38.

[25] 蒋瑛. 国际直接投资 [M]. 成都: 四川大学出版社, 1995: 36-67.

[26] 江小娟. 中国出口增长与结构变化：外商投资企业的贡献 [J]. 南开经济研究, 2002 (2): 30-34.

[27] 姜红祥. 中国企业对日本直接投资研究 [J]. 经济视角, 2009 (1): 28-31.

[28] 姜泽华, 白艳. 产业结构升级的内涵与影响因素分析 [J]. 当代经济研究, 2006 (10): 53-56.

[29] 景维民, 张璐. 环境管制、对外开放与中国工业的绿色技术进步 [J]. 经济研究, 2014 (9): 34-47.

[30] 靖学青. 上海产业升级测度及评析 [J]. 上海经济研究, 2008 (6): 53-59.

[31] 焦必方, 张存涛. 中国加入 WTO 过渡期结束后的日本中小企业对华投资 [J]. 世界经济研究. 2008 (01).

[32] 赖明勇, 包群, 阳小晓. 外商直接投资的吸收能力: 理论及中国的实证研究 [J]. 上海经济研究, 2002 (6): 9-17.

[33] 李博. 产业结构优化升级的综合测评和动态监测研究 [M]. 武汉: 华中科技大学出版社, 2013. 10: 71-72.

[34] 李梅. 对外直接投资的技术进步效应——基于 1985~2008 年的经验研究 [J]. 经济管理, 2010 (12): 40-48.

[35] 李季, 赵放. 日本对华直接投资与中日垂直型产业内贸易实证研究 [J]. 现代日本经济, 2011 (5): 46-56.

[36] 李建伟, 冼国明. 向后关联途径的外商直接投资溢出效应分析

[J]. 国际贸易问题, 2010 (4): 73-79.

[37] 李名才, 郑日. 日本对华直接投资战略变迁的分析 [J]. 当代经济, 2004 (10): 25-28.

[38] 李晓, 冯永琦. 中日两国在东亚区域内贸易中地位的变化及其影响 [J]. 当代亚太, 2009, (6): 26-46.

[39] 李莺莉, 王开, 孙一平. 东道国视角下的FDI就业效应研究——基于中国省际面板数据的实证分析 [J]. 宏观经济研究, 2014 (12): 94-103.

[40] 李子奈. 计量经济学 [M]. 北京: 高等教育出版社, 2000.

[41] [日] 林直道. 色文等译. 现代日本经济 [M]. 北京: 北京大学出版社, 1995.

[42] 刘昌黎. 日本对华直接投资的新发展、新特点及其对策 [J]. 现代日本经济, 2012 (1): 52-60.

[43] 刘翠翠, 卫平. 外商直接投资、技术溢出与相对工资差距 [J]. 当代经济科学, 2012 (7): 117-123.

[44] 刘红忠. 中国对外直接投资的实证研究和国际比较 [M]. 上海: 复旦大学出版社, 2001, 78-79.

[45] 刘诗白. 知识产品价值的形成与垄断价格 [J]. 社会科学研究, 2005 (3): 36-42.

[46] 刘兴坤. 日本对华直接投资贸易效应的实证分析——以电气机械产业为例 [J]. 现代日本经济, 2013 (4): 25-34.

[47] 刘宇. 外商直接投资对我国产业结构影响的实证分析——基于面板数据模型的研究 [J]. 南开经济研究, 2007 (1): 125-134.

[48] 卢阳春, 吴凡. FDI对中国产业结构演进的优化——基于1978~2008年的经验和数据实证 [J]. 经济体制改革, 2009 (3): 22-27

[49] 罗军, 陈建国. FDI、人力资本门槛与就业——基于门槛效应的检验 [J]. 世界经济研究, 2014 (7): 74-86.

[50] 罗良文. 对外直接投资的就业效应：理论及中国实证研究 [J]. 中南财经政法大学学报, 2007 (5)：87-91.

[51] 马凌. 日本对华直接投资影响因素研究 [J]. 国际贸易问题, 2006 (6)：43-48.

[52] 马章良. 外商直接投资对我国对外贸易效应的实证研究 [J]. 改革与战略, 2013 (3)：41-45.

[53] 毛日昇. 出口、外商直接投资与中国制造业就业 [J]. 经济研究, 2009 (11)：105-117.

[54] 潘颖, 刘辉煌. 中国对外直接投资与产业结构升级关系的实证研究 [J]. 统计与决策, 2010, (2)：101-104.

[55] 裴长洪. 日本对华直接投资与贸易增长变化分析 [J]. 宏观经济研究, 2005 (7)：38-43.

[56] 彭博. 中国对日直接投资影响因素实证分析 [J]. 经济研究, 2013 (1)：7-11.

[57] 浦军. 中国企业对外投资效益评价体系 [M]. 北京：中国经济出版社, 2006.

[58] 青木昌彦. 周黎安译. 比较制度分析 [M]. 上海：上海远东出版社, 2001.

[59] 沙文兵, 陶爱萍. 外商直接投资的就业效应分析——基于协整理论的实证分析 [J]. 国际贸易, 2007 (4)：112-117.

[60] 商务部. 对外投资合作国别（地区）指南——日本（2010年版） [R]. 北京：商务部投资促进事务局, 2010.

[61] 宋泓明. 中国产业结构高级化分析 [M]. 北京：中国社会科学出版社, 2004：1-3.

[62] 宋锦剑. 论产业结构优化升级的测度问题 [J]. 当代经济科学, 2000 (5)：78-81.

[63] 宋伟良. 论中国对外直接投资的产业选择 [J]. 社会体制比较,

2005 (3): 111-115.

[64] 苏东水. 产业经济学 [M]. 北京: 高等教育出版社, 2000: 280-295.

[65] 苏丽萍. 对外直接投资: 理论、实践和中国的战略选择 [M]. 厦门: 厦门大学出版社, 2006.

[66] 孙永江, 冼国明. 产业关联、技术差距与外商直接投资的技术溢出 [J]. 世界经济研究, 2011 (4): 55-61.

[67] 孙政, 孙毅. 日本对华投资的特点及其策略变化分析 [J]. 辽宁行政学院学报, 2009 (8): 174-175.

[68] 石绍炳, 吴和成. FDI 产业关联测度假定及其对 FDI 溢出效应研究结果的影响 [J]. 技术经济, 2014 (4): 85-93.

[69] 唐德祥, 孟卫东. R&D 与产业结构优化升级——基于我国面板数据模型的经验研究 [J]. 科技管理研究. 2008 (5): 34-42.

[70] 唐艳. 外商直接投资产业关联效应分析 [J]. 经济纵横, 2011 (4): 55-58.

[71] 陶涛、王跃生. 日本对华投资新趋势与中日行业内贸易结构 [J]. 国际贸易问题, 2010 (2): 45-52.

[72] 佟东. 论日本在华投资企业撤资对中国产业发展的影响 [J]. 科学·经济·社会, 2011 (2): 88-93.

[73] 王蕙, 张武强. 外商直接投资对我国出口商品结构的长短期效应分析——基于 VEC 模型和 Johansen 协整的实证研究 [J]. 经济问题探索, 2011 (4): 95-100.

[74] 王洛林, 江小涓和卢圣亮. 大型跨国公司投资对中国产业结构、技术进步和经济国际化的影响 (上、下) ——以全球 500 强在华投资项目为主的分析 [J]. 中国工业经济, 2000 (4): 5-12.

[75] 王梦奎, 陆百甫、卢中原. 新阶段的中国经济 [M]. 北京: 人民出版社, 2002: 256.

[76] 王双燕, 魏晓平, 赵雷英. 外商直接投资、环境规制与产业结构高级化 [J]. 首都经济贸易大学学报, 2016 (1): 26-32.

[77] 王明益, 毕红毅, 张洪. 外商直接投资、技术进步与东道国出口产品结构 [J]. 世界经济文汇, 2015 (4): 61-76.

[78] 王文治. 外商直接投资与东道国产业发展——基于后向关联效应的研究 [J]. 世界经济研究, 2008 (5): 82-86.

[79] 王英. 对外直接投资与中国产业结构调整 [M]. 北京: 科学出版社, 2010: 4-5.

[80] 王英. 中国对外直接投资的产业结构调整效应研究 [D]. 南京: 南京航天航空大学, 2007.

[81] 王英, 周蕾. 我国对外直接投资的产业结构升级效应——基于省际面板数据的实证研究 [J]. 中国地质大学学报 (社会科学版), 2013 (11): 119-124.

[82] 王岳平. 开放条件下的工业结构升级 [M]. 北京: 经济管理出版社, 2005: 137-138.

[83] 王岳平. 我国工业结构调整与升级战略: 多层次发展、多种模式并存 [J]. 经济研究参考, 2002 (84): 8-13.

[84] 王月辉. 日本企业中国市场攻略 [M]. 北京: 科学技术文献出版社, 2007.

[85] 王勇、王惠娜. 外商直接投资对我国产业结构升级的影响研究 [J]. 国际贸易, 2014 (2): 21-23.

[86] 吴斌、黄韬. 二阶段理论: 外商直接投资新的分析模型 [J]. 经济研究, 1997 (7): 25-31.

[87] 吴昊. 日本对华直接投资对中日贸易的影响 [J]. 现代日本经济, 2005 (5): 58-63.

[88] 吴进红. 开放经济与产业结构升级 [M]. 北京: 社会科学文献出版社, 2007: 63-64.

[89] 吴铭. 以日本对华直接投资检验边际产业扩张理论 [J]. 国际经济合作, 2012 (2): 64-69.

[90] 魏后凯. 欧美日韩在华制造业投资的区位决定 [J]. 中国工业经济, 2000 (11): 73-75.

[91] [美] 西蒙·库兹涅茨. 各国经济的增长 [M]. 北京: 商务印书馆, 1985: 107.

[92] [英] 伊特韦尔约等. 新帕尔格雷夫经济学大辞典 [M]. 北京: 经济科学出版社, 1987. 9.

[93] 许冰. 外商直接投资对区域经济的产出效应——基于路径收敛设计的研究 [J]. 经济研究, 2010 (2): 44-54.

[94] 徐德云. 产业结构升级形态决定、测度的一个理论解释及验证 [J]. 财政研究, 2008 (1): 46-49.

[95] 徐鑫, 蒋毅一. 外商直接投资对我国产业结构升级的羁绊和纠正途径 [J]. 特区经济, 2012 (10): 182-184.

[96] 严武, 丁俊峰. 金融发展、外商直接投资与产业结构优化——基于广东省数据的实证分析 [J]. 金融经济学研究, 2013 (3): 30-40.

[97] 杨德新. 中国海外投资论 [M]. 北京: 中国财政经济出版社, 2000: 189-207.

[98] 杨德勇, 张宏艳. 产业结构研究导论 [M]. 北京: 知识产权出版社, 2008: 11-37.

[99] 杨建文. 产业经济学 [M]. 上海: 学林出版社, 2004: 175-176.

[100] 杨亚平, 于春晖. 后向关联、技术溢出与本土供应商生产率提升——基于制造业企业大样本数据的实证研究 [J]. 经济管理, 2011 (9): 8-16.

[101] 杨先明. 发展阶段与国际直接投资 [M]. 北京: 商务印书馆, 2000.

［102］原毅军，董琨. 产业结构的变动与优化：理论解释和定量分析［M］. 大连：大连理工大学出版社，2008：1-2.

［103］原正行. 海外直接投资论［M］. 广州：暨南大学出版社，1995.

［104］殷瑾，王琼山，井润田. 日本在华合资企业投资动机的经验研究［J］. 管理学家学术版，2010（1）：22-30.

［105］于春晖，郑若谷，余典范. 中国产业结构变迁对经济增长和波动的影响［J］. 经济研究，2011（5）：4-16

［106］詹小颖. 对外直接投资对我国产业结构的动态调整效应［J］. 江汉论坛2011，（6）：63-67.

［107］张帆、郑京平. 跨国公司对中国经济结构和效率的影响［J］. 经济研究，1999（1）：45-52.

［108］张晖明，丁娟. 论技术进步、技术跨越对产业结构调整的影响［J］. 复旦大学学报（社会科学版），2004（3）：81-85.

［109］张培刚. 农业与工业化［M］. 武汉：华中工学院出版社，1984：104.

［110］张琴. 国际产业转移对我国产业结构的影响研究——基于1983~2007年外商直接投资的实证分析［J］. 国际贸易问题，2012（4）：137-144.

［111］张中元，赵国庆. FDI、环境规制与技术进步——基于中国省际数据的实证分析［J］. 数量经济技术经济研究，2012（4）：19-32.

［112］赵伟. 中国企业"走出去"——政府政策取向与典型案例分析［J］. 管理世界，2004（6）：76-78.

［113］赵伟，古广东，何元庆. 外向FDI与中国技术进步：激励分析与尝试性实证［J］. 管理世界，2006（7）：53-60.

［114］赵伟晶. 美日跨国公司对华直接投资比较分析［J］. 哈尔滨商业大学学报（社会科学版），2010（6）：39-44.

［115］钟昌标，黄远浙，刘伟. 外商直接投资最佳行业渗透水平——

基于溢出效应视角的实证分析［J］．南开经济研究，2013（6）：19－36．

［116］周红，沈丽荣，尹晓琨．影响日本企业在华投资的诸因素分析［J］．经济论坛，2007（13）：12－15．

［117］郑澎．论外商直接投资对我国产业结构的正负效应［J］．现代财经，2009（1）：23－30．

［118］2000世界投资报告．跨国并购与发展［M］．北京：中国财政经济出版社，2001：117－118．

日文参考文献：

［1］井尻直彦．日本の対外直接投資の決定要因分析——グラビティモデル・アプローチ［J］．経済集志，2005（1）：693－705．

［2］伊藤恵子，深尾京司．日本の産業間・産業内国際分業と対外直接投資——国内の物的・人的資本深化への影響［J］．開発金融研究所報，2005（10）：331－347．

［3］苑志佳．東南アジア家電市場における中国多国籍企業の現地生産の特徴——インドネシアの日系M社とタイの中国系ハイアール社の比較を中心に［J］．経済学季報，2013（8）：1－24．

［4］郭四志．世界の対外直接投資の新しい変化［J］．帝京経済学研究，2013（3）：153－184．

［5］筧正治．円安下でも高い水準を維持する日本の対外直接投資 ASEAN投資に脚光［J］．国際関係研究，2015（10）：107－117．

［6］亀井正義．対外直接投資（FDI）の歴史と理論（環境変化と企業経営）［J］．経營學論集，1998（1）：303－308．

［7］亀井正義．対外直接投資の撤退に関する理論的考察［J］．龍谷大学経営学論集，2002（6）：13－23．

［8］河村一．対外直接投資の新次元と正念場の経営戦略——世界経済の構造変化・企業活動のグローバリゼーションに関する研究［J］．社会

科学研究, 2000 (3): 73-95.

[9] 岸田未来. スウェーデン重電企業のリストラクチャリングと対外直接投資——アセア社の多国籍重電企業 ABB 社の形成過程 [D]. 龍谷大学, 2001 (3): 41-67.

[10] 姜紅祥. 戦略的資産獲得と対外直接投資: 中国の場合 [J]. 龍谷大学大学院経済研究, 2010 (3): 40-44.

[11] 金哲敏. Dunning & Narula (1966) IDP5 段階モデルの1982~2013 年の中国への応用 [J]. 国際学研究, 2015 (3): 71-86.

[12] 廣田泰夫. 製造業の新興国事業戦略の特徴と課題 [J]. 海外投融資, 2011 (9): 15-23.

[13] 公文溥. 日本の対外直接投資について: 国際比較の観点から [J]. 経済志林, 2013 (3): 37-76.

[14] 小山大介. 米中市場における日本企業の海外事業活動: 対外直接投資・企業内貿易・撤退分析 [J]. 立命館国際地域研究, 2013 (3): 75-93.

[15] 小山大介. 多国籍企業の海外事業活動と戦略的撤退: 日系多国籍企業の海外進出と撤退を事例として [J]. 多国籍企業研究, 2013 (7): 43-62.

[16] 肖敏捷. 中国企業による対外直接投資の増加とジャパン・パッシング [J]. 金融財政事情, 2009 (7): 42-46.

[17] 大東和武司. フリー・スタンディング・カンパニィ——英国モデル対外直接投資の原型 [J]. 世界経済評論, 1997 (1): 55-63.

[18] 丁俊偉. 中国における中小企業の海外進出の現状と課題 [J]. 商学研究論集, 2011 (36): 289-304.

[19] 手島茂樹. 日本企業の産業競争力と日本の対外直接投資 [J]. 海外投融資, 2010 (9): 17-26.

[20] 手島茂樹. 変革期における日本の対外直接投資: 日本企業の競

争力強化への道［R］. 国際ビジネス研究学会年報, 2006（9）：151 – 169.

［21］藤澤武史. アジア太平洋地域における国家競争力と企業競争力が及ぼす輸出と対外直接投資への影響［J］. 商学論究, 2015（3）：19 – 36.

［22］西中淳哉. 中国経済の現状と日中貿易構造［J］. 経済政策研究, 2006（3）：5 – 29.

［23］野北晴子. 日本の貿易構造からみる製造企業の動向：ASEAN 諸国におけるものづくりと空洞化問題［J］. 広島経済大学経済研究論集, 2014（9）：17 – 23.

［24］野村昭夫. 対外直接投資とグローバリゼーションの進展——現代世界経済の構造変化の分析［J］. 東京経大学会誌, 1997（1）：135 – 155.

［25］野村昭夫. 国際生産と多国籍企業：対外直接投資の経済学［J］. 東京經大學會誌, 2001（2）：123 – 152.

［26］長谷川容子. 多国籍企業と受入国：ルクロウーモリソン・モデルの検討［J］. 商経学叢, 2002（3）：133 – 149.

［27］長谷川容子. 日本企業の対外直接投資活動に関する進化論的アプローチ［J］. 商経学叢, 2001（3）：131 – 144.

［28］服部淳. 日系企業の異文化マネジメント戦略：アジア地域における「人材の現地化」とグローバル企業の取り組み［J］. 関西学院経済学研究, 2006（37）：25 – 45.

［29］原口俊道. 対外直接投資的理論［D］. 鹿児島経大論集, 1997（7）：125 – 135.

［30］深尾京司. 日本と中国の貿易・産業構造から見た今後の展望［J］. 開発金融研究所報, 2003（1）：88 – 104.

［31］馮俊. 対外直接投資の規制改革に関する中日両国の比較分析［J］. 松山大学論集, 2009（4）：363 – 395.

［32］増田耕太郎．途上国企業の対外直接投資と多国籍化［J］．国際貿易と投資，2007（3）：74 - 91．

［33］増田耕太郎．高まる日本企業の対外直接投資収益率［J］．国際貿易と投資，2008（4）：115 - 123．

［34］宮城朗．日本の製造業の集積・拡散と対外開放度上昇［J］．三田学会雑誌，2007（10）：21 - 37．

［35］松下正弘，後藤文廣，山下隆之．為替変動，対外直接投資，および産業の空洞化：最近 10 年の動きを見て［J］．青山經濟論集，2011（12）：5 - 43．

［36］李石．中国対外直接投資の決定要因についての実証分析［J］．アジア太平洋研究科論集，2016（3）：1 - 18．

［37］渡邊美和．中国の非鉄金属産業の対外直接投資のトレンド2013年［R］．金属資源レポート，2014（1）：395 - 409．

英文参考文献：

［1］Ariken B. & A. Harrison. Are There Spillovers from Foreign Direct Investment? Evidence from Panel Data for Venezuela［J］. Mimeo, MIT and the Word Bank, 1991（11）：21 - 26.

［2］Athukorala, P. & Rajapatirana, S.. Liberalization and Industrial Transformation: Lessons from the SriLanKan Experience［J］. Economic Development and Cultural Change, 2000（3）：543 - 557.

［3］Buckley, P. J. & Casson, M.. The Future of the Multinational Enterprise［M］. Macmillan, 1976：265 - 289.

［4］Bo, M., Hajime, S. & Jun, N., et al. Inter-industrial Structure in the Asia - Pacific Region: Growth and Integration, by Using 2000 AIO Table［R］. Institute of Developing Economics, Discussion Paper No. 50, 2006.

［5］Caves. Multinational Firms, Competition, and Productivity in Host-country markets [J]. Economica, 1974, 41 (162): 176-193.

[6] Christer, L. & Orjan, S.. The Economic Impact of Globalization in Asia-Pacific: The Case of The Flying Geese [R]. China Center for Economic Research, Working Paper No. E2005007, 2005.

[7] Dobbs, I. M., Hill, M. B. & Waterson, M.. Industrial Structure and the Employment Consequences of Technical Change [J]. Oxford Economic Papers, 1987 (39): 552-567.

[8] Das, S.. Externalit and Technology Transfer through Multinational Ciroirations: A Theoretical Analysis [J]. Journal of International Economics, 1987, 22: 171-182.

[9] Djankov S. & Hoekman B.. Avenues of Technology Transfer: Foreign Investment and Productivity Change in the Czech Republic [R]. Center for Economic Policy Research, Discussion Paper No. 1883, 1998.

[10] Dunning J.. Trade, Location of Economic Activity and the MNE: A Search for an Eclectic Approach. The International Allocation of Economic Activity [M]. London: Macmillan, 1977: 59-72.

[11] D. Zhou, S. Li & David K. Tse. The Impact of FDI on the Productivity of Domestic Firms: the Case of China [J]. International Business Review, 2002: 68-75.

[12] Elango, B. & Rakesh, B. S.. The Influence of Industry Structure on the Entry Mode Choice of Overseas Entrants in Manufacturing Industries [J]. Journal of International Management, 2004 (10): 107-124.

[13] Eva, K.. Sectoral Linkages of Foreign Direct Investment Firms to the Czech Economy [J]. Research in International Business and Finance, 2005 (19): 251-265.

[14] Findlay R.. Relative Backwardness, Direct Foreign Investment and Transfer of Technology [J]. Quarterly Journal of Economics, 1978: 14-16.

[15] Francoise, L. & Deniz, U-K.. Assembly Trade and Teclinology Transfer: The Case of China [J]. World Development, 2004 (5): 829-850.

[16] Gary, G. & Olga, M.. The Global Apparel Value Chain: What Prospects for Upgrading by Developing Countries? [R]. United Nations Industrial Development Organization, 2003.

[17] Gershenbe, L.. The Training and Spread of Managerial Know-how, a Comparative Analysis of Multinational and other Firms Kenya [J]. World Development, 2015 (7): 31-39.

[18] Hardi, Kaddour. Testing for Stationarity in Heterogeneous Panel Data [J]. Econometric Journal, 2000 (3): 148-161.

[19] Hymer S. H.. The International Operations of National Firms: A Study of Direct Foreign Investment [M]. MIT Press, 1996.

[20] Hollis B. Chenery & Alan M.. Strout. Foreign Assistance and Economic Development [J]. The American Review, 1966, 56 (4): 679-733.

[21] Jeanne, Z.. Industrial Structure and Employment Growth in the 1990s in Appalachian Countries [R]. Massachusetts Institute of Technology, Department of Urban Studies and Planning, 2005.

[22] Joachim, S.. Expected WTO Accession Boots FDI [J]. South East Asia, 2005 (11): 5-11.

[23] Kaname Akanatsu. The Synthtic Principles of the Economic Development of Our Country [J]. The Journal of Economy, 1932 (6): 179-220.

[24] Kiyosi Kojima. Direct Foreign Investment: A Japanese Model of Multinational Business Operations [M]. Printed in Great Brtain by Offset Lithography by Billing & Sons Ltd. Guild Fort, London and Warcester, 1978.

[25] Keniehi, O.. The Role of Government in Promoting Industrialization under Globalization: The East Asian Experience [R]. National Graduate Institute for Policy Studies, 2003: 209-265.

[26] Kokko, A.. Technology, Market Characteristics and Spillers [J]. Journal of Development Economies, 1994 (43): 279-293.

[27] Lee, G. B. & Robert, C. F.. Trade and Foreign Direct Investment in China: Apolitical Economy Approach [J]. Journal of International Economies, Elsevier, vol. 58 (2): 335-358.

[28] Levin A., Lin C. F. & C. Chu. Unit Root Tests in Panel Data: Asymptotic and Finite-Sample Lewis, Properties [J]. Journal of Econometrics, 2002 (108): 1-24.

[29] M. A. Carree. Technological Progress, Structure Change and Productivity Growth: A Comment [J]. Structural Change and Economic Dynamics, 2003 (14): 109-115.

[30] Marianne, B. & Michael, A. K.. Trade Structure, Industrial Structure, and International Business Cycles [R]. IED Discussion Paper No. 127, 2003: 147-165.

[31] MohanL. L.. Japanese FDI Flows in Asia [M]. Great Britan: CPI Antony Rowe, Chippenham and Eastbourne, 2008: 125-198.

[32] Ng. Changing Industrial Structure and Competitive Patterns of Manufacturing and Non-manufacturing in a Small Open Economy: An Entropy Measurement [J]. Managerial and Decisions Economics, 1995 (16): 547-563.

[33] Paitoon, K.. The Role of Japanese Foreign Direct Investment on the Growth and Productivity of Thai Industry [R]. Asia Conference on Efficiency and Productivity Growth, 2002: 368-402.

[34] Peilei F. & Chihiro, W.. Promoting Industrial Development through Technology Policy: Lessons from Japan and China [J]. Technology in Society, 2006: 303-320.

[35] Pradeep K. R.. FDI and Industrial Organization in Developing Countries [M]. Australia: University of New South Wales, 2005: 69-87.

[36] Raymon Vernon. International Investment and International Trade in the Product Cycle [J]. Quarterly Journal of Economics, 1966, Vol. 80 (2): 190 – 207.

[37] Richard P. Suttmeier & XiangKui Yao. China's Post – WTO Technology Policy: Standards, Software, and the Changing Nature of Techno – Nationalism [R]. NBER Special Report No. 7, 2004.

[38] Roger F., Noel G. & Jan E. S.. Determinants of Japan's Foreign Direct Investment: An Industry and Country Panel Study, 1984 – 1998 [J]. Journal of the Japanese and International Economies, 2004: 161 – 182.

[39] Satoru, K.. A Journey Through the Secret History of the Flying Geese Model [R]. Institute of Developing Economies, Discussion Paper No. 158, 2008.

[40] Shigehisa, K.. The Flying Geese Paradigm: A Critical Study of Its Application to East Asian Regional Development [R]. United Nations Conference on Trade and Development, Discussion Paper, No. 169, 2004.

[41] Steven Globerman. E – Business And Global Sourcing Inferences from Securities Exchanges [J]. International Trade, Econ WPA, 2004: 21 – 35.

[42] Theresa M. G.. Assessing Foreign Direct Investment Relationships Between China, Japan, and the United States [J]. Journal of Asian Economies, 2009: 611 – 625.

[43] Vlad, S.. Liberalization of the International Trade and Economic Growth: Implications for Both Developed and Developing Countries [Z]. Final Paper for the course One Way or Many, 2003: 157 – 196.

[44] Wong, H. T.. Foreign Direct Investment in Manufacturing Industry of Malaysia: An Empirical Study [J]. University Tun Abdul Razake – Journal, 2006 (2): 20 – 29.

[45] Yougkul W., Frank S. T. H. & Doo Y. Y.. FDI Inflows, Exports and

Economic Growth in First and Second Generation ANIES: Panel Data Causality Analyses [M]. Korea: KIEP, 2008: 236 - 287.

[46] Yuqing X.. Foreign Direct Investment and China's Bilateral Intro-industry Trade with Japan and the USA [J]. Journal of Asian Economies, 2007: 685 - 700.

[47] Yusaf H. Akbar & J. Bard Bride. Multinational Enterprise Strategy, Foreign Direct Investment and Economic Development: the Case of Hungarian Banking Industry [J]. Journal of world Business, 2010 (39): 89 - 105.